叢書・ウニベルシタス　515

ドゥルーズの哲学

マイケル・ハート
田代 真／井上 摂／浅野俊哉／暮沢剛巳 訳

法政大学出版局

Michael Hardt
GILLES DELEUZE
An Apprenticeship in Philosophy

Licensed by the University of Minnesota Press,
Minneapolis, Minnesota, U. S. A.
through The English Agency (Japan) Ltd.

シャルル・アルティエリと
アントニオ・ネグリの二人の師に
敬意と愛情を込めて謝辞を捧げる。

目次

凡例

『 』原著に引用されている書物の題名を示す。論文に関しては「 」で示した。

「 」論文以外では、原著の〝 〟を示す。

（ ）原著の（ ）および割注を示す。

［ ］原著の［ ］を示す

〈 〉原著の引用文中の〝 〟あるいは' 'を示す。

傍点 原著の英語イタリック体を示す。フランス語やラテン語のイタリック体に関しては、適宜原語を併記した。

〔 〕訳者による補足、あるいは訳注を示す。書物や論文の後ろに表記されている場合は、参照した邦訳（巻末の文献目録に記載）の頁数を示す。

割注で「著者変更」となっているものは、著者ハート自身による翻案の箇所を示す。

同様に「著者強調」となっているものは、著者ハート自身による強調の箇所を示す。

ただし、文脈上必ずしも右の原則にしたがっていない場合がある。

序論　ヘーゲルとポスト構造主義の基盤

ヨーロッパのポスト構造主義は哲学的、政治的な思考の根拠を問題にしてきた。この理論的断絶の衝撃に惑わされたのであろうが、アメリカの様々な思想家たちはこの運動を、ポスト哲学的な文化――そこでは、哲学的主張や政治的判断がいかなる正当化も必要とせず、いかなる基盤にも依拠しない――の幕開けとして受けとめてきた。しかしながらこうした問題提起は、現代ヨーロッパの理論がもたらす真の可能性を曖昧なものにしてしまう新たな対立物に、あまりにもたやすく帰着してしまう。その信奉者と誹謗者の双方によって、ポスト構造主義は、一連の英米系の論争――モダニストとポストモダニストとの間の、コミュニタリアンとリベラルとの間の論争――に、その力を誤った方向に向け、それを弱めてしまうようなやり方で組み込まれてきた。ポスト構造主義の重要性は、近代性《モダニティ》の内部、哲学的伝統の内部、現代の社会的実践の現場の内部でそれが提出している様々なニュアンスと別の選択を認識することによってのみとらえられるのであり、新たな一連の対立を持ち出すことによってはとらえることができない。ポスト構造主義的思考の歴史的展開、そしてそれが遭遇した社会的、理論的な複合的圧力とそれらに対抗するためにこの思考が構築した諸々の手段とを綿密に検討して見るなら、われわれはその批判的、構築的な力をいくらかは再認識することができる。ポスト構造主義は単に理論的基盤を否定する方向に向かっているのではなく、むしろ逆に哲学的、政治的探究のための新しい基礎を開拓する方向に向かっているのだということに、われわれは気付かされるのである。つまりポスト構造主義は、単に政治的、哲学的言説の伝統を拒絶することに力を傾けているのではなく、はるかに重要なことだが、伝統それ自体の内部から生じるもう一つの別の思考の系列を明確にし、それを肯定することに力を傾けているのである。

　ポスト構造主義の根源とそれを統一している基礎は、大部分において哲学的伝統そのもの *tout court* ではなく、とりわけヘーゲル的伝統に対する一般的な対立に見い出せる。六〇年代に成熟を迎えた世代のヨーロッパの思想家たちにとって、ヘーゲルは敵対の焦点として機能しうる体制と権威の象徴だった。ドゥルーズは自分の仲間全体を代弁して、「私が何よりも嫌いだったのは、ヘーゲルと弁証法だった」(“Lettre à Michel Cressole”, p. 110〔『記号と事件』p. 14〕)と語っている。しかしながら、この敵意を十分理解するためにはわれわれは、この時期全体を通してヨーロッパの理論の領土に遍在していたのはヘーゲルであったということを認識しなくてはならない。コジェーヴ、グラムシ、サルトル、ボッビオといった多彩な理論家たちによる甚大な影響力を持った解釈の帰結として、ヘーゲルは、哲学的思弁、社会理論、政治的実践における避けては通れない中心として理論的地平を支配するようになっていった。一九六八年の時点では、フランソワ・シャトレには、哲学者は例外なくヘーゲルから出発しなければならないように思われたのである。「［ヘーゲルは］われわれが今日でも依然としてそのまっただ中にある地平、言語、規範を決定した。こうした事実によってヘーゲルはわれわれのプラトン、すなわち理論が有する理論上の可能性の限界を——観念的にであれ科学的にであれ、積極的にであれ消極的にであれ——

画定する人物なのである」(『ヘーゲル』*Hegel*, p. 13)。ヨーロッパのポスト構造主義に関するどんな考察も、この一般化されたヘーゲル主義の枠組みを自らの出発点としなければならない。

したがってポスト構造主義の最初の課題は、いかにしてヘーゲル主義的な基礎付けを回避するのかということになる。しかしながらこの課題の外延を理解するためにはわれわれは、特定の社会的、歴史的文脈においてこのような企てが直面している深刻な限界を認識しなくてはならない。シャトレは奇妙に弁証法的な流儀で、ヘーゲル主義を撃退するための唯一の実行可能な企ては、ヘーゲルを哲学の否定的基盤にしてしまうことだと説いている。ヘーゲルに真剣に取り組みそしてそれを積極的に拒否するという最初の段階を無視する人々、つまりただ単にヘーゲルに背を向けてしまおうとする人々は、結局最後にはヘーゲルの問題系をただ反復するだけになってしまう危険を冒しているのだと、シャトレは主張する。「確かに、ヘーゲル主義を無視する現代哲学の企てが数多く存在する……それらの企ては絶対的始源の意味を誤って解釈しているのであり、さらには自らにとって有効な立脚点を無効にしている。ヘーゲルで終わってしまうよりも、ヘーゲルから出発する――マルクスやニーチェのように――ほうがましである」(p. 17)。ヘーゲル主義はあまりに強力な渦巻きだったので、それを無視しようとしても結局はその力に抗いがたく呑み込まれてしまうのだった。ただ反ヘーゲル主義のみが、ポスト・ヘーゲル主義的な企てにとって、あるいは非ヘーゲル主義的な企てにとってさえ不可欠な否定的立脚点を提供したのである。

この観点からすると、ジル・ドゥルーズの初期の仕事はポスト構造主義的思想家の全世代を代表するものである。哲学史に関する彼の初期の研究の中に、われわれは一般化されたこの時期の反ヘーゲル主義の強度な集中を見ることができる。シャトレが〔人は〕そうしなければならないと言った通りに、ドゥルーズは極めて厳密な哲学的論駁によってヘーゲルおよび弁証法的思考と真っ向から対決しようとした。ドゥルーズがヘーゲル主義に闘いを挑んだのは、そこから価値ある境位を救い出すためでも、「神秘的な貝殻から理性の核」を取り出すためでもなく、否定的弁証法の枠組みに対する全体的批判とそれへの拒絶とを明快に表現して、あらゆるヘーゲル的問題系からの真の自律、理論的な離脱を達成するためだったのである。この格闘のためにドゥルーズが同志として選んだ哲学者たち（ベルクソン、ニーチェ、スピノザ）は、この企ての実現に向けての段階を踏んだ行程を彼に約束しているかのようだ。しかしながらフランスのポスト構造主義に対する多くの最近の批判者は、ポスト構造主義者たちはヘーゲルを理解しなかったし、安易な反ヘーゲル主義のおかげでヘーゲルの思考の最も強力な要点をとらえ損なったと非難してきた(1)。この点についてはドゥルーズは、十分検討してみるに値する最も重要な典型であるのだが、それは彼がヘーゲル主義に対して最も集中的で、厳密な批判を仕掛けているからにほかならない。それにもかかわらず、ヘーゲル主義の文化的、哲学的パラダイムがたぶんあまりに強固であったためであろうが、ヘーゲル主義の地平からの完全な離脱というこの試みは直ちに首尾よくはいっていない。われわれはドゥルーズが、自らの企てを提示する際にしばしばヘーゲル主義の伝統的な用語のみならず、ヘーゲル主義の問題系に属する典型的な語彙——存在の限定、一と多の統一、等々——を用いるのを見い出す。逆説的なことに、自らの思考の否定的基盤としてヘーゲルを確立しようと努力してみせると、ドゥルーズは極めてヘーゲル主義的な思想家に見えるかもしれないのである。

ポスト構造主義の第一の課題がヘーゲル主義であるとするなら、反ヘーゲル主義はたちまち第二の課題として登場してくることになる。多くの点でヘーゲル主義は、対立物を回収してしまうあのような驚くべき包容力を備えているがゆえに、あらゆる敵の中でも最大の難敵である。ヨーロッパの構造主義が引き起こした断絶を無視しようとする多くの英米系の思想家たちは、当然のことながらこのジレンマを過度に強調してきた。ジュディス・バトラーは、反ヘーゲル主義への挑戦を極めて明快な言葉で提示している。「ヘーゲルとの〈断絶〉への言及はほとんどいつも不可能である。それはひとえにヘーゲルが、まさにこの〈断絶〉という概念を彼の弁証法の中心的な教義にしてしまったという理由による」(『欲望の主体』*Subjects of Desire*, p. 184)。それゆえこのような観点からすると、反ヘーゲル主義であることは弁証法的なねじれによって、これまで以上にヘーゲル的な立場に身を置くことになってしまうかもしれないのである。事実上、ヘーゲルに対して「他者」であろうとする努力は、つねにヘーゲルの内部へと取り込まれて、そこでの「他者」になりうるのだと主張することもできるだろう。この方向に沿った議論を展開する研究は実際に増えつつあるのだが、そうした研究は、現代の反ヘーゲル主義の仕事はヘーゲルの劇《ドラマ》をもっぱら無意識に反復するだけにとどまっていて、ヘーゲルの主題の持つ力も、ヘーゲルの論理が持つ厳密さや明晰さも持ち合わせていないと主張している(2)。

ポスト構造主義の反ヘーゲル主義的な基礎付けが直面している回収の問題は、われわれがこの研究においてドゥルーズを選んだ第二の、そしてより重要な理由を提供してくれる。実に多くの思想家がわれわれのヘーゲル批判に重要な貢献をしてくれたのだが、なかでもドゥルーズは、反ヘーゲル主義の課題から自らを最も自由にする地点にまで到達し、思考——もはやポスト・ヘーゲル主義でさえなく、ヘーゲルの課題からは独立した思考——のための別の地平を切り開いたのである。ポスト構造主義の典型的な思想家としてわれわれがドゥルーズを取り上げる第一の理由が、ヘーゲル主義への敵対を代表しているということであったとすれば、第二の理由は、ヘーゲルから離脱して、独立した別の地平へとその企てを拡張していく際に見せる彼の態度が異例のものであるということである。様々な言語使用域《レジスター》で、様々な思考の平面においてドゥルーズが展開するこの進展には、二つの中心的な境位がある。すなわち非弁証法的な否定概念と実践に関する構成主義的な理論である。繰り返すが、単にヘーゲルの否定および実践の概念と対比させてみても、これらの境位を理解することはできない。われわれはこれらの境位の微妙なニュアンスを認識し、それらを別の平面の上に位置付けてみなければならない。そのようにすれば、否定と実践というこの二つのテーマはそれらの新しい形態で理解されて、ポスト構造主義が哲学的、政治的思考のために提供しなければならない新しい地平、現代の研究のための地平の基盤を形成するようになるのである。

ドゥルーズの企てにおけるこれら二つの中心的な境位の一般的な概要を手短に検討してみよう。弁証法的思考の中心に位置する否定概念は、反ヘーゲル主義あるいはポスト・ヘーゲル主義を唱えるどんな理論に対しても、最も重大な挑戦となっているように思われる。ジュディス・バトラーによれば、「非弁証法的差異」とは、「その多様な形式にもかかわらず自らの〈魔力〉を失ってしまった否定の労働」(p. 184)に過ぎない。ドゥルーズの全体的批判の中にわれわれが見い出す非弁証法的な否定概念には、確かに弁証法の持つ魔術的効果はいささかも含まれていない。弁証法的否定は、常に再生の奇跡に向かうように方向付けられている。「撤廃されるものを保存し維持するような仕方で撤廃し、結果として自らの撤廃を生き延びていく」(*Phenomenology of Spirit*, § 188〔『精神の現象学』p. 189〕)のが否定なのだから。非弁証法的否定はそれよりずっと単純で、はるかに絶対的なものである。彼岸への、来るべき再生への信仰がなければ、否定はニヒリズムの極限的な契機になってしまう。つまりヘーゲルの用語法で言えば、それは他者の死を指し示している。ヘーゲルはこの純粋な死、「絶対主」をもっぱら否定の抽象的概念と考えている。ところが現代の世界では、否定の絶対的性格は恐ろしいほどの具体性を帯びてしまい、弁証法的否定に含意されていた魔術的な再生は単なる迷信のようにしか思えない。非弁証法的否定が絶対的であるのは、現存するものすべてが否定されるという意味においてではなく、否定されるものが最大限の、抑制されない力によって攻撃されるという意味においてである。一方ではドゥルーズのように、この非弁証法的否定概念をニヒリズムの増大においてではなく、単にわれわれの世界を構成する一境位の認識として提示する思想家もいる。われわれはこの理論的な立場を「核の批評」(nuclear criticism)の領域と結び付けて定位することもできるのだが、しかしそれは核兵器が否定の脅威を引き起こす、つまり死の普遍的な恐怖を引き起こすという意味においてではない。これでは単に、所与の秩序を保存しているヘーゲルの枠組みの「永続的《スタンディング》な否定」にすぎない。原爆の否定がその現在性において非弁証法的であるのは、ワシントンの作戦会議室においてではなく、全体的な破壊を被ったヒロシマの街路においてなのである。非弁証法的否定には、肯定的《ポジティヴ》＝積極的なものも、魔術的な再生も存在しない。それは、純粋なものである。他方で、哲学的伝統を振り返ってみるとわれわれは、ロジャー・ベーコンのようなスコラ哲学者たちの方法論的提唱の中に、この急進的な否定概念を位置付けることができる。純粋否定は、批判概念《プレクリティカル》発祥以前の第一の契機、すなわち破壊する契機 *pars destruens*、構築する契機 *pars construens* である。重要な特性は、この二つの批判の契機の純粋さと自律性にほかならない。否定は、それがどんな第三の綜合的な契機をも排除する二部に分かれた契機であるがゆえに、創造のための地平を切り開くのである。こうしてわれわれは、この急進的で非弁証法的な否定のための堅固な基盤に対して、少なくともそれは、現代の戦争における破壊力と同じくらい新しいものであると同時に、批判概念発祥以前《プレクリティカル》の、スコラ哲学者たちの懐疑主義と同じくらい古いものなのでもある、という表現を与えることができる。

　この否定の急進性は、ドゥルーズをして最も根源的な問い、すなわち存在の本性という問いへと向かわせる。ドゥルーズの全体的批判に伴う絶対的な破壊はあまりにも徹底しているので、現実性を可能にしているものに異議を申し立てることが不可欠になってくる。一方でわれわれは、ヘーゲル的な存在論を拒絶したからといってドゥルーズが、何らかの非存在論的思考の形式に導かれるわけではないということを、強調しておかなければならない。確かにドゥルーズは、存在（being）に先だつ構造や現にある存在（existence）の目的論的な秩序を一切拒絶しているが、それでもなお存在論的思弁の最も高次の地平で仕事をしているからである。繰り返して言えば、ヘーゲル的存在論の拒絶は、存在論そのもの *tout court* の拒絶ではない。それどころかドゥルーズは、存在論の伝統の内部にあるもう一つ別の思考の系列を強調しているのである。けれども他方でわれわれは、ドゥルーズのこうした企てを、ハイデガー的な存在論への回帰とは区別して考えるようにこころがけなければならない。というのも何にもましてドゥルーズは、「何が存在を可能なものとしているのか?」という問いに対しては、断じて「表層的な」解答を受け入れるだけだからである。言い換えればドゥルーズは、深遠なあるいは隠されたいかなる存在の基盤をも拒絶する、厳密に内在的で唯物論的な存在論的言説にとどまることをわれわれに要請する。ドゥルーズ的な存在にはヴェールで覆われたものや、否定的なものは何もない。なぜならそれは世界の中で十全に展開されているからである。この意味で存在は表層的であり、肯定的であり、十全である。ドゥルーズが拒否するのは、存在に関する一切の「主知主義的な」考察、すなわち何らかの仕方で存在を思考に従属させ、思考することを存在の最高の形式として提示するあらゆる考察である。[3] 哲学史全体を見渡してみると、唯物論的な存在論というこの企てには、実に多くの哲学者――スピノザ、マルクス、ニーチェ、そしてルクレティウスといった――が貢献しているのだが、説明に役立つ参照事項を提供するためにわれわれは、以下の議論において彼らに言及していこうと思う。また他方においてわれわれは、存在論の基盤としてドゥルーズの構成主義的な実践概念にも、焦点を合わせて行くつもりである。非弁証法的な破壊する契機 *pars destruens* という急進的否定が強調しているのは、存在の組織化を規定するにあたって、前もって構成されたいかなる秩序も役には立たないということである。実践は、それが存在の構成を可能にするものであるがゆえに、唯物論的な構築する契機 *pars construens* に表現を提供する。力の本性をめぐる探究によってドゥルーズは、唯物論的言説に実質を与え、実践の理論を存在論の水準にまで引き上げる。したがって存在の基盤は、行為の複雑な力動や諸々の身体の表層的な相互作用の中で、身体的な平面と精神的な平面の双方に根を下ろしている。これはアルチュセールのいう「理論的実践」ではなく、むしろいかなる「理論偏重主義」からも自律した実践的な実践概念であり、認識論的な領域よりもむしろ存在論的な領域を主に志向する「実践的な実践《プラクティカル・プラクティス》」なのである。存在論的言説にとって有効な唯一の自然とは、絶対的に人工的な自然概念、つまり混成的《ハイブリッド》な自然、実践の中で産出される自然――第二の自然よりもはるかに遠く隔たったn次の自然にほかならない。このような存在論へのアプローチは、サイボーグたちの無限に可塑的な宇宙と同じくらい新しいものでもあれば、唯物論的な哲学の伝統と同じくらい古いものでもある。本書の議論全体を通じて重要なことは、伝統的に基本とされてきた用語――たとえば必然性、理性、本性、存在など――は、たとえその超越的な不動性から振るい落とされているとしても、われわれの世界の中でそれらが一定の首尾一貫性と実質とを獲得しているがゆえに、依然として基礎付けとして役に立つということである。今や存在は、歴史化され物質化されて、同時代の想像力、同時代の実践の領域の外延によって、その限界を定められるのである。

ドゥルーズの企てにおける非弁証法的な否定と構成主義的な実践というこれまで述べてきた概念を、彼の思考の進展を読みとることによって、すなわち連続するそれぞれ特定の期間に彼の探究を導いてきた批判的な問いの発展を辿ることによって、私は精緻化していくことにする。ドゥルーズの思考の進展は、哲学史の名簿の中の一連の思想家に彼が順を追って注意を向け、その思想家たちのそれぞれに特定の問いを投げかけるにつれて展開していく。ベルクソンに関する研究では彼は、否定的存在論を批判し、代わりに生成的で内的な因果性の観念に基づいた絶対的に積極的《ポジティヴ》=肯定的な存在の運動を提示する。ドゥルーズは、限定の否定的な運動に対しては、差異化の積極的=肯定的な運動を対置し、一と多の弁証法的統一に対しては、生成の還元不可能な多様性を対置する。しかしながら世界の組織化ないし構成の問題、つまり生成の存在の問題は、これらの存在論的問題を倫理学的な用語法で提示するようドゥルーズを促すのである。倫理学的地平に、つまり存在の積極的=肯定的な運動が存在の肯定へと生成していく力の領域に、意味と価値の領域に、存在論的思弁の帰結を置き換えるようドゥルーズを導いていくのはニーチェにほかならない。ニーチェにおける力の主題は、ベルクソン的な存在論を能動的表現の倫理学に結び付ける理論的道筋を提供するのだが、この道筋を共有しそれを実践にまで拡大するのがスピノザである。ちょうどニーチェが思弁の肯定を提示するように、スピノザは存在論の核心において実践あるいは喜びの肯定を提示する。ドゥルーズは、スピノザの実践概念は実践の存在論的概念であると主張している。というのもスピノザは実践を、まさしく存在を構成する要素であると考えているからである。スピノザの実践哲学という批判概念発祥以前《プレクリティカル》の世界に、ドゥルーズの思考はついにヘーゲル的な問題系からの真の自律を発見するにいたるのである。

この哲学的企てから学びとられるべき一つの教訓は、敵対を規定する微妙なニュアンスを際だたせなければならないということである。粗雑な対立によって問題を曖昧にするのをやめ、代わりに敵対の中にある特殊性を認識するようにすれば、われわれは自分たちの用語に潜むより微細なニュアンスを引き出すことができるようになる。たとえば、私がポスト構造主義者の思考の基盤という問題を提示したとき、そうすることによって私は自ら、この思考の特徴がもっぱら反基盤主義〔反根拠主義〕として特徴付けられているという了解に異を唱えようとしているのである。問題を排他的な対立として提示すると、事実上敵に対してあまりに多くの力を、あまりに多くの理論的地平を保証することになってしまう。ポスト構造主義がある種の基礎付けの観念を厳しく批判しているのは確かであるが、しかしそれは自らの目標にとってより適切な別の観念をもっぱら肯定するためにすぎない。超越的基盤に対しては、われわれは内在的基盤を発見し、所与の目的論的基盤に対しては唯物論的で開かれた基盤を発見する。(4) 同種のニュアンスは、因果性をめぐるわれわれの議論においても見い出されるに違いない。ドゥルーズの因果性批判を綿密に検討してみると、目的因と形相因に対する徹底した拒絶のみならず、彼の哲学的企ての核心をなす作用因〔動力因〕(efficient cause) の同様に徹底した肯定をも見い出すことができる。ドゥルーズの存在論は因果性の伝統に依拠し、存在の「産出性」と「能産性」、すなわちその生産する能力とされる能力の双方の観念を展開している。この作用因こそが実は、ドゥルーズの差異をめぐる言説全体を一貫して説明する鍵であるということを私は論じていくつもりである。「基礎付け」や「因果性」といった言葉の用法における微妙なニュアンスの違いは、秩序という言葉と組織化という言葉のニュアンスの違いによってたぶん最もよく要約されるだろう。存在の、真理の、あるいは社会の秩序という言葉を用いるときには私は、必然的で永遠のものとして上方から、つまり諸力の物質的な場の外から押しつけられる構造のことを言おうとしている。それとは逆に、私は組織化という言葉を用いる。この場合は、偶然の（哲学的な意味での偶然。すなわち、非必然的な）出会いと、下方からの、すなわち諸力の内在的領域の内側からの展開とが連携し、蓄積される事態を明示するためである。言い換えれば私は組織化ということを、発展の詳しい見取り図とか前衛による企てのヴィジョンとして考えているのではなく、一貫性《コンシステンシー》と連携《コーオーディネーション》という一つの関係が内在的に創造される、または構成される過程として考えているのである。この意味において組織化は、つまり創造的な諸力の合成は、つねに一つの技術《アート》＝芸術である。

　この研究を通じてわれわれは、様々な未解決の問題や命題に立ち会うことになるだろうが、それは極めて示唆的なのであって、おそらく明確かつ厳密にはその限界を定められていない。しかしながらわれわれは、単に現代の理論上の問題の解決を見い出したいがために、ここでドゥルーズに期待を寄せているのではない。彼の思考の中に分け入っていくより重要な理由は、ポスト構造主義が招来した断絶の探究をめざす新しい問題系の提案を検証してみるためであり、哲学的、政治的な思考の新しい基盤を見い出すことのできる一つの地平上に、われわれの足場を築くことができるかどうかを試してみるためである。何にもましてわれわれがドゥルーズに求めているのは、現代における哲学の可能性を教示してもらうことにほかならない。

緒言　初期ドゥルーズ――いくつかの方法論的諸原則

ドゥルーズが一九五三年に編集した論文集『本能と制度』*Instincts et institutions* の序文のなかにわれわれが見い出すのは、制度論として具体化され始めている哲学的、政治的企ての全般的な概要である。「社会的なものの外側に積極的《ポジティヴ》＝能動的なものを置き（自然〔生得〕権）、否定的なもののなかに社会的なものを置く（契約論的制限）法理論とは反対に、制度論は社会を本質的に能動的で発明的なもの（満足を得るための独創的な手段）として提示するために、社会的なものの外側に否定的なものを置く（要求）のである」(p. ix)。制度論のこの図式的な提示によって既にわれわれは、ドゥルーズの企ての次のような二つの基本的境位を与えられる。つまりそれは、「否定的なもの」に対する攻撃を政治的な任務と宣言し、純粋に積極的＝能動的で発明的な社会を構築することが、哲学の中心をなす生産的な目標であると主張する。われわれは既にこの時点で、潜在的にではあるが力強い構成概念と急進民主主義理論の示唆的な萌芽とを認めることができる。けれども疑う余地のないことであるが、この初期の時点では「否定的なもの」と「積極的なもの」のドゥルーズによる用法はかなり曖昧であり、したがってその主張はただ企ての初期的な洞察を提供しうるにすぎない。観念連合《アソシエーション》と信念にその焦点を当てたドゥルーズのヒューム論『経験論と主体性』を、この政治哲学的な企てに直接取り組んだ初期の試みとして読もうとすればできないことはない。[1] しかしながらドゥルーズの思想の全体的な発展は、この系列を直接的に辿っていったわけではない。というのもこの能動的＝積極的な政治的企てに到達する前に、ドゥルーズは大規模な存在論への迂回を必要とするということが明らかになるからである。まず大胆な破壊的操作を遂行することなしには、この構築的企てのための空間も用語法も存在しない。それゆえドゥルーズの初期の仕事はつねに、破壊する契機、構築する契機 *pars destruens, pars construens* という批判の形式をとっている。この時期全体を通じてドゥルーズの思考の鋭い刃となっているのは、ヘーゲル主義に対する容赦のない執拗な包囲攻撃であり、否定的なものに対する攻撃である。まさに初めて活字となった論文「キリストからブルジョワジーへ」はドゥルーズが弱冠二十一歳のときに出版されたものであるが、この中にさえ既にわれわれは、彼の思考の推進力となっているのが反ヘーゲル主義であることを確かめることができる。つまり、結局のところキリスト教とブルジョワ的思考との厳密な連続性以上に、いったい何がヘーゲルをよりよく特徴付けるというのか？　ドゥルーズの全体的な企ての意味と軌道に対する明快な視野を手に入れるためには、この敵対にまつわる用語法を最初の段階から設定し、それを明確にしておくことが重要である。この時期にドゥルーズによって布告された様々なスローガン――否定的なものの破壊、積極的＝能動的なものの肯定――は、それらがヘーゲルとの敵対的な関係にしっかりと根ざしていない場合には、十全な力と重要性をもつことがない。ニーチェを読解していく過程でドゥルーズ自身が主張しているように、ある哲学的企てについての十分な理解を得るためには、その主要な概念が誰に対して向けられているのかを認識しなくてはならないのである（*Nietzsche and Philosophy*, p. 8, p. 162〔『ニーチェと哲学』p. 22, p. 235〕）。それゆえこのことは、ドゥルーズを読解するにあたってのわれわれの最初の方法論的原則を次のように構成する。すなわち、第一の敵対の対象とその用語法を認識すること。

もっともドゥルーズの遠回りは単に攻撃であるばかりでなく、新しい地平の開拓でもある。つまり、積極的＝能動的な政治的企てについての初期の洞察は、われわれがこれから辿るであろう——ベルクソンからニーチェを経て最終的にはスピノザへといたる——長い行程を通じて練り直されていくのである。倫理学と社会的組織化の積極的＝能動的な理論を確立するために、ドゥルーズは能動的＝積極的な存在論を要請する。西洋哲学史を縦断するこの長い行程は、ドゥルーズの仕事の全体を支えそれにあまねく浸透している最高水準の形而上学的思索の上に、多くの異なった境位からなる大建造物を築くのである。哲学から離脱しようとする欲望、自らの訓練や分野から逸脱して他のいくつもの領域、たとえば生物学、心理学、芸術、数学、政治学、文学といった領域の中に入っていこうとする欲望は、初期の著作のなかにさえ確実に認めることができる。多くの読者はドゥルーズの仕事を西洋の哲学的思考の拒絶であると、したがってポスト哲学的なあるいはポストモダンな言説の表現であると解釈しているし、事実ドゥルーズ自身がこのような解釈に確証を与える夥しい言質を提供している(2)。けれどもドゥルーズの議論を綿密に検討していくと、彼の思考が西洋哲学の伝統に根ざしていることばかりでなく、彼の例証が「非哲学的」に見えるときですらそれを支える彼の立場の首尾一貫性と説明の様式とは、最も高次の論理学的かつ存在論的な平面にとどまっていることがわかるのである(3)。それゆえもしわれわれが、ドゥルーズの仕事を西洋の形而上学的伝統の様々な境位への攻撃、あるいはそれらへの裏切りとして解釈しようとするのであれば、そうした攻撃や裏切りを同じ伝統に属する別の様々な境位の肯定として理解しなくてはならない。言い換えればわれわれは、ドゥルーズの仕事を哲学的伝統の「外部に」あるいは「彼方に」ある思考として読むことはできず、その領土から飛翔する生成的な線分としてさえ読むことはできない。それどころかわれわれはドゥルーズの思考を、抑圧され不活発な状態にとどまってはいるが、それにもかかわらずその同じ伝統の内部に深く植え込まれている思考の（不連続ではあるが、首尾一貫した）系列の肯定として理解しなくてはならない。ドゥルーズは形而上学の終わりを宣言しているのではなく、逆に形而上学的思考の最も首尾一貫した明晰な地平を再発見しようと目論んでいるのである。(4) ドゥルーズは哲学的探究のある形式を拒絶したのだと強く主張したいのであれば、われわれはその主張を逆説的な表現によって提示し、（アルチュセールの言葉を借りて）ドゥルーズは「哲学の非哲学的な理論」を展開していると言わねばならないだろう。とにかくこの研究の途上で、哲学の伝統におけるドゥルーズの仕事と他のいくつかの立場との共鳴に対するわれわれの言及がときに過剰であるように見えるとしても、それはまさしく彼の思考の厳密に哲学的な本性を強調するためなのである。それゆえここでわれわれは、第二の方法論的原則を手に入れることになる。すなわち、ドゥルーズを哲学的に読むこと。

　哲学史を縦断するドゥルーズの行程は特異な形式をとっている。ドゥルーズのモノグラフィーがたとえ優れた入門書として役立つことがあるとしても、それが哲学者たちの仕事の包括的な要約を提供してくれることは決してない。そうする代わりにドゥルーズは、その時点で自らの企てに積極的な貢献をしているある哲学者の思考の、特殊な側面をいくつか選び出してくるのである。ニーチェ主義者としても、あるいはスピノザ主義者としても、ドゥルーズはニーチェやスピノザのすべてを受け入れているわけではない。もしある哲学者の議論のなかにドゥルーズが非難の矛先を向けそうな部分があったとしたら、彼はその部分を批判するのではなく、単に自らの議論のなかから除外してしまうのである。だとすればドゥルーズは、不誠実な読者ということになってしまうのだろうか？　断じてそうではない。たとえドゥルーズの読解が部分的なものであったとしても、その読解は極めて厳密かつ正確であり、選択されたいくつかの論点に細心の注意と感受性とが傾けられている。というのも包括的理解では失われてしまうものを、ドゥルーズは焦点の強度において手に入れているからである。事実上ドゥルーズの初期の著作は「一点集中的介入」(punctual interventions) である――彼は哲学史という身体にいくつかの外科的な切り口を入れるのである。このことによって、われわれは第三の方法論的原則へと導かれていく。すなわち、ドゥルーズの選択性を認識すること。

この哲学的行程のそれぞれの局面で、ドゥルーズは先行する研究で既に確立された成果に基づき、それに依拠する特殊な論点を付け加えていく。ドゥルーズの哲学的モノグラフィーはそれぞれ極めて特殊な問いへと向けられていて、全体としてみればこれらの哲学的問いの発展がドゥルーズの思考の進展を示しているのである。しばしばドゥルーズの説明は不完全であるように見えるが、それは彼が先行する研究の成果を疑問の余地のないものとみなし、それらを繰り返さないからである（たとえばわれわれがのちに見るように、ニーチェの弁証法攻撃に対するドゥルーズの主張の多くは、われわれがそこに否定的な存在論的運動に対するベルクソンの批判を読み込まない限りは曖昧なままなのである）。それゆえドゥルーズの初期の仕事は、連結を媒介するものが現実の哲学史料ではなく、彼自身の思考の進展であるという奇妙なタイプの哲学史を構成している。進展という言葉によって私が示したいのは単線的な、あるいは目的論的な前進運動ではなく、むしろ一種の理論的な集積の過程なのである。この進展に焦点を合わせることにより、ドゥルーズの思考における運動が強調される。そして浮かび上がってくるものは、ドゥルーズ自身の哲学的教育の行程、つまり彼の哲学における徒弟時代である。この教育的行程を辿ることは、存在論から倫理学そして政治学へとドゥルーズを導いていくベルクソン―ニーチェ―スピノザという反歴史的な発展を、説明するのに役に立ってくれる。(5) したがってわれわれは、最後の方法論的原則を次のように定位することができる。すなわち、ドゥルーズの思考を一つの進展として読むこと。

ドゥルーズの初期の仕事を歴史的な観点から、つまり一つの進展として検討してみると、最も注意をひく事実は、彼がかなり若い頃に最初の本を書いて（『経験論と主体性』が刊行されたのは一九五三年であり、そのとき彼は二十八歳だった）、それから次の本を出版するまでに八年間の歳月を要したということである。八年間という歳月は、作家によってはそれほど長い途絶期間であるようには思われないかもしれないが、一九六二年以降着実に毎年本を刊行し続けてきたドゥルーズにとってみれば、八年間は途方もない空白を意味している。「あれは私の人生に開いた空白のようなもの、八年間の空白なのです。私が人々の人生において面白いと思うのはそれです。その人の人生に開いた空白、欠落した部分、ときには劇的であったりときにはそうでなかったりする……たぶん運動が起こるのはその空白のなかにおいてなのです」（"Signes et événements", p. 18〔『記号と事件』p. 231〕）。ドゥルーズの知的人生に開いた八年間の空白は、実際のところ運動の時期に、つまり彼の哲学上のアプローチに劇的な軌道修正が訪れた時期に相当している。事実上この時期の間に、ドゥルーズは彼の初期の仕事を特徴付けているヒューム―ベルクソン機軸から、彼の仕事をその成熟にまで導いていくニーチェ―スピノザの関係へと移行するのである。ドゥルーズの知力溢れる人生に開いたこの空白を解読するためには、この軌道修正が何を意味しうるのか、それがどんな新しい可能性をドゥルーズにもたらすのか、そしてそれが彼の思考の進展をどのように特徴付けるのかを、解釈するよう努めなければならない。

ドゥルーズの哲学的教育の進展にこうして関心の的を絞ったことが、以下の研究においてなぜ私がドゥルーズの初期の著作のみに扱う対象を限定したのかを最もよく説明している。これらの著作のなかでドゥルーズは、彼の著作活動の全軌道を通じて彼にとって役に立ってくれる専門的な語彙と概念的な基礎とを発展させている。後期の著作の諸々の立場は、これらの初期の研究の文脈のなかにそれらを位置付けてみない限りは不明瞭で、支持できないもののようにさえ見えてしまうことがある。実際ドゥルーズの成熟した仕事と呼ばれることもある後期の仕事――独自の哲学的主著（『差異と反復』や『意味の論理学』）、フェリックス・ガタリとの共著、映画研究、そして最新の著作――に見られる最も壮大な新機軸のいくつかは、その大半が強烈で独自な研究の、この形成期において発展させられた問題群の再構成となっている。ドゥルーズの声の深遠な独創性は、これらの歳月の間に彼が同世代の多数派と同じ行程を辿ってはいなかったという事実におそらく起因している(6)。これがドゥルーズの潜行していた研究の時期――公的なフランスの論壇の脚光や俗事の外で、彼が新しい軌道を鍛造していた時期――であり、たぶんこの時期が彼をしてあのような深遠な衝撃でのちに浮上してくることを可能たらしめたのである。実際ミシェル・フーコーが予見したように、この違いがわれわれの時代を特徴付けるようになるとすれば、すなわちわれわれの世紀がドゥルーズのものになるのだとすれば、潜行していたドゥルーズにほかならないこの初期の仕事は、この新しいパラダイムを可能にした形成的な発展への鍵を握っていることであろう。

第一章　ベルクソンの存在論――存在の肯定的《ポジティヴ》な運動

アンリ・ベルクソンの仕事のなかに、心理学か知覚の現象学を見い出すことなら期待できるだろう。だとすると、ドゥルーズが原則的に見い出すものが存在論であることは、最初は奇妙に見えるかもしれない。その存在論とは時間に根ざす存在の絶対的に肯定的《ポジティヴ》な論理である。既に指摘したようにドゥルーズは直接的に肯定的な企てに向かわず、「ベルクソンが本質的に自分の先行者を非難するのは……からである」（"La conception de la différence chez Bergson" p. 79〔『差異について』p. 9〕）という具合に、最初はむしろ批判、攻撃の契機を経由するというアプローチを取る。ドゥルーズはベルクソンを支配的な哲学的伝統に対する論争として読んでおり、ヘーゲルの論理のなかに、最も凝縮したかたちでベルクソンの先行者たちの誤りを見い出している。つまり、ベルクソンは幾つかの哲学的な議論を批判するが、ドゥルーズが気付くのは、そうした議論の背後にヘーゲルが極端な、際だった位置を占めているということである。ドゥルーズは、ヘーゲルに対する直接の敵意がベルクソンの思想の第一の原動力になったと主張しているのではなく、ドゥルーズのベルクソン読解は、絶えずヘーゲルに対する攻撃をその批判の刃《やいば》として維持しているのである。ドゥルーズの解釈によれば、ベルクソンは、存在論の伝統を受け継いだ存在についての中心的な幾つかの判断基準――単純性、実在性、完全性、単一性《ユニティ》、多様性《マルティプリシティ》等々

——を攻撃するのではなく、むしろこれらの判断基準を示すために措定されている存在論的運動に焦点を合わせている。「差異」は、この存在論的運動の議論で中心的な役割を演じるベルクソンの用語である。われわれはこの点に関して特に慎重でなければならない。というのは、フランス思想においては以後延々と差異をめぐる言説が続くことになり、それがポスト構造主義の理論的試金石となったが、ドゥルーズのベルクソン解釈（一九五六年にはやくも定式化された）は、その言説の冒頭に位置するからである。ここには、この用語の特異で厳格な用法が見られる。ドゥルーズの解釈では、ベルクソンにおける差異は原則的には通性原理〔何性〕(quidditas)、あるいは実在する存在における質の静的な対比《コントラスト》を指すわけではない。むしろ、差異は実在的《リアル》な存在の力動性を示している——それは存在を根拠付ける運動である。このように、ベルクソンの差異はまず存在の時間的次元に関わるのであって、存在の空間的次元に関わるものではない。したがって、ドゥルーズがベルクソンの差異の概念を探究するにあたってやらなければならないことは二つある。第一に、ベルクソンによる存在論的伝統の批判に拠って、ヘーゲルの弁証法の弱点とヘーゲル弁証法における存在の否定的論理を、差異の偽りの概念として明らかにすることである。この攻撃はヘーゲルの論理の二つの根本的な契機、すなわち存在の限定と一と多の弁証法に対して向けられる。第二に、ベルクソンの、存在の差異における肯定的運動を練りあげて、この運動が存在論の有効な代案であることを示すことである。能産的《プロダクティヴ》な契機の根拠を準備するのはまさしくヘーゲル的論理に対する攻撃の契機にほかならない。

しかし、ドゥルーズのベルクソンについての仕事は彼の思想の進展を研究するにあたって込みいった様相を呈している——同時にこのことは、研究に好機をもたらす。というのは、この仕事は、一九五〇年代半ばの時期と一九六〇年代半ばの時期という隔たった二つの時期に限って行なわれているからである。第一の時期の大きな成果は、一九五六年に雑誌『ベルクソン研究』*Les études bergsoniennes* に掲載された「ベルクソンにおける差異の概念」La conception de la différence chez Bergson と題する論文であるが、これは少なくともその二年前に執筆され、一九五四年にベルクソン友の会で口頭発表されたものである。この初期の論文は非常に凝縮された内容で、ドゥルーズのベルクソン読解の主要な論点を含んだものになっている。ドゥルーズはこれ以外にこの時期に二つのベルクソンに関する文章を公にしているが、いずれも先の論文と比べて実質的に変更はない。その一つはメルロ＝ポンティの編集による『著名な哲学者たち』*Les philosophes célèbres*（1956）という論集のベルクソンの章であり、もう一つは、『記憶と生』*Mémoire et vie*（1957）というベルクソン選文集である。ドゥルーズのベルクソン研究の第二の時期の成果は一九六六年出版の『ベルクソンの哲学』*Bergsonism* である。この短い本は先の論文で示された議論の多くを引き継いでいるが、議論の焦点が移動し、さらに元の解釈に非常に興味深い幾つかの議論が付け加えられている。この追加された議論には、二つの時期の間に行なわれたドゥルーズの熱狂的なニーチェ研究の影響が見られる。したがって、これら二つのベルクソン研究の局面は、ドゥルーズの初期の企ての方向を読み取るのに絶好の機会を与えてくれる。というのは、これら二つの局面は、ニーチェについての仕事（1962）だけでなく、長期にわたる著書出版の空白、ドゥルーズがほのめかしているように、重要な企ての軌道修正の時期ともいえる「八年間の空白」にまたがるものだからである。

第一節　限定と生成的な差異

ドゥルーズの初期のベルクソン読解は、限定《デターミネーション》という否定の過程に対する攻撃を根拠としている。全近代哲学を貫くこの問題の上に立ち現われてくる亡霊とは、ヘーゲルによるスピノザの読解と批判である。ヘーゲルはスピノザの手紙の一つから一文を取り出し、それをスピノザに投げ返しつつ、自分自身の論理の中心的な原理に変える。「あらゆる限定は否定である（Omnis determinatio est negatio）」(*Science of Logic*, p. 113〔『大論理学』（上の一）p. 124〕)。(1) この文は、ヘーゲルにとって限定の過程と限定性の状態を記述するものである。『大論理学』は単純な直接性にある純粋存在から始まる。しかしこの単純な存在は質と差異をもたない――それは空虚であり、その反対物、無と等しい。必然的に、存在は、能動的に無を否定し、その結果、無と自らの差異を作り出す。限定された存在は、この対立を包含している。そして、限定された存在の中核をなす、存在と無とのこの差異は、この存在の実在性をなしている実在的な差異と質の数々の根拠を規定する。否定は、この限定性の状態を次の二つの意味で規定する。つまり、それは、質の有限性に基づく静的な対比であり、かつ差異の敵対に基づく力動的な葛藤である。(テイラー『ヘーゲル』*Hegel*, pp. 233-37 を参照のこと)。第一の意味では、限定性は否定を含んでいる。個々の質には限界があり、したがってこれらの質以外のものと対比関係にあり、それを受動的であるにせよ、否定するからである（赤が、緑や黄やその他の色ではないという意味で）。しかし、第二の意味では、限定性を活気付ける能動的な否定がある。限定された数々の事物はお互いに因果的な相互作用のなかにあるからである。あるものが現存することとは、それ以外のものを能動的に否定することにほかならない。したがって、限定性の状態といえども本質的には否定的な運動である。このように限定の否定運動を強調することもまたヘーゲルのスピノザ批判の核心である。スピノザの存在は、絶対的に肯定的なのだから、言い換えればスピノザにおいては純粋な存在は、能動的に無を否定することはなく、否定運動を通じて進んでいくことはないのだから、存在の実在的現存を規定し得る根本的な差異を欠いていることになる。ヘーゲルの目には、スピノザの存在論やいかなる積極的《ポジティヴ》で肯定《アファーマティヴ》的な存在論も、抽象的で無差異〔無関心〕なものにとどまらざるを得ないものとして映るのである。「否定が考えられたあげくにすべて放棄されてしまうと、このように［完全性と肯定として］概念化された実在性が残ると想定される。だがそうすることは限定性をすべて廃棄するに等しい」（『大論理学』p. 112〔（上の一）p. 122〕）。ヘーゲルの主張するところでは、否定とは、単に受動的に「考えたあげくに放棄して」済ますことができないばかりではなく、能動的にそれと取り組み、真に否定しなければならない——これが限定の過程の果たす役割である——ものなのである。したがって、結局、必然的に、スピノザの存在は、その対立物としての無と異なるところがないと考えられているのだから、無のなかに溶け込んでしまう。ちょうど、スピノザその人がヘーゲルのロマン主義的な想像力のなかに溶け込んで解消してしまうように。「彼の死の原因は肺結核でした。彼は長い間その病気を患っていました。これは、彼の哲学の体系にふさわしいものでした。それによれば、あらゆる特殊性や個体性ははかなくも一つの実体のうちに消え去るのです」（*Lectures on the History of Philosophy*, p. 257〔『哲学史講義』（下）p. 241〕）。このスピノザに反対する論争は、ヘーゲルによる否定の存在論的運動の擁護の非常に強固な論拠の一つとなっている。

否定を通じて限定されることのない存在は、無差異で抽象的なものにとどまるであろう。そして結局はそれは、その反対物と異なるものではないのだから、無のうちに消え去ることになろう。ヘーゲルが主張するところによれば、もし差異を認識する必要があるなら、つまり存在の特殊性と個体性を特徴付ける真の差異を認識する必要があるなら、まず存在の否定的な運動を認識しなければならない。さもなくばスピノザもろとも「無世界論《アコスミズム》」のなかに、純粋な肯定的存在論のなかに消え去ってしまわなくてはならない、というわけである。

ドゥルーズもそのベルクソンの読解において初めは、存在の限定が否定によって特徴付けられねばならないとするヘーゲル的な定式を受け入れているようだ。ドゥルーズは、この定式を攻撃するよりも、むしろ存在論的限定の過程自体が存在の真《リアル》の根拠を切り崩してしまうということを告発する。つまり、限定の否定的運動から生まれた差異は、偽りの差異の観念だと主張するわけである。ここから、限定の過程は、存在の真の本性を破壊することにもなるし、真の存在の具体性と特異性を把握し損なうことにもなる。限定を拒むというこの点に、ドゥルーズの最初の仕事における反ヘーゲル的なアプローチ、すなわち否定の弁証法に対する反発が認められる。しかし、この過程でドゥルーズの批判の方法は興味深いかたちをとる。彼は弁証法を直接攻撃しないで、むしろ、彼がベルクソンと弁証法の間にあると考える第三の哲学的立場を持ち込むのである。ドゥルーズは、この近接する敵が明らかに不適当な明白な過ちを犯しているところをとらえ、それから、根本的な敵、ヘーゲルがこの過ちを極限まで推し進めたことを示すというやり方で事を進める。ドゥルーズは、ベルクソン研究では機械論とプラトン主義を、ニーチェ研究ではカントをこのような近接する敵に仕立てるのである。まずこうした近接する敵を相手どるというやり方のメリットは、これらの敵が、そのあとで弁証法にまで拡大しうる攻撃が成果をあげられるような共通の基盤を提供してくれるという点にある。実際には、ドゥルーズの思想が進展するにつれて、ヘーゲルの立場を相手どるにふさしい共通の地平を見つけることがドゥルーズにとってますます難しくなっていくのを見ることになるだろう。だが、さらに重要なことは、ドゥルーズがこの三角測量法〔三項関係に持ち込むというやり方〕によって、この初期の仕事においてさえ、反対＝対立に対して問題意識を持って取り組んでいるということが明らかになるという点である。ドゥルーズが弁証法を根本的な敵として攻撃しているのは明らかだが、この方法のおかげで彼はヘーゲルに対して斜に構えることができるので、面と向かってヘーゲルに反対する必要がないわけである。

ベルクソンと同様、機械論者も存在の差異の経験的な進化を理論化しようとするが、その過程で、存在の実体性、必然性を破壊してしまう。ドゥルーズによれば、ベルクソンの機械論に対する攻撃は奇妙な命題というかたちをとっている。その命題とは、存在が必然的であるためには、非限定的でなければならない、というものである。存在論的限定についてのこの議論の主題は、差異の本性の分析である。ドゥルーズの議論では、限定《デターミネーション》＝決定の過程で提起された差異のかたちは常に存在に対して外的なままにとどまり、したがって本質的で必然的な根拠を欠いてしまう。こうした用語を用いて、ドゥルーズは機械論の単純な限定＝決定を批判する。「ベルクソンは生の差異は内的な差異であることを示す。しかし、内的な差異が単なる決定〔論〕として概念化できないものであることもまた示している。ある決定は偶然的であり得る。それは少なくとも或る原因、目的、偶然を通じてしかその存在を維持できない〔elle ne peut tenir son être que d'une cause, d'une fin ou d'un hasard〕。それゆえ、それは存続する外部性を含んでいる」（『差異について』p. 92〔p. 55〕）。存在の機械論的決定《デターミネーション》は、実在《リアリティ》の進化を確証しようと企てながら、存在の必然性を破壊してしまうのだ。決定＝限定の外的差異はつねに或る「他者」（原因、目的、あるいは偶然）に依存しており、そのようにして存在に偶然的な質を導き入れてしまう。言い換えれば、決定は単に存続する外部性を含むにすぎず、実体的な内部性を含むわけではない。

しかし、すぐに、ドゥルーズの説明が困惑を招く態のものであることに気が付かなくてはならない。実際、ドゥルーズはここで、伝統的な存在論の問題設定の用語を逆転させてしまっているのである。彼は、存在がいかに限定＝決定性《デターミナンシィ》を獲ることができるのか、いかに差異が存在を維持できるのかという問いを立てるのではなく、むしろいかに差異が「その存在を維持できる［peut tenir son être］」のかを問う。ドゥルーズは差異にまったく新しい役割を演じさせる。差異が存在を根拠付けるのである。つまり、差異が存在に存在の必然性を、存在の実体性を与えるのである。差異が果たすことを求められている、存在論的に根本的な役割を認識しなければ、外的な差異よりも内的な差異を擁護するこの議論は理解できない。私としては、ドゥルーズの説明を最もよく理解するにはスコラ哲学の次のような考えを参照するのがよいと思う[2]。それは、因果性が存在の中心に位置するという考えと、存在は能産的なものだという考えである。多くの点で、ドゥルーズは、ベルクソンの存在論をスコラ哲学的に読んでいる。スコラ哲学では、差異の議論が因果性についての言説にとって代わるのである[3]。決定＝限定は「或る原因、目的、偶然を通じてしかその存在を維持できない」という文を、存在を十分に根拠付けることができない以下の三つの因果性の概念に対する攻撃と読んでもテクストからさほど逸脱することにはなるまい。(1)質料因——外的な結果を惹き起こす、純粋に物理的な原因。(2)目的因——その結果が生ずるにあたって、終極あるいは目標にかかわる原因。(3)偶有因——結果にたいして完全に偶然的な関係を持つ原因。いずれの場合にも中心となるのは、原因がその結果にたいして外的であり、したがって存在の可能性を維持するに過ぎないということである。存在が必然的であるためには、根本的な存在論的原因はその結果に対して内的でなければならない。この内的原因が、スコラ哲学の存在論的根拠付けにおいて中心的な役割を演じる作用因《エフィシェント・コーズ》〔動力因〕である。さらに、その作用因だけが、まさしくその内的本性ゆえに、存在を実体として、自己原因 *causa sui* として維持することができるのである。[4] すると、ベルクソンの文脈においては、生成的《エフィシェント》な差異とは、存在の内的な動力《モーター》としての差異だといってもよかろう。つまり、それが存在の必然性と実在的実体性を維持するのだ。この内的能産的力動性を通じて、生成的な差異の存在は、自己原因 *causa sui* と等しい。機械論の決定はこの役割を果たすことができない。なぜなら、それが外的質料因によって構成されているからである。われわれがここで強調すべきは、ドゥルーズの反論が明らかに因果性そのもの *tout court* を批判しているのではなく、むしろ内的な作用因にくみして原因の外的な概念を拒絶しているということである。

　機械論に対する批判によって、決定＝限定という外的差異を攻撃するための用語を繰り広げたのちに、攻撃を洗練するために、ドゥルーズは、第二の近接する敵であるプラトンを相手どる。ドゥルーズは、プラトンが差異の哲学を構築するという企てをベルクソンと共有していることを認めるが（『差異について』p. 95〔pp. 65-66〕）、ドゥルーズがプラトンに異議を申し立てるのは目的性の原理である。繰り返すが、批判は、存在論的基準を尺度として差異の外的本性に焦点を合わせる。ベルクソンにおいては差異は内的な動力（ベルクソン呼ぶところの直観）によって駆動するが、他方プラトンにおいてはこの役割は、目的性からくる外的な天啓《インスピレーション》によってのみ果たされる。つまり、事物の差異の原因となりうるのは、その目的、すなわち善だけである（p. 95〔p. 65〕）。これを因果論的言説に翻訳するなら、プラトンは存在を目的因に根拠付けようとしているといえるだろう。ベルクソンは、プラトンと同じように実在《リアリティ》の分節を機能と目的の観点から概念化するが、ベルクソンの場合は、差異と事物の間、原因と結果の間に区別はない。「事物とそれに対応する目的は実は一つにして同一なのである……もはや、ある目的について語る余地は存在しない。差異が事物そのものになってしまうとき、事物が目的から自らの差異を受け取るという余地はない」（p. 96〔pp. 67–68〕）。繰り返すが、差異についてのこの主張は因果的存在論と完全に一致している。ベルクソンの生成的な差異はプラトンの目的的な差異と対照をなしている。この議論の解答は、機械論の場合と同じように、実体的な本性を維持するために差異を必要とすることに、差異が存在論において中心的であることに依っているのである。ベルクソンは差異を内的な力動性によって支えられた自己原因 *causa sui* として提示するが、これに対してプラトンの差異は、目的性という外的な支えに依拠することを余儀なくされる。したがって、プラトンの差異は自らの実体性と必然性において存在を支えることができない。

機械論とプラトン主義の欠点についてのこの説明は、ドゥルーズが非常に重要なものとみなしている、「本性の差異」と「程度の差異」というベルクソン的な区別を理解する手立てを与えてくれる。「ベルクソンが本質的に自分の先行者を非難するのは、実在する本性の差異がそこに見い出されないからである……彼らは、本性の差異が存在するところに程度の差異しか認めなかった」（p. 79〔p. 9〕）。ときとして、ドゥルーズとベルクソンは質的な差異と量的な差異を区別するのにこれらの用語を用いているように見えることもあるが、とりわけ、彼らが哲学史においてこの概念の独創性について包括的な権利を要求しているのだとすれば、この解釈が不十分であることはおのずと明らかである。もう一度スコラ哲学の因果性の議論を参照すれば、もっと明確な視野を得られる。すなわち、「本性の差異」は必然性と実体を内包する差異としてあらわれ、スコラ哲学のソレ自身ニヨル原因 *causae per se* に対応する。かくして「程度の差異」は偶然を内包する差異であり、偶然ニヨル原因 *causae per accidens* に対応することになる(5)。「内的差異をそれ自体で、すなわち純粋な内的差異としてとらえること、差異の純粋な概念に到達すること、差異を絶対的なものにまで高めること――これがベルクソンの努力の意義である」(p. 90〔p. 49〕)。機械論とプラトン主義は差異を考えることには成功したが、偶然的な(偶然ニヨル *per accidens*)差異に到達したに過ぎない。これに対して、内的差異というベルクソンの概念によって、われわれは実体的な(ソレ自身ニヨル *per se*)差異の認識に導かれるのである。

しかしながらヘーゲル主義こそ、これらの批判のそれぞれの基盤に見い出される根本的な標的である。ヘーゲルこそ差異の外部性をその極限にまで推し進めた当人なのであるから。「ベルクソンのテキストのあるものに基づいて、ヘーゲル流の弁証法に対してベルクソンが行なったかもしれない反対の数々を予見することとさえできる。それについてはプラトンの問答法についてベルクソンが行なったよりも彼〔ベルクソン〕はもっと先に行くのである」(p. 96〔p. 68〕)。プラトン的目的性に対する批判を手がかりにして、ドゥルーズがヘーゲルにおける目的因と目的論に対する攻撃を始めると期待する向きもあるかもしれない――実際、彼はすでにそのような攻撃のために使いこなせる武器を手にしているのだから。けれどもそうするかわりに彼は、限定の過程と弁証法の基本的な否定的運動に、すなわちヘーゲルの論理の基盤となる契機に立ち戻る。「ベルクソンにおいては……事物はまず、直接に〔無媒介に〕それ自体と異なっている。ヘーゲルによれば、事物は、まずそれではないすべてのものと異なっているがゆえに自らと異なっている」(p. 96〔pp. 68-69〕)。ベルクソンにおいては、事物は直接にそれ自身と異なっている。言い換えれば、事物の差異は内的、生成的な産出を通じて維持される。機械論とプラトン主義の共通の欠点は、両者とも差異を外的な支えに依存するものとして概念化することである。しかしながら、この両者はそれぞれ特殊な外的な支え（機械論における外的な物質的な事物、プラトンにおける機能あるいは目的性）と同一化しており、かくして差異の外部性はいずれの場合にも限界がある。ヘーゲルの弁証法は差異の外部性をその極限にまで、絶対的な外部性にまで、「はるか矛盾にまで」押し進める。弁証法は、限界を持たない他者とは異なった、すなわち「それではないすべてのものとは」――これが絶対的な外部性である――異なった事物を提示するのである。実際、厳密な歴史記述という問題を無視すれば、ヘーゲルは機械論とプラトン主義の欠点を一手に引き受け、しかも外的差異をその極限にまで推し進めることでそれらの欠点を純粋な形で反復しているように見えるのである。

　弁証法が内包する因果性に焦点を合わせるならば、ベルクソン的な批判は明確である。『大論理学』のまさに第一の契機――純粋な存在から無へ、そして限定された存在へといたる――からして弁証法は力動性によって構成されており、その力動性において原因はその結果に対して絶対的に外的である。すなわちこれこそが矛盾の弁証法の本質なのである。対立項における媒介の過程は必然的に外的因果性に依存する。ヘーゲルの存在についての論理それ自体は、スコラ主義の出した答えに対して脆弱である。つまり、外的原因に基盤を置く存在の概念は、結果に外的な原因が必然的ではあり得ないがゆえに、存在の必然性あるいは実体性を維持できない。つぎつぎに外的に媒介し続けて弁証法的存在を根拠付けてもソレ自身ニヨル原因 *causae per se* を構成できないどころか、かえってそのような外的媒介は偶然ニヨル原因 *causae per accidens* として認識される羽目になるのである。かくして、この外的因果の運動が偶然的であるがゆえに、弁証法における存在は、「存続する外部性（subsistent exteriority）」の極端な一例となる。弁証法的媒介というヘーゲルの概念をベルクソンが攻撃する核心は、したがって、それが存在を必然的で実体的なものとして維持できないという点なのである。

ヘーゲル弁証法は、機械論とプラトン主義のように、存在に偶然性を持ち込むだけでなく、存在の具体性と唯一＝特異性《シンギュラリティ》をとらえ損なう。「さて、ベルクソンがプラトン主義に対して向けることのできる反対が、プラトン主義が未だ外的なものとしての差異を概念化するにとどめてしまっていることにあったとすれば、矛盾の弁証法に対して彼が行なう反対は、弁証法が単に抽象的であるに過ぎないものとしての差異を概念化するにとどめているということにある」(pp. 96–97〔p. 70〕)。攻撃をさらに推し進めるこの論理は直ちに理解できるというものではない。いったいどのようにして、弁証法的な差異という差異が抽象的であるということが、この差異の支えが絶対的に外的であることだけから帰結するのだろうか？　ドゥルーズは、ベルクソンが外的知覚の論理について述べているのを引用して、この主張を詳しく説明する。「それについて同時に対立する二つの視点をとることができ、したがって二つの敵対する概念を包含し得るような現実というのは、ほとんど具体的な現実ではない……（二つの矛盾した概念の）この組み合わせは程度の多様性も形態の変容も表すことはできない。〔そのような組み合わせが〕存在するか否かが問題なのだ」(pp. 96–97〔pp. 68–70〕.『思想と動くもの』p. 198〔p. 225〕, p. 207〔p. 235〕

より の引用)。再び、議論は因果性の観点からすると極めて明確に理解できる。第一に、ベルクソンは対立項の弁証法は単なる二項の「組み合わせ」にとどまるのであって、綜合ではないと主張する。その理由はそれらの項が相互に絶対的に外的であり、ゆえに整合的な必然的因果的連鎖を形成できないからである。この非難は外的な原因は必然的ではないという原理にまたもや裏打ちされているのである。第二に、ベルクソンは抽象的な概念のこの組み合わせの結果は具体的で実在的なものを生み出すことはできないと主張する。この主張は因果性のもう一つの根本的な原理に基づいている。すなわち結果はその原因よりも多くの実在性あるいは完全性を含むことはできないという原理である。弁証法的綜合というヘーゲルの概念に対するベルクソンの攻撃の核心は、したがって、その結果が偶然的で抽象的なものにとどまらざるを得ないという点にあるのだ。

ここまでわれわれは、ドゥルーズのベルクソン研究の最初の局面、特に「ベルクソンにおける差異の概念」にしたがって、ドゥルーズがいかにヘーゲルの否定的な存在論的運動をベルクソン的に攻撃しているかを考察してきた。ドゥルーズは差異に対し、存在論的な基礎付けの役割を与え、そしてさまざまな差異の概念を、それらがこの役割を果たす能力に基づいて、評価するための尺度を設定してきた。ドゥルーズの差異についての議論は、その核心において存在論を要請するものであるため、因果性についてのスコラ哲学の言説と頻繁に関係付ければ、明確に理解できることがわかった。ベルクソンの内的差異は、生成的な因果性として姿を現し、本性の差異を、言い換えれば実体をその必然性と実在性において支える差異をとらえている。機械論やプラトン主義といった近接する敵が示す外的差異は、程度の差異をもたらすことしかできず、それでは存在を必然的なものとして支えることができないのである。結局、ヘーゲル弁証法は、その絶対的に外的な否定の運動によって、本性の差異も程度の差異も把握できないことになる――弁証法における存在は偶発的のみならず抽象的なものにとどまる。「程度もニュアンスもともなわぬものは抽象化である」(p. 97〔pp. 70-71〕)[6]。弁証法的限定という否定の運動は、実在する差異のための基礎を打ち立てることを目的としながら、実際は差異をまるで無視することになってしまう。ドゥルーズは限定をめぐるヘーゲルの議論を、うまい具合に完全に転倒させてしまったのである。ヘーゲルは、スピノザの肯定の運動が抽象的で無差異〔無関心〕なものにとどまっていると非難し、この論難に基づいて限定という否定的運動を提案する。しかしながら、今度は、古典的存在論の立場に基づいて、ドゥルーズが抽象という非難をヘーゲルに対して投げ返し、弁証法的限定は差異を無視していると主張する。「差異を限定という戯れに置き換えてしまった者がいるのだ」(p. 96〔p. 69〕)。この主張の原動力になっているのは明らかにヘーゲルに対する敵対的な企てである。ドゥルーズが「生きた差異は限定でないばかりではなく、むしろその反対のものである――もし強いて〔限定か非限定かを〕選択しなければならないというのであれば差異は非限定そのものだということになろう」(p. 92〔p. 55〕)と主張するとき、これらの概念が「誰に対して」向けられたものであるかは非常に明白である。実は、ベルクソンの差異を述べるのに「非限定」という語を甘んじて引き受けるということは、まずもって弁証法という否定的運動の論駁として解釈されなければならない。ここで銘記すべきは、この初期の論文はドゥルーズがヘーゲル弁証法を独自の用語で直接批判している唯一のケースであり、おそらくこの理由ゆえに、これはドゥルーズによる批判の中でも、最も力強いものとなっているということである。後にドゥルーズがそのベルクソン研究の第二の時期にあって弁証法の攻撃に立ち戻るとき、ニーチェ論や

『差異と反復』では、彼は絶えず弁証法の外挿や逸脱に取り組むのである。

しかしながら、このように直接的に敵に対抗する基盤をとるということは、既に重大な問題をはらんでいる。つまり、弁証法に徹底的に異議を申し立てると、見たところベルクソン的存在をヘーゲル的な意味における「非限定的なもの」として解釈せざるを得なくなってしまうのである。しかしのちに見るように、ヘーゲルが限定的な存在という状態の諸属性について主張していること――質、有限性、実在性――は、ベルクソンの内的差異という存在についても同じく主張されている。[7] ドゥルーズはこの誤った印象を訂正する必要を感じて、ベルクソンの「非限定」を非合理性や抽象化と混同しないように警告する。「[ベルクソンが]非限定について語るとき理性《リーズン》を放棄せよと誘っているわけではなく、自らを生成する過程にある事物の真の理由《リーズン》＝理法に到達せよ、限定ではなく差異である哲学的な理性に到達せよと誘っているのである」（『差異について』p. 299〔p. 195〕）。実際われわれは、ベルクソンの「非限定＝非決定」はヘーゲルの「限定」とはほとんど関係がなく、むしろ実在的存在の創造性と独創性という観念、すなわち「予見しえないもの」*l'imprévisible* と関係していることがこれからわかるだろう。ベルクソンの用語はヘーゲルの用語と整合もしなければ対立もしない。ベルクソンの肯定的存在論の特質については後に立ち戻ることになるだろうが、この時点では、ドゥルーズの議論の敵対的な基盤の要点と主な帰結を認識しておけば、それで十分であろう。

第二節　質から量への移行における多様性

一九六〇年代半ばにドゥルーズがベルクソンに立ち戻り『ベルクソンの哲学』を書くとき、彼は初期の議論の多くの論点を再び取り上げるが、論争の基盤はわずかではあるが変化している。その分析は依然として限定という否定の運動に対する攻撃を含んでいるが、いまや批判の中心的な焦点は一と多の問題に向けられる。しかしこの軌道修正は決して以前の分析からの離脱の徴《しるし》ではなくて前進の徴《しるし》であるに過ぎない。ドゥルーズは単にヘーゲルの『大論理学』における「存在論〔有論〕」の解釈を継続しただけなのだとすら考えることができよう。その解釈は限定された存在をめぐる第二章から、第三章の一と多の弁証法的関係を通じて対自存在が構成される部分にわたって行なわれる。ベルクソンの立場に対するドゥルーズの注解に力を与えているのは、相変わらずヘーゲルの存在論の問題設定に対する異議申し立てである。ドゥルーズは、あたかも彼にとってのヴェルギリウスであるベルクソンの傍らにぴったり寄り添って、ヘーゲルの存在の論理の一段と深い階層へと歩みを進めただけに過ぎないかのようだ。

ドゥルーズが『ベルクソンの哲学』において一と多の問題に取り組むとき、弁証法のもたらす解決に対する批判が、限定という弁証法的過程に対する以前の批判とたいへん似ているのはなんら驚くべきことではない。「哲学には一と多を結び付ける数多くの理論が存在する。それは、実在的なものを一般的な理念によって再構築することを主張するという共通の特徴をもっている」（『ベルクソンの哲学』pp. 43-44〔p. 40〕）。ドゥルーズはこの否定の運動の一般化の例を二つ挙げている。「自己は一つであり（定立)、かつそれは多数である(反定立)、したがってそれは多の統一《ユニティ》である(綜合)と言われる。あるいは、一はすでに多数であるとか、存在は非存在に移行し生成を生み出すと言われる」(p. 44〔pp. 40–41〕)。ドゥルーズには、以前に限定を攻撃したときに手に入れた武器庫に持ち合わせている三つの論拠がある。⑴矛盾は差異の誤読であり、その誤読は実在から抽象した一般的で不精確な用語を提出することによって達成できるに過ぎない。存在一般、非存在一般、一一般、多一般とかいった用語ではあまりにも広すぎ、抽象的すぎて、実在の特殊性と唯一《シンギュラリティ》＝特異性を把握することができない。そうした用語は、裁断が大きすぎ現実の上にダラリと懸かっていて、ベルクソンがいうようにまるで「だぶだぶの衣服のよう」(p. 44〔p. 41〕)である。⑵弁証法という否定運動は存在の実在的諸関係に違背する。「ベルクソンは弁証法を偽りの運動、すなわち抽象的な概念の運動であるとして批判する。この運動は一つの項からその対立項へもっぱら不精確によって移行するのである」(p. 44〔p. 41〕)。既に見たように存在の偽りの運動か、実在する運動かの区別についての論争は、因果的存在論を論拠としている。⑶最後に、弁証法の矛盾の弁証法は偶然ニヨル原因 *causae per accidens* を内包することしかできない。弁証法の綜合は、対立する抽象的な概念を組み合わせることによって実在の平面を把握し損なう。

弁証法は自らが実在的なものと再統合されると信じているが、概念があまりにも広すぎ、或いはあまりに一般的にすぎて不十分であるからといって、それに劣らず広く一般的な対立項に頼ることでそれを補うというのでは、弁証法は一体何の役に立つというのだろうか？　ある概念が不十分だからといってその不十分さを対立概念の不十分さと組み合わせても、具体的なものは決して獲得できない。ある一般性を他の一般性で訂正しても、唯一＝特異なものは決して獲得できないのである（p. 44〔p. 41〕）。

既に指摘したように、結果が原因以上の実在を含むことができないという原則は、抽象から実在へ、一般性から唯一＝特異性《シンギュラリティ》へと運動する弁証法の綜合の力を拒否する。

だが、ここでちょっと立ち止まって、弁証法についてのドゥルーズの解釈がいかなるものかを評価してみなくてはならない。「自己は一つであり（定立）、かつそれは多数である（反定立）、したがってそれは多の統一である（綜合）」――もちろんヘーゲルの一と多の扱いはこれよりはるかに複雑である。ドゥルーズはただ案山子〔架空の敵〕を設定しているだけなのだろうか？　ヘーゲル主義者ならば、ドゥルーズの解釈は一と多を命題として表現しているから「適切な形式で表現されていない」として、うまく反論することができるだろう。「この真理は反発と牽引という一個の生成として、過程としてのみ把握され言い表わされるべきものであって、存在として、すなわち静的な命題の形で統一として把握され、表現されるべきではない」（『大論理学』p. 172〔上の一 p. 212〕）。これは確かにドゥルーズがでっちあげた偽りの弁証法に対する有効な非難である。だが、既に他で見たようにドゥルーズの主な非難は弁証法が力や過程の観点から存在を認識し損なっているということではなく、弁証法の運動が偽りの運動だということである。ヘーゲルの複雑な議論にあえて立ち入り、それから、ドゥルーズの攻撃の有効性を測定してみることにしよう。ヘーゲルにとって、一と多の間の運動は、限定の運動よりも高次の媒介を表象するものであり、存在の質から量への論理的移行を構成するものである。限定された存在は、先行する展開の結果であり、抽象的な、措定された向一存在に道を譲る。この一者は反発と牽引の弁証法を通じて量の領域に入るが、この一者とは、その自己関係の複雑な運動において同時に内的でもあり外的でもある。

> 無限に――措定された否定の否定として無限にということだが――それ自身に関係するものとしての一者は媒介である。その媒介〔の過程〕においては、一者は、自らの絶対的（つまり抽象的）な他者性（多）として、自らを己れ自身からしりぞけるが、この自らの非在〔多〕に対して否定的に関係することにおいてのみ、言い換えればこの自らの非在を止揚することにおいてのみ、一者は自己関係である。また一者は生成にほかならないが、その生成においては一者はもはや始まりを持つものとして限定されず、言い換えれば一者はもはや直接的、断言《アファーマティヴ》的な存在として措定されない。そして、一者が、結果として措定されることも、自らを回復し果せた――言い換えれば直接的かつ排他的なものとしての――一者として限定されることもない。したがって、一者にほかならない過程は、徹頭徹尾止揚されたものとしてのみ一者を措定しかつ包摂する（『大論理学』p. 177〔(上の一) p. 220〕）。

無限に自己関係する一者は、措定された非限定であり、自らの抽象的にして多数の他者、つまり自らの非在と関係を持つにいたり、そしてこの対立の止揚を通じて一の生成に、つまり実現された観念性に到達する。

　この移行に、ドゥルーズの否定的な存在論的運動に対する非難を当てはめることは容易である。一者がその対立項に、自らの非在に移行する最初の運動は、完全に外的なものであり、偶然的な関係を内包しうるにすぎない。さらに、この二項（ヘーゲルはそれらを「絶対的」と呼ぶ）間の運動は、限定された綜合に到達することを要請する。「この唯一の一者は……実現された観念性であり、一者のなかに措定された観念性である。その一者は反発という媒介を通じた牽引である。だから、それはこの自らとの媒介を自らの限定として含んでいる」（p. 174〔（上の一）p. 215〕）。抽象的な媒介という事実だけから、実在的限定という結果が生じるのである。既に見たように、ドゥルーズは、外的な媒介が偶然的な関係を内包しているとして非難するのと同じように、矛盾の弁証法に綜合の力を与えることも拒む。抽象的な対立項＝用語《ターム》を「結合し」、「連結し」ても実在する具体的な結果は生まれない。この二つの攻撃に加えてさらに、ヘーゲルが使う項＝用語《ターム》そのものが不精確だと非難することもできる。この議論のため、ドゥルーズはプラトンとプラトンの用いた次のような喩えを引き合いに出している。それは、料理の名人は慎重に実在の分節に従って正しい場所に刃を入れるという比喩である（『ベルクソンの哲学』p. 45〔p. 42〕および『差異について』p. 295〔p. 181〕を参照のこと）。ヘーゲルの用語に欠けているのは、実在する存在の特殊性および唯一＝特異性《シンギュラリティ》に対する細心の注意である。プラトンの入念鋭敏な才能に比較すると、ヘーゲルは不注意な弁証法の屠殺人に見えてしまう。実在する存在における統一性《ユニティ》と多数性《マルティプリシティ》についての唯一＝特異《シンギュラー》な概念に到達するためには、プラトン流に次のように問うことから始めなければならない。いかなる存在か、いかなる統一性か、いかなる複数性か？　と。「ベルクソンが弁証法に反対して、（一と多という）対立するものの一般的な概念に反対して主張するのは、彼が〈ニュアンス〉または潜在的《ポテンシャル》な数と呼ぶものが一体〈何〉であるか、また〈どのくらい多く〉なのかということについての明確な知覚である」（『ベルクソンの哲学』p. 45〔p. 43〕）。

では、ドゥルーズは、このベルクソン研究の第二の時期に、限定の問題から一と多の問題へ、質についての議論から質から量への移行へ、攻撃の焦点を移行することによって、何を獲得したのだろうか？　例によって、ヘーゲルがこの議論に賭けていた賭け金は極めてはっきりしている。多様性に優位を与える古代原子論者たちの間での一と多の概念の歪みについて述べながら、彼は暗示的な類比関係《アナロジー》を示す。「分子や微粒子による物理学にとって、原子は悩みの種である。原子というこの極端な外部性の原理は、したがって全く概念を欠いており、それはちょうど個人の個別意志から出発する国家学説にとって個人の個別意志がそうであるのと同様である」（『大論理学』p. 167〔(上の一) p. 203〕）。質から量への移行は、存在論的問題の核心に存在する政治的問題を明らかにする。賭け金は実に高い。ヘーゲルにとって、一と多の間の関係が、社会組織化の理論への〔類比的〕根拠であり、政治学の存在論的な基礎であることは明白である。したがって一と多の弁証法的統一を攻撃するということは、社会を形成するにあたって国家に優位を与えることに攻撃を加え、社会の現実的な多元性を強く主張することになる。ここにドゥルーズの「八年間の空白」に起こった運動の痕跡が認められ始める。すなわち、ヘーゲルの論理に対する攻撃の焦点が〔『大論理学』の〕「存在論〔有論〕」の第一章から第二章へとわずかに移動したために存在論が政治学の領域に移行するのである。

この攻撃によって明確に生じたのは新しい多様性の概念である。「多様性という概念のおかげで〈一と多〉という観点で考えずに済む」（『ベルクソンの哲学』p. 43〔p. 40〕）。ここでドゥルーズは、二つのタイプの多様〔多数〕性があるというわけで、うまい具合に敵を自分好みの三角形に配置する。近接する敵はG・F・B・リーマンとアルバート・アインシュタインである。この二人の思想家は多様性を概念化するにはするが、単に程度の差異を把握することに成功するに過ぎない数的、量的な多様性しか概念化できない（pp. 32-34〔pp. 26-27〕）。反対にベルクソンは本性の差異に根拠付けられた質的多様性を認識する。第一の項である外部の多様性は、〈秩序《オーダー》＝順序〉の多様性である。〔第二の項である〕ベルクソンの内的多様性は〈組織化《オーガニゼーション》〉の多様性である（p. 38〔p. 34〕）。もちろん、ヘーゲルの弁証法は、第三の項、つまり本性の差異も程度の差異も認識できないため多様性を全く考えることができない極端な位置を占める。これら近接する敵と作る三角形のおかげで、ドゥルーズによるベルクソンはヘーゲル的な地平から離脱することができる。「ベルクソンにとって重要なことは多を一に対立させることではなく、二つのタイプの多様性を区別することである」（p. 39〔p. 35〕）。以下で、この多様性の肯定的な企ての分析に立ち返ることにするが、今や重要なのは、〔弁証法に対する〕批判から帰結したその企ての持つ政治的な枠組みを明確に認識することである。つまり、ドゥルーズは秩序の多元性に反対して組織化の多元性を擁護する立場を作り出した。そしてこれは一と多の統一というヘーゲルの国家哲学とはまったくかけ離れたものなのである。

第三節　存在の肯定的流出

さて、ヘーゲルの弁証法に対して向けられた攻撃的な契機から、ドゥルーズがベルクソンのなかに見い出した、弁証法に代わる肯定的な代案に話を移そう。この代案の用語法は、〔弁証法に対する〕批判によって既に示されている。すなわち肯定的内的運動を通じて、存在は、その唯一＝特異性と特殊性のうちに、質化されかつ具体化されなければならないということである。この質の問題は、ドゥルーズのベルクソン研究の二つの時期に共通しているが、既に指摘した通り、第二の時期にドゥルーズの関心が質から量への移行に移るので、弁証法に代わるベルクソンの存在の論理は統一と多様性の問題に対しても応えるものでなければならない。ベルクソンの立場にアプローチするにあたってわれわれは、まずそれを伝統的な存在論の用語法に位置付けることから始めたい。実際、ベルクソンの中には純粋な存在という概念が見い出される。潜勢的《ヴァーチャル》なものは、それ自体では存在の単一性つまり純粋な想起（純粋記憶 *le souvenir pur*）である。だが純粋で潜勢的な存在は、抽象的で無差異なものではないし、自己自身以外のものと関係するようになることもない――それは差異化という内的過程を通して実在し、質化される。「差異は限定ではなくて、この生との本質的な関係において、差異化である」（『差異について』p. 93〔pp. 56-57〕）。存在はそれ自身と直接に、内的に異なる。それは、自分の外部に他者や媒介の力を探し求めることはない。なぜなら存在の差異はまさしく存在の核から、「生が自らにもたらす内的爆発力」（p. 93〔p. 57〕）から満ち溢れるからである。(8) この生の躍動 *élan vital* が存在を活気付けるのだが、差異化のこの生きた過程が、存在の純粋な本質と存在の実在的現存を結び付ける。「潜勢性は、自らを分裂させるという仕方で、自らを実現するために自らを分裂させることを余儀なくされるという仕方で、存在する。差異化は、潜勢性が自らを現勢化しているその運動である」（p. 93〔p. 57〕）。そこで、ベルクソンは存在の二つの概念を設定する。潜勢的存在はそれが無限で単一であるという点で純粋で超越的な存在である。現勢化された存在は、異なっていて質化されていて限界を持つという点で実在的存在である。ドゥルーズがいかにしてベルクソンの創造性の場としての存在論的運動に焦点を定めているかについては、既に見てきたところである。したがって、ドゥルーズによるベルクソン解釈の構築の中核をなす任務とは、潜勢的《ヴァーチャル》なものと現勢的《アクチュアル》なものの間にまたがる存在の肯定的な運動を練り上げることであり、この運動こそ存在の必然性を支持し、存在に同一性と差異、統一と多様性をともども付与するものにほかならない。

存在論的運動についてのこの議論は、時間と空間の間、持続と物質の間の根本的な差異についてのベルクソンの主張に依拠している。[9] 空間は程度の差異を含むことができるだけであり、したがって単に量的な変化を表すだけである。これに対して時間は本性の差異を含み、したがって実体の真の媒介である。「持続はそれ自身に関する限り本性の差異というものを呈するかあるいは帯びるかする〈傾向があり〉(なぜなら持続にはそれ自身と質的に変化する力が与えられているから)、空間は程度の差異以外の何ものも決して示さないが(なぜなら空間は量的等質性であるから)、このような持続と空間との間に分割＝区別がなされるのである」(『ベルクソンの哲学』p. 31〔p. 24〕著者変更)。持続は最初の存在論的運動が見い出される領域であるが、それは本性の差異からなる持続が、それ自身と質的に異なることが可能だからである。空間あるいは物質は、程度の差異しか含まず、様態的運動の領域であるが、それは空間がそれ自身と異なることができず、むしろ自らを反復するからである。「ベルクソンの語るすべてのことはいつも次の一点に帰着する。すなわち、持続はそれ自身と異なるものであるということである。これに対して、物質はそれ自身と異ならないもの、反復するものである」(『差異について』p. 88〔pp. 39–40〕)。ここで前提となっている存在論的基準は、自らとの異なり、すなわち内的差異である。もう一度繰り返すが、議論は、存在の因果的基盤の単なる置き換え＝交換という様相を呈している。自己原因(*causa sui*）である実体は自らと異なった実体に生成する。実際、ドゥルーズは持続と物質の区別を、実体－様態の関係という伝統的な観点＝用語《ターム》で明確に特徴付けている。「持続は能産的自然 *natura naturans*、物質は所産的自然 *natura naturata* のようなものである」（『ベルクソンの哲学』p. 93〔p. 103〕）。だがなぜ持続は自らと異なることができ、物質はそうではないのか？　その説明はベルクソンの差異について、最初に観察したところから帰結する。ベルクソンにおける差異の議論は通性原理《クイッディタス》〔何性〕あるいは状態を明確にすることには向けられていない。それは本質の場所に向けられるのではなく、むしろ時間における本質的な運動、過程の同一化に向けられるのだ。ベルクソン研究の第二の時期にドゥルーズは、持続と物質のこの区別を、明確に区別できる二つのタイプの多様性に拡張している。空間は、外部性の多様性、量的な差異化の数的な多様性、つまり順序＝秩序《オーダー》の多様性を示す。純粋持続は、内的多様性、質的差異化の異質性、つまり組織《オーガニゼーション》化の多様性を示す（p. 38〔p. 41〕）。さらに、ドゥルーズは、持続の領域は空間よりも深い多様性をもたらすというだけにとどまらず、空間よりも深い統一をもたらすとも主張する。実際、空間の様態的本性は、空間に固有の統一をもたらすことはない。したがって、存在の本質的な本性を実体的統一として認識するには、時間の観点から存在を思考しなければならないのである。すなわち、「一つにして、普遍的、非人称的なる、唯一の時」（p. 78〔p. 85〕）という観点から。

今やベルクソンとドゥルーズと共に、持続にしっかりと基盤を置いた存在論的な見地を採用してきたからには、やはり、潜勢的なものと現勢的なものがどのように通じあうのかを見ておく必要があろう。潜勢的なものが現勢的なもののなかに展開していく過程――ドゥルーズ呼ぶところの差異化あるいは現実化の過程――を分析するベルクソンの議論は極めて強力である。この点でベルクソンは存在の流出の哲学者であり、プラトンの残響は極めて強い。まさしくこの文脈で、ドゥルーズは、ベルクソンが極めて好んだプラトンの一節を指摘しているのだが、その一節のなかでプラトンは哲学者を「本性＝自然の分節にしたがって切り分ける」（『差異について』p. 295〔p. 181〕）料理の名人に見立てている。実在する本性の諸差異のなかで存在の輪郭を認識することは哲学者の責務である。なぜなら差異化の過程は生の基礎的な運動だからである。生の躍動 *élan vital* はまさしく次の言葉で表される。「常に問題なのは現勢化される過程にある潜勢性、差異化する過程にある単一性、分割の過程にある全体性である。〈分裂と分割によって〉、〈二分法〉によって進行するのが生の本質である」（『ベルクソンの哲学』p. 94〔pp. 104-05〕）。純粋な存在――潜勢性、単一性、全体性としての――は、差異化の過程を通じて、言い換えれば本性の差異の線にそって印をつけあるいは裁断する過程を通じて、流出しあるいは現勢化する。差異化は次のようにして質と量という存在論的基準の所在を示す。すなわち、潜勢的存在は統一《ユニテイ》＝単一性として自らの実在する多様な差異を展開しあらわにするのである。だがプラトン主義との類似点を強調しすぎないように気をつけなければならない。ドゥルーズが述べるベルクソンの現勢化は、少なくとも二つの面でプラトンの流出から区別される。第一に、ドゥルーズの主張によれば、「潜勢的な全体」を現勢化することは存在の堕落ではなく――つまり、観念的《アイディアル》なものが現勢的なもののなかに限定されたり、現勢的なものが観念的なものの写しになったりするのではなく――、反対にベルクソンの現勢化は世界の実在性と多様性を肯定的に産出することなのである。「差異化は決して否定ではなく創造であり、差異は決して否定的なものではなく、本質的に肯定的で創造的であることを知るためには、現勢的な諸項《ターム》＝用語をそれらを産出する運動のなかに位置付けなおすだけで、つまりそれら諸項をそれらにおいて現勢化される潜勢性に戻してやるだけで十分である」（p. 103〔p. 114〕）。第二に、既に見たように、ドゥルーズの論じるところでは、ベルクソンの存在論的運動は、絶対的に内的で生成的な存在の産出に依拠するが、その存在の産出は「生が自らにもたらす内的爆発力」に駆られたものなのである。ここには、秩序の力としてのプラトン的目的論が存在する余地はない。したがって、この文脈においてわれわれはベルクソンの存在論的運動を、プラトン的なイデア的なものの秩序から自由な、存在の創造的な流出として理解することができる（pp. 105–06〔pp. 116–17〕）。

しかしながら、ドゥルーズが極めて明確にしたように、ベルクソンの存在の流出を正しく理解することが必要だとすれば、それを空間の差異としてではなく時間における現勢化として概念化しなければならない（ここでの議論がフランス語の *actuel* の第一義である「同時の」という意味に依拠していることに注意されたい）。ベルクソンの記憶の理論が働き始める《プレイ》〔戯れる〕のはまさしくここである。過去のうちにベルクソンは純粋な存在――「純粋で潜勢的で平静で活動しない、自らのうちにある記憶」（『ベルクソンの哲学』p. 7〔p. 75〕）を見い出す。過去の単一＝統一《ユニティ》性から現在の多様性への創造的な運動が現勢化の過程なのである。ベルクソン的な存在の流出を時間のなかに位置付けることによって、ドゥルーズは彼の用語法の力を示すことができる。事実この用語法によってベルクソンの概念と他の存在論的運動の概念の重大な違いが明らかになるのである。この議論は、極めて複雑な論証を構成する謎めいた一連の用語群を通じて示される。この議論の大まかな目標は、可能的なものという考え方を十全に批判することである。ドゥルーズの主張するところによれば、差異化であるベルクソン的な存在の流出を、潜勢的なものと現勢的なものとの間の関係として考えることが不可欠であり、可能的なもの *possible* と

実在的なもの *real* との間の関係として考えてはならない[10]。これら二つの二項一対（潜勢的—現勢的と可能的—実在的）を設定した上で、ドゥルーズは、それぞれの組の超越的な項が他方の組の内在的な方の項と肯定的に関係すると指摘することに進む。可能的なものは現勢的ではありうるが、決して実在してはいない。しかし、潜勢的なものは現勢的ではあり得ないが、それでも実在はしている。言い換えれば、そのうちの或るものが将来実在するかもしれないような、いくつかの同時的（現勢的）な可能性は存在するのだが、それに反して潜勢性は常に（過去に、記憶のうちに）実在していて、今現在、現勢化された状態になりうるのである。ドゥルーズはプルーストを引き合いに出して潜勢性の状態を「現勢的でないまま実在的で、抽象的でないままに観念的」（p. 96〔p. 108〕）と定義している。ここで極めて重要な点は、潜勢的なものは実在しており、可能的なものはそうではないということである。つまり、これこそドゥルーズが、存在の運動は、可能的なもの—実在的なものの関係より、むしろ潜勢的なもの—現勢的なものの関係という観点から理解されなければならないと言いきる根拠なのである。この価値評価を理解するためには、もう一度スコラ哲学の存在論の因果的論証を参照する必要がある。前に引き合いに出す機会のあった因果性の根本原則は、結果はその原因以上の実在性を持つことはできないというものであった。潜勢的なものは現勢的なものとまったく等しく実在しているのだから、潜勢的なものから現勢的なものへの存在論的な運動はこの原理と一致している。だが、可能的なものから実在的なものへの推移は明らかにこの原理に違背しており、このことを論拠として存在論的運動のモデルとしては退けられなければならない。注目しておかなければならないのは、ドゥルーズはここでスコラ哲学者たちに対して明らかな言及を行なっていないにもかかわらず、説明の仕方と議論の用語法が徹頭徹尾スコラ哲学的であることである。潜勢的なものというのは観念的あるいは超越的なものを述べるスコラ哲学の用語である。したがって、潜勢的なスコラ哲学の神はまったく抽象的でも可能的でもなく、最も実在的な実有 *ens realissimum* なのである。結局、現勢化は潜勢的なものから現実態《アクト》へという、お馴染みのアリストテレス的な移行を述べるスコラ哲学的なやり方なのである。(11) この文脈ではベルクソンのこの用語の使い方はさらに一層興味深いものにさえなる。ベルクソンの「現勢化」はアリストテレス的な意味を保ち、かつそれに現代フランス語の慣用法によって暗示される時間的な次元が付け加わる。ベルクソンにおいては、潜勢性から現実態《アクト》への移行は持続のなかでのみ起こるのである。

この謎めいた用語群にドゥルーズが賭けているもの——可能的なものを拒み「実在化」に対して「現勢化」を擁護しつつ——は、存在の流出の本性そのものとそれを支配する原理である。ドゥルーズは、さらにこれらの用語群を拡充することによってこの価値評価を練り上げていく。実在化の過程は二つの規則によって規制されている。すなわち類似と制限である。これとは逆に現勢化の過程は差異と創造に導かれている。ドゥルーズの説明によると、前者の観点からすれば、実在的なものは、それが現勢化する可能的なものの似姿《イメージ》である（したがってそれに類似している）と考えられる——「実在的なもので可能的なものに付け加えられているのは現存または実在性だけである。これは、概念の見地からすると、可能的なものと実在的なものの間には差異はないと、言い換えることができる」（『ベルクソンの哲学』p. 97〔p. 108〕強調は著者）。さらに、すべての可能性が実在化されうるわけではないのだから、つまり可能的なものの領域は実在的なものの領域よりも広いのであるから、どの可能性が実在性に「移行」するのかを限定する、制限の過程が存在しなければならない。こうして、実在の全部が可能的なもののうちに既に与えられているかあるいは限定＝決定されているという点で、ドゥルーズは可能性—実在性の組のうちに、前成説の傾向をみてとる。つまり、実在は、可能的なものという「偽りの現勢性」のなかに自らに先だって存在し、類似したものによって導かれる制限を通じて流出するだけなのである〔p. 98〔pp. 108-09〕〕。したがって、（概念の見地からすれば）可能的なものと実在的なものの間には差異はなく、実在の似姿《イメージ》は既に可能的なもののうちに与えられているのだから、実在化という移行は創造ではありえない。

これとは反対に、潜勢性は、現勢化するためには自らの現勢化の用語を創造しなくてはならない。「その理由は単純である。実在的なものは、それが実在化する可能的なものに似ているが、これに対して現勢的なものはそれが具体化する潜勢性に類似してはいないからである」（『ベルクソンの哲学』p. 97〔pp. 108-09〕）。潜勢的なものと現勢的なものの間の差異は、現勢化の過程が創造であることを要求するものである。前もって形成された秩序によってその形態を押しつけられることなく、存在の現勢化の過程は創造的進化でなければならず、差異化を通じて現勢的存在の多様性を生み出す独創的な産出でなければならない。この複雑な議論を、形相因（可能的‐実在的）の運動を批判し作用因（潜勢的‐現勢的）の運動を肯定するものとしてとらえるだけでは、部分的に理解できたことにしかならない。しかし、存在の一貫性を限定する原理の観点から、問題が秩序の批判と組織化の肯定として提起されるならば、議論の賭け金はもっとはっきりしてくる。以前われわれは、ドゥルーズが「秩序の多様性」と「組織化の多様性」とを区別した箇所を引用した（同 p. 38〔p. 34〕）。可能的なものの実在化は明らかに秩序の多様性を、静的な多様性を生じさせる。なぜなら実在的な存在は、可能的なものの「偽りの現勢性」の中で、あらかじめ与えられるかあらかじめ限定されるかしているからである。一方、潜勢的なものの現勢化は力動的《ダイナミック》な多様性を表す。そしてその力動的な多様性において、差異化の過程は現勢的な存在の独創的な配列や一貫性を創造する。これが組織化の多様性なのである。秩序の多様性は、前もって形成された静的なものであるがゆえに「限定的」である。これに対して組織化の多様性は、創造的で独創的であるがゆえに「非限定的」である――組織化というものはつねに予見しえないものなのだから[12]。秩序の青写真が存在しないとなると、組織化の創造的な過程は常に一つの技術＝芸術《アート》ということになる。

　ここまで明らかにしてきたように、ドゥルーズはベルクソン的な存在の現勢化を、力動的で独創的な流出として、すなわちプラトン的目的論（目的因）と可能なものの実在化（形相因）という、秩序を作り出す二つながらの拘束から自由な創造的進化として示してきた。だがこの定式化は、この議論に本質的についてまわってきた次のような重大な疑問を回避している。いかなる限定された秩序あるいは前成説からも自由になるなら、新しい独創的な存在、そして新しい構成平面を常に形成し続けることのできるベルクソン的存在において、何が創造的な仕組みを構成するのか？　ベルクソン的組織化の基礎とは何か？　これこそまさしく、ヘーゲル的な反攻をしかけようと思えばしかけられる地点である。ヘーゲルのスピノザ批判に立ち戻るならば、われわれはベルクソンの立場にも当てはまる圧力を認識することができよう。最終的にヘーゲルは、スピノザの存在の肯定的な運動を回復力のない流出説という特徴をもつものと考える。

　同様に、流出という東洋的概念においては、絶対的なものは自らを照らす光である。この絶対的なものは単

> に自らを照らすのみではなく、流出もする。その絶対的なものの流出は、その曇りのない明るさからの遠ざかりである。すなわち後から引き続いて産まれてくるものは、それを生ずる先行のものより一層不完全である。しかも、この流出は単なる出来事と見られ、生成は単に漸次的な喪失と見られるに過ぎない。このように存在はだんだんに暗くなり、夜、すなわち否定的なものが、その一連の〔流出の〕進行の行き着く最後の果てであるが、それが最初の光にまた回帰することはない（『大論理学』pp. 538-39〔(中) p. 226〕）。

明らかに、ベルクソンの運動にも、スピノザの運動と同じく、ヘーゲルがここで失われた境位として考えている「自己のなかへの反照」が欠けていることは真実である。しかし、既に見たようにベルクソンの主張するところでは「引き続いて産まれるもの」が「より一層不完全」であるわけではない。その運動は「漸次的な喪失」ではない。むしろ生の飛躍 *élan vital* が構成する差異化は、新しい、〔先行するものと〕同じく完全な分節化を生み出す創造的な過程なのである。ベルクソンならスピノザばりに、現勢性は完全性なのだ、とうまく答えるだろう。だが、ヘーゲル的な攻撃は、このベルクソンの主張を内在的な創造的メカニズムによって裏付けする圧力の役割を果たすのである。すなわち、ヘーゲルは肯定的な存在論的運動が（流出としての）存在の生成の原因たりうることを認めている。だが、どのようにしてそれが生成の存在の原因たりうるのか？　とヘーゲルは問うのである。さらに、ヘーゲルが述べた物理学と政治学の類比《アナロジー》が再び政治的難題となって立ち戻ってくる。古代原子論者にくみして、ドゥルーズとベルクソンは、多様性が統一のうちにあらかじめ形成されているとする前成説を拒否する。つまり、彼らは国家の秩序を拒否し、その代わりに組織化の多様性の独創性と自由を主張する。ヘーゲルのような観点からすれば、これはまさしく国家の基礎を市民の個別意志に置こうとする試みと同様に気違いじみている。秩序（目的論の、可能的なものの、弁証法の秩序）に対する攻撃から、組織化の力動性の空間とその必要性が生まれる。つまり現勢的なものの組織化と多様性の組織化が生まれるのだ。こうした問題に応えることが、ベルクソン解釈においてドゥルーズに課された最後の責務である。

第四節　生成の存在と現勢的なものの組織化

創造的な組織化という問いは重大な問題を提起する。そして結局これこそ、ドゥルーズにとってベルクソンの思想では不十分であるということが判明した地点なのである。ドゥルーズがベルクソン研究の第二の時期に入り、その焦点を質の問題から質から量への移行へと移すにつれて、現勢的組織化の必要性は明らかに一層重要になってくる。ここまでの分析でわかったことは、ベルクソンは、統一から多様性への流出の運動、つまり差異化あるいは現勢化の過程を述べるにあたっては極めて有効だということである。しかし、今やそれとは反対に、多様性から統一へという方向に向かう補完的な組織化の運動が必要であることが判明したのである。あいにくこの組織化の運動はベルクソンの思想にはほとんど存在しない。しかし、それにもかかわらず幾つかの点で、ドゥルーズの解釈は、ベルクソンのなかにこの必要性に対する答えが存在することを示唆している。ドゥルーズは、現勢的なものの収束的な運動が存在することを示唆しているようなのだ。「実在的なものは、本性の分節化あるいは本性の差異にしたがって切断される［*se découpe*］ものであるだけでなく、同一の観念的あるいは潜勢的な点へと収束する幾つかの道に沿って再切断する［*se recoupe*］ものでもある」（『ベルクソンの哲学』p. 29〔p. 22〕）。現勢的な多様性と潜勢的な統一とを関連づける、この再交差〔再切断〕*recoupement* あるいは交差の過程とは厳密には何なのであろうか？　ドゥルーズはこの点を詳しくは扱っていない。しかしながらこのくだりが意味を持つためには、再交差〔再切断〕*recoupement* を統一の新たな潜勢的な点を組織化する創造的な過程として解釈するのではなく、むしろひたすら、本性の分節化の線を起源の出発点までたどる過程として解釈するしかない。再交差〔再切断〕*recoupement* は、存在が一義的だとするスコラ哲学的な原理の、ベルクソン流の表現なのである。あらゆる存在が収束する道筋をたどって唯一の潜勢的な点に戻ることができるのだから、われわれは存在がいつでもどこでも同じ仕方で語られるということを確認できるということになる。この一義性の理論と敵対するのは存在の類比《アナロジー》の理論である。ここで重要なのは、一義性は存在の一般的一様性〔同等性〕と共有性を含むが、それは潜勢的な平面においてのみのことなのだ、ということである。[13] だが必要なのは二つの平面の間を交流する方法である。このくだりが示唆するように、そしてベルクソンの著作にしばしば見られることなのだが、統一は潜勢的なものの平面にしか現れないのである。この点でドゥルーズの議論が要求しているのは、それとは逆に、現勢的な多様性の組織化にふさわしいメカニズムなのである。

潜勢的なものと現勢的なものの間の交流のもう一つの例は、ベルクソンにおける記憶の二つの運動のなかに見られる。「想起＝記憶作用」は過去に向かう包含的な運動のなかで膨張し拡張する。そして「集約＝記憶作用」は個別化の過程として未来に向かって集中する（p. 52〔p. 52〕）。言い換えれば、後方を見ると普遍的なもの（想起＝記憶作用）が見え、前方を見ると個体的なもの（集約＝記憶作用）が見えるのである。現勢的なものの創造的組織化に必要となるものは、それとは反対に、新しい統一を生み出すことができる未来の方向に向かう、拡張する包含的な運動であるのに。しかしベルクソンはこの二つの運動の時間の向きに固執する。潜勢的なものの統一は過去にしか属さず、しかもわれわれがその点に向かって後戻りして運動することは決してあり得ないのである。「われわれは現在から過去へ、知覚から想起へ移行するのではなく、過去から現在へ、想起から知覚へと移行する」(p. 63〔p. 66〕)。こういう用語で言うとすれば、現勢的なものの組織化は、知覚から新しい「想起」へ向かう運動でなくてはならず、その新しい「想起」は、実在的組織化の共通点としての未来の記憶(文法的意味でいう前未来 *futur antérieur* か未来完了のごときもの)であるということになろう。

『ベルクソンの哲学』の結論(pp. 106–12〔pp. 118–26〕)で、ドゥルーズは全力を傾けて真剣に組織化の問題と社会化の問題を提出している。彼の主著(例えばニーチェとスピノザ双方の研究)の多くにおいて、ドゥルーズは、その結論で、彼の最も凝縮され、難解極まりない主張を述べて将来の研究に向けた道筋を示している。この『ベルクソンの哲学』の結論でドゥルーズが説明しようとしているのは、人間の創造する力、すなわち、差異化ないし現勢化の過程をコントロールでき、自然という「平面」plane あるいは「見取り図」plan を超えることのできる能力のことである。「人間は最終的に能産的自然〔*natura naturans*〕を表現するために、もろもろの見取り図を焼き払い、自らの条件と自らの平面をともどもに超克することができる」(p. 107〔p. 119〕)。しかし、この人間の自由と創造性の説明は、直ちに理解できるというものではない。確かに社会は人間の知性を基盤として形成されるが、ドゥルーズの主張によれば知性と社会の間には直接的な運動は存在しない。それどころか、社会はもっと端的に

「もろもろの非合理的な要因」の結果である。ドゥルーズは「潜勢的な本能」と「仮構作用」*la fonction fabulatrice* を、やがて義務や神々を創造することにつながる力の正体と考える。だが、これらの力は、創造する人間の力を説明し得ないのである。(14)

解決を得るためには、人間の知性と社会化の間に存在するギャップの分析に立ち戻らなければならない。「知性と社会の隔たりに何が現われるのであろうか……? われわれは、それが直観である、と答えることはできない」(p. 109〔p. 122〕)。直観とは――以前、存在の肯定的な力動性として指摘したのと同じ――あの「生が自らにもたらす内的爆発力」である。しかし、ここではこの観念は、より明確に意味付けされている。ドゥルーズはすぐに付け加えて、より正確に言うと知性と社会性のギャップを埋めるものこそ直観の源泉であり、創造的感情なのだ、と言っている(p. 110〔p. 123〕)。創造的感情を通じて社交性を生み出すこの独創的な産出によってわれわれは、ベルクソンいうところの記憶における統一の平面につれ戻されることになる。しかし今度はそれは新たな記憶なのである。「この創造的感情は、まさしく宇宙的記憶にほかならない。この記憶こそ、あらゆるレヴェルを同時に現勢化し、あらゆる創造の運動にふさわしい創造者にするために、人間を、彼が属する見取り図またはレヴェルから解放するのである」(p. 111〔p. 124〕著者変更)。宇宙的記憶によって、ドゥルーズは神秘主義的なベルクソン的社交性に逢着する。その社交性は「特権的な魂」(p. 111〔p. 124〕)にふさわしく、しかも開かれた社会、つまり創造者たちの社会のデッサンを描くことを可能にするのである。宇宙的な記憶の化身は「閉ざされた砂漠を横切って、〈とびとびに〉魂から魂へと跳躍する」(p. 111〔p. 124〕)。われわれがここで経験するものは、明らかに、山頂にあるツァラトゥストラの声の微かな反響である。つまり、創造的感情、産出的感情、自然と人間存在のレヴェルを超越した能動的な創造者たちの共同体といったものを語る彼の声の。だが、ベルクソン的社会理論のこの簡潔な説明は示唆的とはいえ、この結論では曖昧で未だ展開されないままになっている。その上、これ以外のドゥルーズのベルクソンに関する仕事はこの理論を立証するのに役立たない。事実、これらの主張が真の一貫性と強固な根拠を持つためには、ドゥルーズのニーチェ論を参照しなければならないのである。(15)

『ベルクソンの哲学』の結論はベルクソン研究の第一の時期には現われなかった、第二の時期における最も注目すべき積極的な議論であり、それは、質についての問題設定がヘーゲルに対する攻撃の際指摘しておいた質から量への移行の問題設定へと変化するのに、完全に対応している。明らかに、二つのベルクソン研究の間をまたがるこの二重の変化には、ドゥルーズの「八年間の空白」に起こった心の動きの或る側面があらわれている。実際のところ、ドゥルーズは、社会的なものと倫理的なものに存在論的なものを持ち込むことに切迫感を感じている。『ベルクソンの哲学』でドゥルーズは、或る程度この切迫感を表現するのに成功している。だが、さらに重要なことは、この軌道修正によって、ドゥルーズの思想におけるニーチェの到来とその必要性とが明らかになるということである。ニーチェは、ドゥルーズに、生成という真《リアル》の存在と現勢的な多様性の肯定的組織化とを探る手立てを与える。ニーチェは、ドゥルーズが論理の平面から価値の平面に領域を移すことによって、ベルクソン研究を通じて展開してきた肯定的存在論を、肯定的倫理に向けて移しかえるのを可能にするのである。

注解——ドゥルーズと解釈

ニーチェに向かう前にしばらくドゥルーズのベルクソン読解に対する二つの批判を検討してみよう。それらはドゥルーズの解釈戦略の特徴をはっきりさせるのに役立つであろう。この試論の冒頭で、ドゥルーズの仕事の独自性からして、一連の方法論的原則を銘記しておく必要があるということは指摘しておいた。ドゥルーズの仕事が一風変わっている原因の一つは、彼が、自分のヴィジョンの焦点となりそれを規定する極めて特殊な問題を、個々の哲学研究に持ち込んでしまうことにある。ベルクソン研究の場合に気付くのは、ドゥルーズの主な関心が、弁証法という否定的存在論の運動に適切な批判を展開することと、〔弁証法の〕代案となる存在の肯定的創造的な運動の論理を練りあげることにあったということである。ドゥルーズが焦点を制限するのに必然的に伴う選択こそ、彼の一部の読者たちを混乱させ、他の読者たちを苛立たせる原因のようだ。ジリアン・ローズの批判（「新ベルクソン主義」"The New Bergsonism"）とマドレーヌ・バーテルミー＝マドールの批判（「ベルクソンを読む」"Lire Bergson"）はこの問題の格好の例を提供してくれる。この二つの批判には、以下のような解釈上の困難をきたしている二つのドゥルーズ解釈の方法が認められる。第一に、ドゥルーズの選択の原則を認識し損なうことによって、これらの著者たちはドゥルーズの立場と彼が対象にしている哲学者たちの立場を融合してしまうということであり、第二に、ドゥルーズの思想の進展を無視することによって、彼女らはドゥルーズの様々な著作を導いている異なった企てを混同してしまうということである。ついでに、この二人の批判者たちの観点がかくも相違しているということは、英米系とフランス系という二つのベルクソン解釈の伝統の間にあるギャップに起因するずれを説明するのに役立つだろう。

「新ベルクソン主義」（『ニヒリズムの弁証法』*Dialectic of Nihilism* の第六章）全編を通じて、ローズはベルクソンの著作とドゥルーズの解釈の二つをあたかも一つの完全な連続体であるかのように読む。彼女は『ベルクソンの哲学』についての短い議論を、以下の主張が誰のものなのか曖昧にして次のように締め括っているが、それはこの混同をはっきりと物語っている。「ドゥルーズの解釈によれば、ベルクソンは、生の躍動 *élan vital* が〈人間〉の記憶において〈自らを意識するようになる〉時に絶頂に達する自然哲学 *Naturphilosophie* を生み出したのだ」（ローズ、p. 101）。この主張を裏付けるために彼女は『ベルクソンの哲学』の最後のページを引用する（p. 112〔p. 126〕）が、それは、彼女の文の前半を部分的には支持してはくれるものの、後半についてはまったく支持してくれない。このくだりでドゥルーズは、自然哲学 *Naturphilosophie* にまったく言及していないばかりか、それに先立つページ（pp. 106–12〔pp. 118–26〕）を費やして彼が論じているのは、われわれが人間の条件を超えて自然の見取り図を超越し新しい人間的自然を創造できるということをベルクソンが示している、ということである。ここでドゥルーズが依拠しているのは、主としてベルクソンの晩年の著作『道徳と宗教の二源泉』*Les deux sources de la morale et de la religion*（1932）である。ローズは自然哲学 *Naturphilosophie* というアイディアをドゥルーズからではなく、ベルクソンの最も初期の著作『時間と自由』*Essai sur les données immédiates de la conscience*（1889）から引き出しているが、それを彼女はコントの仕事と矛盾しないものとして解釈している（ローズ、p. 98）（したがってわれわれは、混同というだけではなく、ベルクソンの初期と後期の著作を区別し損ねるという、ベルクソンのまったく非歴史的な読解を体験するわけである）。だが、ここでの中心的な論点は、ベルクソンの思想が自然哲学 *Naturphilosophie* を構成するか否かということではない。肝要なのはむしろ、この側面がドゥルーズの企ての一部をなすわけでもなければ、ドゥルーズがベルクソンから引き継いでいるものでもないということなのである。

同様の解釈の問題はフランスのベルクソン研究の専門家マドレーヌ・バーテルミー＝マドールによる試論にも見られるが、彼女の解釈においても、最も重大な苛立ちを惹き起こすのが『ベルクソンの哲学』のまったく同じページであることは興味深い。だが、彼女の反応はローズとはまるで異なった観点に起因している。というのは、彼女は、英米系の実証主義的な解釈ではなく、フランスの精神主義的なベルクソン解釈を基盤にしているからである。バーテルミー＝マドールの基本的な反論は、『道徳と宗教の二源泉』が実際はベルクソンの思想が深く宗教的な性格を持つものであることを証するものであるのに、ドゥルーズがそれをニーチェ的、反人間主義的なテクストとして解釈することに向けられている。「〈人間の条件を超越する〉過程はベルクソンからすると実質的に哲学の使命であり、それは〈非人間〉とか〈超人〉とかいった観点では定式化することはできない……とにかく、この解釈から引き出せる主たる結論は、ベルクソンはニーチェではないということである」（「ベルクソンを読む」p. 86, p. 120）。バーテルミー＝マドールは極めて注意深いベルクソンの読み手であり、ある程度彼女の批判を受け入れなければならない。事実、ベルクソンはニーチェではない。われわれの目的とするところの観点からすれば、この二人をこれらのページにおいて結び付けようという、ドゥルーズの（おそらくはこじつけめいた、しかも不成功に終わった）努力は、ニーチェ研究の時期が彼の思想に重大な影響を及ぼしたことと、ベルクソン的な枠組みを超克する必要があったことを暗示している。だが、バーテルミー＝マドールとの論争で争われている主たる論点は、或る解釈者が或る哲学者をどのように解釈するかという問題である。バーテルミー＝マドールは何よりも、〔或る思想から特定の部分を取り出す〕選択というドゥルーズの原則に反発している。「或る教説の解釈とは、解釈者が教説の総体のすべての用語を説明しきることを前提とする。彼の場合、この前提に該当するとは私には思えない。私はドゥルーズ氏が自分の研究の題名として『ベルクソン主義』*Bergsonism*〔『ベルクソンの哲学』〕という言葉を使うことに異議を申し立てたい」(p. 120)。したがって、ドゥルーズ解釈における第一のタイプの問題は、ローズとバーテルミー＝マドールの双方に見られるように、選択というドゥルーズの原則を理解できないか、受け入れることができないことに起因する。つまり、ドゥルーズと彼の研究対象となっている哲学者との関係と、ドゥルーズによる出典の使用法とを混同することに起因するのである。

第二のタイプの問題はドゥルーズの企ての誤読に、つまりドゥルーズの思想的進展を認識し損なうことに起因する。これは、基本的にはローズの批判によって生じている問題である。ローズがドゥルーズの仕事を、法権主義《ジュリディシズム》とポスト構造主義についての彼女の一般的な主題に関連付けようとするとき、――哲学史における(カント、ヒューム、ニーチェ、あるいはスピノザについての)彼の他の研究であれば彼女の仕事にもっとふさわしいのに――『ベルクソンの哲学』を解釈の対象として選ぼうとするのは確かに奇妙である。既に見たように、ドゥルーズのベルクソン研究は基本的には存在論的問題に焦点を合わせていて、倫理の問題に手を出すことはあるけれども、法についての議論に強固な基盤を与えるようなことはない。したがって、このことを心に留めておけば、ローズがドゥルーズのベルクソン論を直接論じるのに困難を覚えているということは驚くにあたらない。事実、彼女が『ベルクソンの哲学』に割いているのは二十一ページ中二ページに満たない (pp. 99-100)。この二ページの前では、コントおよび実証主義と関連付けてベルクソンの『時間と自由』が解釈され、また後ろにはドゥルーズの『差異と反復』の数節の解釈にニーチェ論とドゥンス・スコトゥス論からの若干の補足を関連付けたものが置かれている。ローズは、ドゥルーズによる新ベルクソン主義の趣旨は「存在論的な不正義」を根拠付ける試みであるとして、それに繰り返し言及する (p. 99, p. 104, p. 108)。彼女はこの主張を、『差異と反復』の一節からの引用で立証しようとする。その節でドゥルーズはドゥンス・スコトゥスやニーチェ、スピノザにおける存在の一義性について論じている。「一義的存在は遊牧的《ノマド》な配分であると同時に戴冠せるアナーキーである」(引用はローズ p. 99、『差異と反復』p. 55〔p. 71〕)。ここでの問題は至極単純である。引用したくだりで、ドゥルーズはベルクソンを扱っているのでもなければ正義について扱っているわけでもない。既に私が論じてきたように、ドゥルーズによるベルクソンの扱いには一義的存在の概念を示唆するものを見い出すことができるが、だからといってドゥンス・スコトゥス―スピノザ―ニーチェという連結を直接ベルクソンに移すことができるというわけではないのだ。以上は単なる方法論上の問題点である。だが、さらに重要なことは、このくだりのせいでローズの主張がまるまる台無しになることが明らかになってしまうということである。一義的存在が「戴冠せるアナーキー」であるという所説を直接的な政治的声明として、あるいは正義についての所説としてさえ解釈するのは馬鹿げたことである。そんな主張は、存在論から政治論に至る複雑な展開を崩壊させようと企てるものであり、このような複雑な展開が唯一つの解決しか許容しないと決め込むことなのである (ローズはこのようにして、存在の一義的概念に対応する論理は一つしか存在しえないと信じることで――そう信じていると仮定するしかないのだが――スコトゥスの論理をドゥルーズに帰着させるという要点に見かけなりとも触れることができる〔p. 107〕）。せいぜいのところ一義性は、それが存在論的な同等性〔平等〕や分有〔参加〕を含意するということを通して、われわれに政治的な直観を与えてくれるに過ぎない。事実ドゥルーズの説明（『差異と反復』p. 55〔p. 71〕）では、この同等性こそ存在のアナーキーを「戴冠する」ものである。しかし、私としては次のように主張したい。すなわち、この直観をドゥルーズの思想のなかで真の正義の概念に変え、結果として存在論から政治学へ移動するためには、少なくともさらに二つの重要な局面を経過する必要がある、と。第一に、ニーチェ研究で展開される生成的な力（自らの顕現に対して内的な力）という概念が検討されなければならない。というのはこの概念が法と法権主義に対する攻撃を根拠付けるからである[16]。第二に、共通概念や社会的な構成的実践、および権利を吟味するためにスピノザ研究へと向かわなければならない。その結果ドゥルーズは、法に代わる積極的な代案を練り上げることができるのである。権利 対 法 *Jus versus lex*〔法に対して権利を〕。これこそ、法治主義《リーガリズム》と法権主義《ジュリディシズム》に反対するドゥルーズの立場をより一層適切に定式化したものにほかならない。

第二章　ニーチェ的倫理学――生成的な力から肯定の倫理学へ

ニーチェに関するドゥルーズの仕事を十全に理解するためには、われわれはそれをドゥルーズ自身の哲学的企ての進展の文脈のなかに位置付けてみなければならない。『ニーチェと哲学』は、ドゥルーズの多産な知的経歴における最も長い途絶、すなわち彼の知力溢れる人生に開いた「八年間の空白」の具体的な成果である。しかしドゥルーズによれば、そのような空白は活動の停滞を示しているのではない。それどころか、「おそらくはそのような空白期間においてこそ、急激な展開が生起している」（"Signe et événements" p. 18〔『記号と事件』p. 231〕）のである。そうであるならニーチェに関するドゥルーズの著作は、彼の初期の仕事を活性化しているその急激な展開を読解するための手がかりを、たぶんわれわれに提供してくれるであろう。ニーチェについてのこの研究は、第一章でわれわれが論じたベルクソン研究の二つの局面の間にいくつかの重要な差異を生じさせる介入である。この新しい方向付けを、われわれは次のように要約することができる。すなわちベルクソンの肯定的《ポジティヴ》で論理的な力動説が新しい地平に、つまり一切の論理的な問題が今やそこでは意味と価値の観点から述べられる力の領域に、入ってきたのであると。この新しい地平において、あらゆる種類の新たな思考の形式がすみやかに生起してくる。最も重要な点は、ベルクソン流の論理的な議論の中心をなす部分が、力の本性の分析へと変化を遂げたことである。この力の本性の分析は、ドゥルーズのニーチェ研究における根本的な変化に、次のような原則をもたらす。すなわち、力の存在論的な基礎付けから存在の倫理的な創造へ。要するにわれわれは、ドゥルーズのニーチェ研究を先行するベルクソン研究に遡及しながら関連付けていくだけではなく、後続するスピノザ研究にもそれを予見しながら関連付けていく必要があるのである。ニーチェの思想の枠組みの内部でのドゥルーズによる倫理的な地平の構成が、スピノザ的実践についての彼ののちの研究を可能にする（あるいはそれを真に必要とする）問題を露呈させていることに、われわれは気付くことになるだろう。

第一節　敵のパラドックス

ベルクソン研究におけるのと同様、ニーチェ研究においても、ドゥルーズの分析を駆り立てているのはヘーゲルへの敵対である。しかしながらここでは、われわれが先に論じた（第一章・第一節）ドゥルーズの三角測量法の戦略はいっそう複雑に、いっそう多義的になっている。『ニーチェと哲学』にはヘーゲルに対するドゥルーズの辛辣な修辞が散見されるにもかかわらず、論争の焦点はいくつかの重要な方法において既にヘーゲルから遠ざかりつつある。ベルクソン研究のときと同様に、ドゥルーズはヘーゲルからの徹底的な距離を維持するために、ニーチェの立場により近くて彼にとっての重要な問題を多少なりとも共有している他の敵たちを導入してくる。つまりドゥルーズは、ヘーゲル自身の思想的地平に降下して、そこで闘うことを拒絶する。再びわれわれは、ヘーゲルが自身に近接している敵たちの誤りを継承してそれを極限にまで、一種の否定的なn乗の力への上昇として押し進めていることに気付くのである。

けれどもドゥルーズの立場がはらんでいる多義性は、敵対と対立について彼が発展させてきた諸概念にすべて関わっている。人間の敵を選択し、それと関係するための最良の方法についてドゥルーズが与えているいくつかの示唆は、一見したところ相互に矛盾しているのである。いくつかの箇所ではわれわれは、ドゥルーズがヘーゲルに対する根本的な敵対を、彼のニーチェ読解の中心的で切迫した境位であるとみなしていることに気付く。「もしわれわれが、その主要な概念が〈誰に敵対して〉向けられているのかを見ないならば、われわれはニーチェの著作の全体を誤解することになろう。ヘーゲル的な諸主題は、ニーチェの著作のなかに彼が闘いを挑む宿敵として現前している」(*Nietzsche and Philosophy*, p. 162〔『ニーチェと哲学』p. 235〕)。「反ヘーゲル主義は、痛烈な刃としてニーチェの著作を貫通している」(p. 8〔p. 22〕)。そして最終的に、ニーチェの哲学は「絶対的な反弁証法」(p. 195〔pp. 277–78〕)を形成するにいたる。こうした箇所では、ヘーゲルとの直接的な対決の必要性が、大変明白に表現されている。しかしながら別の箇所ではヘーゲルとの関係をずらしてしまうことを、つまりベルクソン研究を論じる際にわれわれが見い出したのと同じタイプの三角配置〔三項関係〕によってその関係の二項的な性格を破壊してしまうことを、ドゥルーズは試みてもいるのである。

カントに対するニーチェの関係は、ヘーゲルに対するマルクスの関係に等しい。ちょうどマルクスが弁証法をそうするように、ニーチェは批判をその足で立たせる……弁証法は、元来がカントのものであった批判という形式から生まれる。もし批判そのものが最初から転倒していたのでなかったとすれば，弁証法をその足で立てるように戻してやる必要も，どんな形式のものであれ弁証法を「作り出す」必要もなかったことであろう〔p. 89〔p. 133〕〕。

この一節ではヘーゲルは，ニーチェにとって真に重要な存在ではないように思われる。というのも，弁証法は偽りの問題を形成しているからである。その代わりにニーチェは，カントを自身に最も近接する敵であるとみなしている。こうした二つの思想的態度は次のような逆説を形成してしまう。すなわちニーチェが根本的に敵対しているのはカント，つまり彼に最も近接する敵なのであろうか，それともヘーゲル，つまり彼から最も遠く隔たった敵なのであろうか？　ドゥルーズは両難に挟み打ちされながら，論理操作をしていかなければならない。ニーチェを究極の反ヘーゲル主義者として主張することには真の危険が伴う。というのもニーチェは否定，反動，そして怨恨 *ressentiment* の境位のなかに現れてくるからである。さらに言えば絶対的な対立は，新しい弁証法的な過程の始まりを（ヘーゲル的な枠組みにおいては）必ずもたらしてしまうように思われるからである。かといってもしわれわれが，そうはしないで（カントのような）ニーチェに最も近い敵にのみ焦点を絞り，反ヘーゲル主義をニーチェを駆り立てる根源的な力であるとみなさないならば，「われわれはニーチェの著作の全体を誤解することになろう」（p. 162〔p. 235〕）。

われわれは『悲劇の誕生』のドゥルーズの読解に目を向けることで，この敵たちの問題を彼がどう処理するかについての予備的な知識を得ることができる。ドゥルーズによれば，ニーチェのこの初期のテクストが示しているのは、ディオニュソス／アポロンの二項対立に基づいた「半弁証法的」"semi-dialectical" な議論である（p. 13〔p. 29〕）。この二項対立的なカップルを二つの方向へと解消していくニーチェの思想の進展の見地から、ドゥルーズはこの問題に大変すっきりとした説明を与えている。一方には、より根本的な対立（ディオニュソス／ソクラテス、あるいはのちになると、ディオニュソス／キリスト）へと向かう方向性があり、他方には相補的な対（ディオニュソス／アリアドネ）へと向かう方向性がある（p. 14〔p. 30〕）。後者の対、相補性の対においては敵は完全に消滅して、両者の関係は相互に肯定し合う関係である。ただしこの対は産出的ではあるが、それがニーチェに彼の敵たちを攻撃するための武器を与えてはくれないので、その力に身を任せておくだけではニーチェにとって不十分なのである。前者の対は武器を与えてくれるが、しかしそれは問題の多い流儀においてである。ドゥルーズによればニーチェは最初、ディオニュソスの真の敵をアポロンからソクラテスへと変更するが、しかしこれは不十分な変更であったことが判明する。というのも「ソクラテスはあまりにギリシャ的であり、最初はその明晰さによってほんの少しばかりアポロン的であり、最後にはほんの少しばかりディオニュソス的である」（p. 14〔p. 30〕）からである。ソクラテスが単に近接する敵でしかないことが判明するとき、ニーチェはその最も根本的な敵をキリストのうちに見い出す。しかしながらこのとき、こうした事態が暗示する反キリスト、対立、そして否定によって、新たな弁証法を開始してしまうという危険をニーチェが冒しているようにわれわれには思われる。これは本当はそうではないのだと、ドゥルーズは主張する。「ディオニュソスまたはツァラトゥストラのキリストとの対立は弁証法的な対立ではなく、弁証法そのものに対する対立である」（p. 17〔p. 34〕）。この非弁証法的な否定とは厳密には何であろうか？

そして弁証法的な否定と非弁証法的な否定との差異を示すものは何なのであろうか？　こうした問いに答えを与えるための手段を、われわれはまだ持ち合わせてはいない。しかしこの問いそのものが、ドゥルーズのニーチェ読解にふさわしい語調とわれわれの作業の課題とを設定している。その答えは、ニーチェによる全体的批判のなかに探し求められなければならないだろう。全体的批判は、その持ちうる力を何一つ惜しむことがなく、その敵から何一つ取り戻すこともない絶対的に破壊的な否定を構成しなくてはならないからである。全体的批判は、どんな容赦も与えず、どんな囚人もとらえず、どんな物も略奪したりはしない絶対的な攻撃でなくてはならないからである。全体的批判は、二度と復活することのない敵の死を刻印するものでなくてはならないからである。こうしたことが、ドゥルーズによるニーチェの読解が展開させていくに違いない極度に過激で、非弁証法的な否定なのである。

第二節　超越論的方法と部分的批判

哲学に対してカントがなした巨大な貢献は、全体的でもあり肯定的《ポジティヴ》でもある内在的批判を概念化したことである。しかしながらカントは、この哲学的企てを成就することができずに終わり、そしてそれゆえにニーチェの役割はドゥルーズによれば、カントの誤りを訂正してその哲学的企てを救出することなのである（p. 89〔p. 133〕）。カントにおける批判の最も重要な誤りは、超越論的哲学そのものの誤りである。言い換えれば、感覚しうるものを超えた領域のカントによる発見は、批判的な諸力からの避難所として、批判的な諸力に制限を加えるものとして効果的に機能してくれる境域《リージョン》を、批判の圏域《バウンズ》の外に捏造することなのである。これとは反対に全体的批判は、唯物論的で一元論的な遠近法《パースペクティヴ》を要請するのであり、この遠近法においては分割されない統一的な地平全体が安定性を剝奪する批判の審問に開かれていて、その審問にまったく無防備にさらされている。したがって、批判が依然として部分的なままに留まることを必要としている（あるいは容認してしまう）のは、超越論的方法そのものなのである。この超感覚的なもののなかで安全に保護されている理想的な諸価値によって、カントにおける批判は真理と道徳それ自体を危険にさらすことなく、真理と道徳についての様々な主張を論じていくことができる。事実上カントは、支配的な秩序に属する既成の諸価値に免除を与えているのであり、そして「それゆえに全体的批判は妥協の政治学へと変貌してしまう」(p. 89〔p. 133〕)。カントの批判的な理性は既成の諸価値をいっそう強化し、われわれをしてそれらに従順であるようにさせるためにしか機能しないのである。「神、国家、そして両親に従うことをわれわれがやめると理性が出現してきて、従順であることをやめないようにわれわれに説得する」(p. 92〔p. 138〕)。カント哲学が保守的であることを許してしまうものは、まさにこの超越論的な平面の仮構であり、そしてその結果としてもたらされる批判の部分性なのである。公正無私の口実のもとに、カントは黙従する国家役人として、グラムシの表現を借りれば「伝統的な知識人」としてその姿を現し、支配的な権力に属する諸価値を合法化して、それらを批判的な諸力から守るのである。結局カントの批判は、「批判される者の権利の謙虚な承認」(p. 89〔p. 134〕)によって抑制されていて、あまりに礼儀正しすぎるのである。カントはあまりにお上品であり、あまりにお行儀がよくて、そしてあまりに臆病すぎるので、基本的な既成の諸価値に厳格に異議を申し立てることができない。これとは対照的に、全体的批判は自らの力に課せられるどんな抑圧もどんな制限も認めることがなく、したがってそれは必然的に反逆的な批判となる。つまり全体的批判は、既成の諸価値と、既成の諸価値がその生命を支えている支配的な権力とに対する、完膚なきまでの攻撃でなければならないのである。批判はつねに暴力的なものである——とはいえ真に問題なのはそのことではない。真に問題なのは、批判の破壊的な力の大きさであり、それが到達できる極限点であり、その力が波及しうる領土の広さなのである。

カント的批判は、全体的であることに失敗しているばかりか、肯定的《ポジティヴ》であることにも失敗している。全体的であることの失敗は、存在が肯定的《ポジティヴ》になりうる可能性を事実上妨害してしまう。全体的な地平を問題化し、すでに存在している権力を不安定にしてしまう批判の否定的な破壊する契機（*pars destruens*）は、新しい諸力を解放または創造するための構築する契機（*pars construens*）を許容する地平を、開拓していかなければならない——破壊は創造のための道を切り開くのである。したがって、カントの二重の失敗は実際には一つのものである。こうした結論は、ニーチェの中心的な関心が諸価値の問題であるということから、直接的に引き出されてくる。「カントは諸価値の見地から批判の問題を提出することができなかったがゆえに、真の批判をなし遂げるにはいたらなかったというのが、ニーチェの仕事の主要な動機の一つなのである」（p.1〔p.11〕）。批判という第一の破壊する契機の部分性は、基本をなす制度的な諸価値が生き延びることを許してしまうので、価値創造つまり構成的な力にとって必要な基盤を明確にすることができない。カントの批判に欠けている「能動的な審級」（p.89〔p.133〕）とは、まさしく真の意味で立法機能を果たすということを意味している。つまり法を制定することは、秩序を正当化して既成の諸価値を保存することではなく、厳密にその反対であって新しい諸価値を創造することなのである（p. 91〔pp. 136-37〕）。諸価値についてのこの批判は、利益と遠近法の問題を厳密に検討するようにわれわれに強いてくる。絶対的な認識と普遍的な諸価値とを決定してそれらを合法化する諸力の平面に対して外的な、いかなる超越論的な立場も認めることができない以上、われわれは内在平面の上に遠近法を設定してそれがもたらす利益を見極めなくてはならない。したがって、全体的批判の唯一の可能的な原理は遠近法主義《パースペクティヴィスム》（p. 90〔p. 135〕）なのである。

カントの超越論的方法に対するこうした攻撃は、遠近法主義を要請するのであるが、プラトン哲学の観念論に対するニーチェの攻撃と緊密に連繋しあって進められるのである。哲学的な探究の原動力である「問いの形式」を検討することを通じて、ドゥルーズはこの問題に取り組んでいる。プラトン哲学の探究にとって中心的な問いは、「……とは何か？（Qu'est-ce que?）」であると、ドゥルーズは主張する。たとえば「美とは何か？　正義とは？　等々」（p. 76〔p. 114〕）。これに対してニーチェは、中心的な問いを「誰が？（Qui?）」に変更しようと欲する。つまり、「誰が美しいのか？」、あるいはむしろ「どのもの（Which one）が美しいのか？」。またしても攻撃の焦点は、超越論的方法である。「……とは何か？」という問いは極めて超越論的な問いであり、多様な物質的現れを調整する超感覚的なものの原理として、上方に位置している究極の理想を求めようとする。「誰が？」という問いは唯物論的な問いであり、唯一＝特異性《シンギュラリティ》の遠近法のなかで物質的な諸力の運動に目を向けようとする。この二つの問いが示しているのは、事実上それぞれの答えが要求する別々の世界なのである。ドゥルーズはのちに、この唯物論的な問いのたて方を「劇的構成の方法」と呼び、哲学全体（たぶんヘーゲル個人の著作活動期は例外として）を貫通している主要な探究の形式はこの方法なのであると力説することになるだろう[1]。そうであるなら劇的構成の方法とは、利益と価値の批判の一部である遠近法主義を、いっそう精密に練り上げたものである。「〈真理とは何か？（*qu'est-ce que le vrai*）〉という抽象的な問いを提出するだけでは十分ではない」。むしろわれわれは、「いつ、どこで、どんなふうに、そしてどれくらい沢山〈誰が真理を欲するのか？（*qui veut le vrai*）〉と問わなければならない」（「劇的構成の方法」p. 95）。「……とは何か？」という問いを攻撃する際の標的は、その問い自体が内包していて、審問や批判の破壊的な力からの避難所を既成の諸価値に提供している超越的な虚構空間である。秩序が居座る場所とは、批判に対して免疫をもつこの超越論的な虚構空間にほかならない。こうした議論のなかに、われわれはベルクソン的な創造的直観を確かに感じ取ることができる。「……とは何か？」という問いは、以下に示す二つの誤りを含んでいるがゆえに、いつまでたっても抽象的なままである。(1)それは、運動の動態的な性質よりもむしろ、事物の静《スタティック》的な通性原理《クイッディタス》〔何性〕のなかにこそ本質を求める（そしてそれゆえに、本性の差異ではなく、程度の差異を明らかにすることしかできない）。(2)それは、形相因かそれとも目的因を（正義や真理の、つまり無条件に正しいこと〈the Just〉や無条件に真実であること〈the True〉の原型を）、現実を支配する原理であると当然のことのように決めてかかっている。意志と価値の地平へとわれわれを赴かせる「誰が？」という問いは、存在に内在する力動、つまり内在的で生成《エフィシェント》的な差異化の力を求めるのである。

注解——ドゥルーズによる「非人称的な」ニーチェの選択

しかしながらわれわれは、「誰が？」という問いには慎重でなくてはならない。なぜならドゥルーズが読解するニーチェにおいては、その問いが求める答えは個人的あるいは集合的な主観のなかには決して見い出されず、むしろ前主観的な力や意志のなかに見い出されるからである。問題をはっきりさせるには、この箇所の英語の適訳を探すにあたって示された様々な困難さが役立ってくれる。というのも〔『ニーチェと哲学』の英語版の翻訳者である〕ヒュー・トムリンソンが、“who”はそれが一個の個人に問いを向けるものであるがゆえに、“qui”の訳語としての機能を果たすことはできないと述べているからである。それゆえトムリンソンは、ドゥルーズの提案によって、“qui”は“which one”の意味であると解釈することになる（『ニーチェと哲学』英訳、p. 207, note 3）。ドゥルーズは英語版に寄せた序文において、この言葉の微妙なニュアンスをいっそう深く説明しようと努めている。「ここではわれわれは、一切の〈人格主義＝人称主義的《パーソナリスト》な〉言及を払拭してしまわなければならない。“which one”のこの“one”は……一人の個人に、一個の人格に言及しているのではなく、むしろ一つの出来事に、すなわちある情況や事件における多様な関係の間に働く諸力（forces）に、そしてこれらの諸力〈力能（power）〉を限定している発生的な関係に、言及しているのである」（p. xi）。この言説にみられる「誰が？」という問いの非人称的な性格の強調は、「……とは何か？」という問いは抽象的なものであるというドゥルーズの批判に、また別の視点を投げかけている。非人称的な「誰が？」という問いが、「……とは何か？」という問いよりも具体的であるのは、この問いが特定の主体または行為者を設定するからではない。そうではなく、この問いが遂行されるのが、生成的な因果性という唯物論的な平面の上においてだからである。

人格主義的＝人称主義的《パーソナリスト》な言及を一切採用しないでニーチェを読むことは、しばしば大変労力の要る仕事である。人格主義的な方法でニーチェを読解するという長い伝統があるだけではなく、われわれがニーチェを「人格的＝人称的《パーソナリー》に」読まざるをえないような箇所を、いくつか引用してみせることはたぶん容易なことだからである。この点でわれわれは、ドゥルーズの選択性という非常に明白な実例に出会う。論理的な用語法で、つまり前主観的な諸力の領域を活性化している意志と価値の論理としてニーチェを読むために、事実上ドゥルーズはベルクソン的な研究法をニーチェに適用している。「誰が？」という問いをたてるたびごとに、われわれはその答えにふさわしい疑う余地のない力への意志に目を向けているのである（p. 53〔p. 83〕を参照のこと）。ドゥルーズの探究はベルクソン的な存在の論理からニーチェ的な意志の論理へと移行していく。したがってドゥルーズの選択が、彼の哲学的企ての展望といかに見事に合致しているかは明らかである。「非人称的な」という解釈上の戦略は、同時に政治的な選択としても理解することができる。実際ドゥルーズの読解は、ニーチェ学にはなはだしく深遠な影響をもたらしてきた。その理由の一つは、ドゥルーズの読解がニーチェの個人主義と反動的な政治思想にまつわる議論の要点を回避したり効果的に拡散させたりしながらも、同時にニーチェの思想をこれほどまでに重要視することに成功しているからである。実際そうした議論はほとんど例外なく、「人格主義的＝人称主義的な」解釈と選択とに集中している。それにもかかわらず私としては、こうした選択はドゥルーズにとって必要なものなのかもしれないが、ニーチェにおける倫理的および政治的な鉱脈を発掘してきたドゥルーズの発展に限界をしるすものは、事実上この「非人称的な」側面であるということを主張していきたいと思う。

第三節　奴隷の論理と生成的な力

これまでわれわれは、最も近接する敵たち、つまりカントやプラトンに対するドゥルーズのニーチェ的な攻撃を考察してきた。根本的な敵ヘーゲルに対する直接的なニーチェ的攻撃は、最初はベルクソン的な形態において現れてくる。ベルクソンに関する著作におけるのと同様、弁証法に対するドゥルーズの最初の告発はまたしても、具体的で唯一＝特異性《シンギュラリティ》に貫かれた存在の概念には決して到達することのできない否定的な運動によって、それが駆り立てられているということである。否定と対立は抽象的な効果をもたらすことしかできず（p. 157〔pp. 227–28〕）、その微細なニュアンスや唯一＝特異性には気付かないまま存在を抽象的に限定することしかできない。「ヘーゲル論理学における存在は、単に〈思惟された〉存在、純粋に理論的で実質のない空虚な存在でしかなく、それ自身の対立物に移行することによって自らを肯定する。しかしこの存在は自らの対立物とは決して別のものではなく、既に自分自身であったものへとそれが移行する必要などまったくなかったのである。ヘーゲル哲学の存在は純粋で単純な無なのである」（p. 183〔p. 263〕）。この攻撃の眼目は、ヘーゲル哲学の存在が抽象的なものであり、それが実際にはそれ自身の対立物とは別のものではないということである。しかしながらドゥルーズは、こうした主張を裏付けるのに必要な実質的な根拠をここでは何も提供してはいない。それゆえもしわれわれわれがベルクソンによる限定の批判をドゥルーズの主張のなかに読み込まないとすれば、それは自らの主張とは裏腹に空虚で実質のない印象を与えてしまいかねない。われわれはベルクソンが、差異が対立として考えられるのは実在的差異の抽象化を通じてのみであり、つまり実在の世界の不精確な見方によるものであると、主張しているのを見てきた。すなわち実在的差異は、対立へと向かって「わざわざ」進んでいったりはしないのである。さらにまた、「それ自身の対立物へと移行していく」このヘーゲル哲学の存在が暗示している運動は、完全に外的な運動であり、そしてそれゆえに実質的で具体的な肯定へと接近していくことは決してできない偽りの運動なのである。したがってヘーゲル哲学の存在論的な運動は、依然として抽象的なままに留まり、偶然的なままに留まる。事実上ドゥルーズのニーチェは、否定的で存在論的なこの限定という運動の抽象的な性格についてのベルクソン的な分析を、疑問の余地のないものとみなしている。

　先にわれわれは、ベルクソンの議論はこうした論考の基礎として機能しているがゆえに、ドゥルーズがニーチェのなかにベルクソンに代わる存在を見い出しているとしても、別に驚くには当たらないということを確認している。「否定、対立、あるいは矛盾という思弁的な境位を、ニーチェは差異という実践的境位に置き換える」(p. 9〔p. 23〕)。対立についての用語法がより具体的になっている――今や「思弁的境位」と「実践的境位」とが明確な対照をなすように描かれている――ことにわれわれの注意が引きつけられるという点を除けば、こうした書き方は明らかにベルクソンを想起させるものである。しかし実際にはドゥルーズの思想におけるニーチェの出現は、非常に重要な貢献をもたらすことにより、ベルクソン的な理論の背景を変容させてしまうのである。われわれはもはや、純粋に理論的な範疇（たとえば内的な差異vs.外的な差異、そして肯定的《ポジティヴ》な存在論的運動vs.否定的な存在論的運動）を手にしてはいない。そうではなく、今や論理は意志と価値の用語法（たとえば肯定vs.否定、そして外部性vs.内部性）で提示されているのである。諸力の地平へのこうした移行は、ベルクソン研究の第二の局面において先にわれわれが注目したドゥルーズの思想の趨勢を示している。諸価値の地平へのこの転換は、存在論から倫理学と政治学へというわれわれの思想的行程の出発点を示している。

この新しい地平の複雑さとニーチェがもたらした変容の重要性は、ドゥルーズが奴隷の論理に敵対するニーチェの論争を扱いながら、そうすることでヘーゲル哲学の弁証法に対する新たな攻撃を展開していく際に明白なものとなる。「ニーチェは弁証法を平民の思弁として、奴隷の思惟方法として提示する。その場合には矛盾についての抽象的な思考が、肯定的な差異という具体的な感情を制圧してしまう」(p. 10〔p. 24〕)。この新しい地平では、われわれは二つの哲学的方法を象徴している演劇的な登場人物に出会うことになる。すなわち抽象的な思弁という奴隷と、それに対する具体的なパトスと実践という主人である。にもかかわらずわれわれは大変困難な箇所に足を踏み入れつつあるのであり、ドゥルーズの議論の焦点となっている特定の内容を初めから識別しておくようにこころがけなければならない。明らかにドゥルーズは、この箇所においてはヘーゲルに対する——しかしどのヘーゲルに対してなのか？——辛辣な攻撃の書として『道徳の系譜』を読んでいる。われわれが主人と奴隷の問題を扱っている以上、ドゥルーズの標的が『精神の現象学』、あるいはコジェーヴによって平易化されたその普及版であることは一見明らかであるように見えてしまう。けれどもわれわれがドゥルーズの議論の焦点を『精神の現象学』の方に絞るとすると、彼の攻撃の諸相は幾分誤った方向に逸脱してしまっているように思えてくるのである。『ニーチェと哲学』についての驚くほど綿密で才気に漲る研究のなかで、ジャン・ヴァールはこの攻撃にはいくつかの欠点があることを指摘している。「ニーチェの批判に抵抗を示しそれを撃退しうる何かもっと深遠なものが、『精神の現象学』には存在していないであろうか？」（ジャン・ヴァール「ニーチェと哲学」"Nietzche et la philosophie" p. 364)。ドゥルーズのニーチェは『精神の現象学』の議論の核心をなす問題とは直接的には対決していないというヴァールの指摘は、疑いもなく正しい。しかしこの指摘はドゥルーズの攻撃の最も主要な標的をたぶんわれわれが見誤っていることを、示してくれるのではないか。ここでわれわれは、「緒言」のなかでわれわれが提示した最初の方法論的な原則を、いっそう精錬させなければならない。つまりその論争が「誰に対して」向けられているのかを識別するのみならず、どんな特定の議論に対して向けられているのかも、識別する必要があるということである。

この箇所に示されているニーチェ的な攻撃によりふさわしい見解を手に入れるには、おそらくそれをヘーゲルの『大論理学』に敵対する論争の続編として読む以外にはない。事実上ドゥルーズは、ベルクソンによって展開された論理的な攻撃をずっと実行してきて、それに意志についての問い――「誰が否定的な存在論的運動を意志するのか？」――を付け加えた。これは劇的構成の方法である。つまりベルクソン研究においては、ドゥルーズは「存在の否定的な論理とは何か？」というプラトン的な問いをたてる。しかし今やニーチェとともに、ドゥルーズは意志の用語法で探究を劇的に構成することにより議論をいっそう具体的にすることができるのである。とはいえこの「誰が？」という問いの答えは一人の個人のなかにも、一つの集団のなかにも、あるいは一つの社会的階層のなかにさえも見い出されはしないということを、銘記しておくようにわれわれはこころがけなければならない。むしろ反対に「誰が？」という問いは、一種の力、あるいは意志の特定の質を見極めるようわれわれを仕向ける。したがってこの箇所の劇的構成においては、奴隷は否定的な運動への意志の役を演じる登場人物なのである。ニーチェは奴隷の三段論法を自己肯定へと到達するための誤った試みであると述べている。われわれは自己肯定の問題を扱っているというのに、またしてもこの議論は意識の主体とは何の関係もないのであり、むしろ二人の登場人物の用語法で劇的に構成された価値評価の論理を厳密に扱っているのである。奴隷は価値評価の否定的な論理の役を演じる。つまり「おまえは悪い、ゆえに私はよい」。主人の三段論法はまったくその逆である。つまり「私はよい、ゆえにおまえは悪い」（『ニーチェと哲学』p. 119〔p. 176〕）。ドゥルーズは二つの場合における「ゆえに」のそれぞれ異なった機能に焦点を当てることで、この三段論法を論理的な運動の問題と見事に連結させている。主人の三段論法においては、最初の節はいかなる支配も受けない完全に独立したものであり、したがって本質的で肯定的な陳述を押し通す。つまりこの場合の「ゆえに」は、否定的な相関物を単に導入するためのものに過ぎない。ドゥルーズの説明によれば、主人の論理は一種の価値評価の生成的因果性として現れる――結果は完全に原因に内的であり、論理上の流出を通じて現れ出てくる。この場合の「ゆえに」は、内在的な運動の必然性を示しているのである。しかしながら奴隷の三段論法においては、「ゆえに」はこれとはまったく異なった役割を演じる。つまりそれは、否定的な最初の節を逆転させて、肯定的《ポジティヴ》な結論に到達しようとする。奴隷の論理は、二つの節を対立的に関係付けようとして「ゆえに」という論理的な操作子を用いることで、完全に外的な運動を生じさせようとする。この奴隷の論理を因果関係を表す用語法で述べるとすれば、奴隷の「ゆえに」は単に偶然ニヨル原因 *causae per accidens* を示しているに過ぎないことがわかる。さらに奴隷の第二の節は、結果（「私はよい」）がその原因（「おまえは悪い」）よりも強力な完全さと実在性を有することができないがゆえに、真の肯定であることができない。「これは奇妙な奴隷の三段論法である。奴隷は外見だけの肯定を作り出すために二つの否定を必要とする」（p. 121〔p. 179〕）。弁証法の否定的な運動に敵対するベルクソン流の論理的な批判を、ドゥルーズが援用していることは明らかである。奴隷の肯定は弁証法の限定のように、「存続する外部性」を単に捏造してしまうだけの偽りの運動なのである。

奴隷の論理に対する最初のこのニーチェ的な攻撃を展開していく際には、基礎的な論理操作に関しては（というのも今や意志と力が活動の圏域に入ってきつつあるのだから）ベルクソンを回顧的に援用する一方で、同時にドゥルーズはスピノザを予感させるいっそう深遠で、いっそう力強い告発を遂行することもできるのである。諸力の領域においては、否定は異なった様相を呈してくる。つまり奴隷の三段論法の（「ゆえに」のなかに含まれている）第二の否定は純粋に論理的な否定であるのに対して、第一の否定（「おまえは悪い」）は否定的な価値評価なのである。ドゥルーズの説明によれば、奴隷の遠近法によって他人に与えられた否定的な価値は、単に他人が強いからということに起因するのではなく、他人がその強さを抑制しないからということに起因する。ドゥルーズが主要な奴隷の誤謬推理を明確に規定しているのは、この箇所においてである。すなわち価値評価における最初の否定は、「自身がなしうることから切り離された力という虚構」（p. 123〔p. 181〕）にその根拠を求めることができる。奴隷の論理が強者の力を否定するのは、強者の力を別の力と対置することによってではなく、それを二つに分割するという「虚構」によってである。この虚構の分割は、悪を他人に転嫁するための虚構空間を作り出してしまう。つまり強いことが悪なのではなく、その強さを行動に移すことが悪だというのである。他人に対する奴隷の否定的な価値評価は、力の本性についての誤った概念に由来している。力とは忍耐し得る《キャパシティ》能力であり、諸力の領域に対して外的または超越的なものであり、したがって力は行動において発現できたりできなかったりするのであると、奴隷は主張する。このように力を二つに分割することによって、「虚構の」因果関係の創造が考慮されているのである。「力の発現は結果に変容させられてしまい、あたかも力が紛れもない分離された原因であるかのように、結果は力に結び付けられる」(p. 123〔p. 182〕)。奴隷は、そこでは力が単に形相因としてしか現れることのないような関係を創設する——力は一つの可能的な発現を表象している[2]。これに対してニーチェの主人は、力は現実態 *en acte* としてのみ存在し、それ自身の発現から切り離すことはできないのであると、強く主張する。「具体的な力(force)とは、それ自身の究極の諸帰結まで、力能(power)と欲望の極限点にまで突き進んでいく力である」(p. 53〔p. 91〕)。主人は力とその発現との間の内的で必然的な関係を思念する。

ドゥルーズのこうした主張の背後にある推論は何であろうか? 奴隷の力が単に「虚構」でしかなく、主人の力の方がより実在的あるいは具体的であるというのは、いかなる論理によるものであろうか? 明らかにこうした主張を、単に経験主義的な観察に基づく批判として読むことはできない。というのも奴隷の力は非常に現実的であり、実際歴史においては「弱者に対してはつねに強者を擁護しなければならない」(p. 58〔p. 90〕)ほどに奴隷の力の方が遍在しているのだということを、初めて口にしたのがおそらくはニーチェであろうからである。この議論を理解するためには、われわれはまたしても存在論的な平面に立ち返ってみなければならない。(3) われわれが既に指摘したように、スコラ哲学の存在論においては存在の本質はその「産出性」であり、その「能産性」である。あるいはスピノザ的な用語法で言うなら、力は存在の本質である（『エチカ』IP34）。したがって奴隷の概念は、まさにそれが外的な因果関係を創設することにより、存在の力のなかに偶然的な質を導入してしまうがゆえに「虚構」なのである。主人の論理は原因に内在する発現、つまり存在に内在する発現にほかならない結果を提示することによって、存在により実体的な力の概念をもたらす。こうした価値評価は唯物論的な存在の概念から引き出されてくるのであるが、西洋の伝統において最も厳格な唯物論者の一人であったウィリアム・オッカムは、この唯物論的な存在の概念について次のように明晰に表現している。

潜在的な存在［*ens in potentia*］と現勢的な存在［*ens in actu*］との間の区別は……世界に存在しうるが存在していないものこそが真に存在なのだということ、言い換えれば世界に存在しているそれ以外のものもまた存在なのだということを、意味しているわけではない。むしろ、アリストテレスが「存在」を潜在性と現勢性とに分けるにあたって……考えているのは、単に一つの物に関する事実を述べるだけで可能性という叙法を含む命題には相当しない命題においては、「存在（being）」という名称は「が／である（is）」という動詞を通じてあるものが存在することを断定するということなのである……したがって、アリストテレスは同じ箇所で、「存在は潜在的なものと現勢的なものとに分けることができる。たとえば認識や休息をそれらに分けることができるように」と明言しているが、しかし、何ものも現勢的に〔実際に〕認識したり休息したりしているのでない限り、認識しているとも休息しているともいえないのである（『哲学論集』p. 92）。

オッカムの洞察は、主人の力と奴隷の力というドゥルーズによるニーチェ的な区別の核心に、直接われわれを導いてくれる。「〈存在〉という名称は〈が／である〉という動詞を通じてものが存在することを断定する」と言うことは、存在の力（force）はその発現に必然的に、生成的に連結されているがゆえに、存在の力能（power）は「それ自身がなしうること」から切り離し得ないと言うことに等しい。力についての奴隷の概念が「虚構」であるのは、それが存在の真に実体的な本性をとらえ損なっているからであり、また可能性という概念を通じて潜在的なものと現勢的なものとの区別を維持しようとしているからである。奴隷の力は現勢的であり疑いもなく現存しているのであるが、しかしそれは実体の実在的表現としては存在することができない。力についての主人の概念はそれ自身の現勢的な産出性のなかで存在を顕示する。言い換えればそれは、存在の（単に可能的な、あるいは形相的な力ではなく）現勢的で生成的な力としての存在の本質を表現している。こうした用語法における考察を端的にまとめてみるなら、ニーチェの議論は力の量ではなく力の質を問題にしているに違いないということが理解できる。「ニーチェが弱者、あるいは奴隷と呼んでいる者は最も弱い者のことではなく、どのようなものであれその力が、自身のなしうることから切り離されてしまっている者のことである」（『ニーチェと哲学』p. 61〔p. 94〕）。力についての議論の全体は強さあるいは忍耐力《キャパシティ》とはほとんど関係がなく、本質と発現との間の関係に、つまり力とそれがなしうることとの間の関係に、関係があるのである。力についてのこうした言説にニーチェが貢献したもの、それは価値評価である——彼はその発現に内在している力を高貴なものとみなす。(4)

力の本性についてのこうした分析は、倫理学を既に強く示唆している。ドゥルーズはニーチェとカリクレスの興味深い対比によって、力の二つの類型の倫理的および政治的な含意を抽出している。

カリクレスは自然と法を区別しようと懸命に試みる。力がなしうることから力を切り離してしまう一切のものを、彼は法と呼ぶ。法はこの意味において、強者に対する弱者の勝利を表している。ニーチェはこう付け加える、それは能動に対する反動の勝利であると。確かに力を切り離してしまう一切のものは反動的であり、反動的であるというのは、自身のなしうることから切り離された力の状態のことである。これとは逆に、自身の能力の極限点にまで突き進んでいく力は能動的である。あらゆる力がその極限点にまで突き進んでいくという事態は法ではなく、まさしく法とは正反対の事態である(pp. 58-59〔pp. 90-91〕)。

ここで述べられている地平は、スピノザが政治的な著作のなかで述べている地平に非常に近接している。スピノザはまず力=徳=権利という図式を主張し、そしてそののち法 *lex* に対して権利 *jus* を対置する。スピノザにとってこの定式は、彼の倫理学を拡大発展させるものとして、つまり実行可能で民主的な政治学のための基礎として、役に立ってくれる。しかしながらドゥルーズのニーチェに関する読解のこの時点では、この倫理的および政治的な地平を開拓していくのに必要不可欠な実践的で構成的な原理を、われわれはまだ手にしてはいない。われわれが手にしているのは、(それが内包している権力の概念に立脚した)法権主義に対する攻撃として役に立ってくれる実在的な力の理論であって、この攻撃を完膚なきまでに遂行するための肯定的《ポジティヴ》な別の選択を、われわれはまだ何一つ手に入れてはいないのである。だとするならわれわれは、当面のところはニーチェによる力の分析を、未来の倫理学と政治学とを予告するものとして読んでいく以外にはない。

主人の力と奴隷の力というニーチェによる区別の論理と価値を具体化するという点では、われわれは大きな進展を遂げてきた。しかしながらこれと同じ地平を、ヘーゲルの主人と奴隷が直接踏んでいないことは明らかなのである。ヘーゲルの奴隷は意識と独立に関心を向けている。つまり彼は自分の死にあまりにも取り憑かれていて、自分の労働について考えることにあまりにも忙殺されているので、価値の問題を提出することができない(5)。明らかに、ここまでの議論は『精神の現象学』を扱ってはこなかった。ドゥルーズがニーチェ的な攻撃を向けているのは、ヘーゲルの主人と奴隷に対してではなく、ヘーゲルの『大論理学』からの推論に対してなのである。われわれはもはや、「存在の弁証法的な論理とは何か?」という問いをたてることはなく、「誰がこのような論理を意志するのか?」という問いをたてる。これが、われわれを主人と奴隷の価値評価へと、そして力についての二つの概念へと導いていく推論の道筋である。それゆえドゥルーズは、ベルクソン的な論理に依拠し、またスピノザ的な政治学をも予告するヘーゲルに対する第二の批判を、展開していくことになるのである。ヘーゲルを攻撃する際のドゥルーズの戦略が幾分変化したということに、われわれは注目しなくてはならない。たとえ修辞がいっそう激しくなっているとしても、反論はもはや直接的にはヘーゲルの議論には向けられていない。それはヘーゲルからの派生物に、つまり彼の弁証法の含意に向けられているのである。この新しい戦略はドゥルーズに、ヘーゲルの用語体系からのいっそう顕著な自律をもたらし、事実上それは弁証法をドゥルーズの(この場合には、意味と価値の)地平に移動させ、その結果彼はそこで闘いを遂行することができるようになるのである。

注解——否定性の復活

奴隷の論理に対するドゥルーズの告発に対し、スティーヴン・ハウルゲイトが『ヘーゲル・ニーチェと形而上学批判』*Hegel, Nietzsche and Criticism of Metaphysics* において行った返答にまつわる挿話は、われわれが提示してきた議論の重要性に枠組みを与える一助となってくれる。ハウルゲイトの企ては、最近のフランスのニーチェ主義者たち（とりわけドゥルーズ）によって行使されてきた様々な批判からヘーゲルを擁護することであり、ニーチェ的な批判によってヘーゲルを論駁することは不可能な課題であるのみならず、実際ヘーゲルの方がニーチェその人よりもニーチェ的な哲学的企てを見事に実現させているということを論証しつつ、申し分のないヘーゲル主義者としてヘーゲルに対する攻撃を打破することなのである。彼はドゥルーズのニーチェ主義に対して次のような二つの反撃を提示する。(1)それは、ヘーゲルの否定の論理が限定のために要請されているということを正当に評価していない。(2)その自己についての概念は、純粋な内部性を獲得するための必要条件を満たしてはいない。ドゥルーズの仕事の進展と彼の哲学的企ての発展についてのわれわれの読解を所与のものとすれば、これらの二つの見解がはなはだしく見当違いのものであることは明らかであろう。ハウルゲイトは次のように説明している。

> ヘーゲルの弁証法は実のところ、事物の間の特定の差異の最初の外的な否定には依拠していないのであり、したがってそれは、ドゥルーズが断言するような虚構の概念という抽象的な世界への逃避を構成してはいな

いのである……ヘーゲルの『大論理学』によれば、あるものは何か他のものの否定それ自身のなかに存在しなければならない……仮にも……そのものが何らかの限定された性質を持とうとするのであれば。否定的に限定されたり、あるいは実現されたりすることのない何か実在的で特殊なものという概念は、まさしく弁証法の哲学が不可能であることを明らかにしている概念である。しかしながらドゥルーズは、ヘーゲルの要点を見損なっている (p. 7)。

「あらゆる限定は否定である (Omnis determinatio est negatio)」。ハウルゲイトはわれわれに、もしわれわれが限定を望むのであれば、われわれは否定を持たなければならないということを想起させる。ドゥルーズはベルクソンについての研究のなかで、自分はこの点に同意しているのだということを示しているーーしかしドゥルーズは限定を求める人間ではないのである。ヘーゲル的な存在を基礎付ける限定という否定的な運動は、限定する以上は完全に外的な運動でしかないということをわれわれは見てきた。さらにまた、われわれがこの運動を因果関係の枠組みのなかで考察した際に、この外的な根拠は抽象的なものであるがゆえに実体としての、つまり自己原因 *causa sui* としての存在を十全に支えることができないということにわれわれは気付いた。ドゥルーズはこうした議論を、『ニーチェと哲学』のなかでは繰り返してはいないということをわれわれは認めなければならない。既に指摘した通り、彼はベルクソン的な要点を疑問の余地のないものとみなし、それに依拠しているからである。それにもかかわらずこの議論にわれわれがもう幾度となく立ち返ってきたのは、ドゥルーズはニーチェと同じで論理学者、すなわち精妙博士 *doctor subtilis* であるヘーゲルに十分精通していないとハウルゲイトが主張するとき、この主張が滑稽なものとしてしか響きようがないようにするためなのである。「ヘーゲルのやや高度な論理学の核心を、ドゥルーズが正当に評価することができないということの諸帰結は何であろうか？」(p. 8)。ヘーゲルに対する抑制されない彼の憎悪に屈してしまうことにより、ドゥルーズはときどき修辞的な誇張に陥っているとジャン・ヴァールが主張するときのヴァールの方がはるかに的を射ている。[6]

　ハウルゲイトの二番目の非難も、ドゥルーズの哲学的企てに関する似たような混同を示している。彼はドゥルーズのニーチェ的な批判を、あたかもそれが相も変わらずヘーゲルの目的ではなく、その手段を批判することに甘んじている改革主義的な努力であるかのように読んでいる。それゆえちょうどハウルゲイトが、ドゥルーズは否定を内包している限定を得ようと奮闘しているのだと決めてかかるように、ハウルゲイト自身もまた結局のところ、同じように否定を必要とする自己意識という内面性を、もう一つの目標として決めてかかっているのである。「このようにドゥルーズは、真実で具体的な自己性《セルフフッド》は他者の否定、あるいは他者による媒介に基づいて理解されうるという可能性を認めない」(p. 7)。そしてさらには、「ヘーゲルとは対照的にドゥルーズは、純粋な自己意識は他者が自分自身を認識しているという意識を必要とするということを信じない」(p. 8)。ハウルゲイトはドゥルーズの哲学的企ては、ヘーゲルの議論を精錬しそれを完成させることであると当然のことのように決めてかかっている。それどころかドゥルーズは、自己意識やその結果として生じてくる自己とは一切関係を持ちたくないと望んでいるのである（『ニーチェと哲学』p. 39〔p. 65〕, pp. 41–42〔pp. 67–68〕, p. 80〔p. 121〕）。ニーチェとともにドゥルーズは、自己意識を病気であると、つまりそれ自身のなかに退行してしまった力の反省として生じてくる怨恨 *ressentiment* であるとみなしている。その代わりにドゥルーズが探求しているものは、肯定に基づいた産出的な外部性である（p. 36〔p. 62〕）。ニーチェによる力の二つの類型の含意をしっかりと把握しておくなら、この要点をわれわれは明確に理解することができる。結局のところハウルゲイトがわれわれに示してくれているのは、ヘーゲルの『精神の現象学』の主人と奴隷に直接注意を向けないことをドゥルーズが選択したであろうその理由なのである。つまりその地平の全体が、内面性、つまり自己意識という病気を助長させていく方向に向けられているからにほかならない。

第四節　奴隷の労働と反逆的批判

ジャン・ヴァールが主張しているように、主人と奴隷の弁証法についてのヘーゲルの分析のなかには、ニーチェ的な批判を免れてしまうような何かより豊かで深遠なものが存在しているというのは本当であろうか？　それとも逆に、ドゥルーズは既にわれわれに、十分なニーチェ的な攻撃のための武器を与えてくれているのだろうか？　われわれはそれをヘーゲル自身の地平に持っていくことで、ドゥルーズのニーチェ的な挑戦を検討してみよう。ヘーゲルの奴隷は、「主人は悪い、ゆえに私はよい」というふうには推論しない。その代わりにわれわれは、ヘーゲルの奴隷の三段論法を「私は死を恐れる、そして労働を強要される、ゆえに私は独立した自己意識である」というふうに規定することができる。この三段論法の論理は二つの道筋——一つは主人に関係している潜在的な道筋、そしてもう一つは奴隷の労働の対象に関係している明示的な道筋——を辿る。この二つの道筋は、奴隷の教育を説明するための前進運動として一つに連結される。

潜在的な道筋は、奴隷が「絶対的主人」としての死に直面することに基づいている。この死との遭遇において、奴隷はその存在における堅固で安定した一切のものの否定を経験する。「しかしこの純粋で普遍的な運動、安定した一切のものの絶対的な漸次的な喪失は、自己意識の単純な本質的特性であり、絶対的な否定であり、この意識のなかに潜在している純粋な自己のための存在〔対自存在〕なのである」（『精神の現象学』§194〔p. 194〕）。一見したところ、潜在的な過程は次のような論理を展開していくように思われる。奴隷の最初の自己意識、つまり単純な自己のための存在は死において否定され、そしてそののち生の肯定として、純粋な自己のための存在として復活させられる。しかしながらこの「安定した一切のものの絶対的な漸次的な喪失」は、それが〔苦悩や苦痛や災厄の〕長い歳月の下で意識の「本質的特性」を保存しているがゆえに正確に言えば絶対的あるいは全体的な否定ではない、ということにわれわれが気付かない限り、われわれにはヘーゲルのこの一節の論理を理解することはできない。奴隷の死は、ヘーゲルの様々な目的に奉仕してはくれないであろう。というのも奴隷は、奴隷のなかにある本質的でないものすべてを破壊したいと欲するにもかかわらず、本質の入口で立ち止まってしまうからである。この部分的な攻撃、つまり弁証法的な否定という破壊力の抑制によって、奴隷は保存する〔維持する、生き延びる〕ことを考慮に入れておくのである――それは、「撤廃されるものを保存し維持していくような仕方で撤廃する」（§188〔p. 189〕）否定である。

ところで奴隷の生を肯定しているのは死との（部分的にではあるが）対面であるという考えを仮に受け入れるとしても、われわれはもう既にこの潜在的な過程に対するベルクソン的な返答を敢然として表明することができる。もし生を動かしているものがその死との対立であるとすれば、すなわち生の差異が絶対的に外的なものであるとすれば、そのとき生は単に非実体的なものとしてしか、偶然や運つまり「存続する外部性」の結果としてしか現れてはこない。さらにまた、われわれが死一般を生一般の反対であると主張するなら、そのときわれわれはあまりに不精確であまりに抽象的な用語法で論じているので、実在の生と主観性とを規定する差異という唯一《シンギュラリティ》＝特異性そして具体性には到達することができない。事実上われわれは、生にだぶだぶの衣服を着せているのである。したがって死との対面を通じて奴隷が「原則として」達成している生の肯定は、抽象的で実質のない空虚なものでしかありえない。

　ところがヘーゲルは、この挑戦に対して直ちに応酬してくる。「この純粋な自己のための存在の契機は、奴隷〔の意識〕に対してもまた明示的なものである。というのも主人においてはこの契機は、奴隷〔の意識〕にとって奴隷の対象として存在しているからである。さらにまた、奴隷の意識はただ単に原則として安定した一切のもののこの解消であるのではない。なぜなら奴隷の労働において、奴隷はこの解消を現実に遂行しているからである」（§195〔p. 194〕）。ここでは奴隷はもはや抽象的な死である「絶対的主人」に直面しているのではなく、特定の主人に対面していて労働を強要されているのである。この明示的な否定は、前進的な運動のなかで一つに連結される二つの形式をとる。すなわち奴隷と主人との関係における形式的な否定と、奴隷と労働との関係における現実的な否定である。主人との関係においては、奴隷は自分を否定する独立した自己意識に直面する。しかしながら奴隷は主人の承認をうることができず、そこでこの対立の形態がまさに奴隷に「知恵の始まり」をもたらしうるというわけである。第二の明示的な契機は奴隷の本質的特性を示していて、それは奴隷に「自分が本当にそれであるところのものを意識する」（§195〔p. 194〕）ようになることを許可する。奴隷は自身の労働の対象である事柄に没頭することによって自分自身から抜け出す。つまり奴隷は自分自身を喪失あるいは否定していて、その労働の対象である事柄のなかに自分自身を見い出している。結局彼は彼自身の否定あるいは事柄の変化を通じて、失われた自分自身の本質的特性の埋め合わせをするのである。したがって奴隷は自身が強制された労働を通じて、労働することや労働の対象である事柄の変化を通じて、特定の他者（自分自身から抜け出した自分自身の側面）を否定する。ちょうど主人が欲望を消費し尽くすために自身の欲望の対象を否定するように。この二つの否定（主人の欲望と奴隷の労働）の主要な相違は、次のような事実にある。つまり主人の欲望の対象は頼りない一時的な他者として現れてくるがゆえに、束の間のはかない満足しか与えてはくれないのに対して、奴隷の労働の対象は彼がそれを否定することに逆らうがゆえに、永続的で独立したものとして現れてくるということである。「労働とは……はかなさを延期させつつ、抑制のなかで保持される欲望のことである」（§195〔p.195〕）。主人の欲望はまるで死のように、ヘーゲルの諸目的にとっては、否定することにおいてあまりにも徹底し過ぎている。つまりそれは他者の全体的な破壊であり、関係の終末なのである。しかしながら労働は、ヘーゲルが恐怖のなかで事実と仮定している疑似‐死のように、他者の「本質的特性」が生き延びることを許してしまい、その結果として関係の永続をもたらしてしまう「弁証法的」あるいは部分的な否定である。最初の潜在的な関係から最後の明示的な関係に至るまでのこの複合的な過程の全体を、われわれは奴隷を教育していく前進的な過程であると理解することができる。奴隷が死と対面するという第一の契機は、奴隷の生の安定性を解除してしまい、奴隷の注意を具体的普遍性に集中させる（チャールズ・テイラー『ヘーゲル』p.155）。この教育的な恐怖によって、奴隷は労働をしなくてはという準備〔覚悟〕をさせられる。こうして労働の第二の明示的な契機において、奴隷は喜んで自分の真の自己実現をなし遂げることができるのである。つまり奴隷は、「自分が本当にそれであるところのもの」を意識するようになる。

ここでわれわれは、ヘーゲルのこうした箇所についてのわれわれの読解の用語法を明確にしておく必要があるだろう。ヘーゲルの議論の抽象作用と言語使用域《レジスター》の水準に関しては沢山の振幅《スリッページ》や曖昧さがあって、彼の議論を様々な種類の解釈を許してしまう状態に放置しておくのはそうした振幅や曖昧さなのである。主人と奴隷の問題が正確にはどこに位置付けられることをわれわれは期待すべきなのか――現実の諸個人にか？　社会的な諸階層にか？　「精神（Spirit）」の論理的な運動にか？――は明白ではない。はっきりしないのは、われわれがこの劇《ドラマ》の行為者たちに還元しなくてはならない内容の特質である。この主人と奴隷の弁証法をわれわれは人称主義的な用語法で読むべきなのか、あるいはむしろ非人称的で論理的な存在の劇《ドラマ》として読むべきなのだろうか？　ヘーゲル主義者ならこのような問いの表し方に即座に異議を唱え、ヘーゲルの分析は様々な言語使用域《レジスター》に及んでいて、歴史的存在の運動のなかでそれらを効果的に統合しているのであると力説することであろう。絶えず統合される「精神」は、同時に個々の主体であり、社会歴史的な主体であり、そして存在の本質である――というわけでヘーゲルの議論は人格的《パーソナル》＝人称的な言及と非人格的《インパーソナル》＝非人称的な言及との間を、そして小宇宙と大宇宙との間を快適に滑っていくのである。この基礎の上に立って大勢の解釈者たちが人格主義的な読解に訴えるのだが、それは私的そして公的な言語使用域《レジスター》の双方に及ぶ相互的な尊敬という自由主義的な倫理学を肯定するものとして、この主人と奴隷の関係を主張するためなのである。「人間が求め、必要としているのは自分たちの仲間による承認である」（『ヘーゲル』p. 152）[7]。けれどもわれわれがこの議論を振り返ってそれを参照してみるなら、人格主義的《パーソナリスト》=人称主義的な作業仮説はこのヘーゲルのテクストの首尾一貫した読みに、いくつかの避けがたい困難さをもたらしてしまうということがはっきりする。主人という用語がいくつかの困難さを提供するのは、分析を簡潔に区切っていくために擬人化される必要があった鋳型に、事実上それがまさに首尾よくはまりうるからである。テイラーのこの一節に事実上内包されているもう片方の部分では、主人はその役割の範囲を究極の限界点にまで拡張させられている。つまり、「絶対的主人」とは死である。このことは既にわれわれに、人格主義的=人称主義的な用語法では主人を読解することはできないということを示しているであろう。しかしながらヘーゲルのテクストではのちになって、奴隷は自分の労働の対象のなかに自分にとっての他者を発見し、そしてこの対象との相互関係を通じて必要な自己承認をうるのである。たとえわれわれがこの部分を、他者による承認を得なければならないという人間の必要性のこととして読むとしても、奴隷はどのようにして自分の労働の対象との関係を通じて満足を見い出すのであろうか？　労働に従事している奴隷は、そこに映し出された自分自身の像を対象〔としての事柄〕から得るのであるが、しかし一人の人間や個人的な他者からの承認を得ることは決してない。確かにわれわれには、たとえわれわれがいかなる人格的な内容も主人の役割には還元せず、主人の役割を非人称的で論理的な役割として、あるいは実体的な他者として読むとしても、ヘーゲルのこの一節の首尾一貫性をただ支持することしかできない。しかしながら、われわれが奴隷の劇《ドラマ》を人格的《パーソナル》=人称的な用語法で読むべきなのか、それとも非人格的《インパーソナル》=非人称的な用語法で読むべきなのか、つまりそれを実在的な世界における人格的=人称的で人間的な（個人的あるいは集合的）意識の進化として読むべきなのか、それとも純粋に論理的な発展として読むべきなのかという問題は、依然として残されている。この二つの可能性を交互に検討してみることにしよう。

ヘーゲルのこのテクストを厳密に論理的な遠近法によって読んでみると、主人と奴隷の劇《ドラマ》は否定の二つの形式の対立を説明している。主人の否定は、それが自らの〔欲望の〕対象を全体的に破壊して関係を終結させるがゆえに、この劇の悪役である（その欲望／消尽における主人は、他者の死を引き起こす）。これとは反対に奴隷の否定は、それが部分的な破壊を遂行して自らの〔欲望の〕対象を永続させるがゆえに、この劇の主役である（その労働における奴隷）。主人の否定はその力を抑制せず最大限の力で攻撃するのに対して、奴隷の否定は抑制の模範である。すなわち、「はかなさを延期させつつ、抑制において保持される欲望」。ドゥルーズのニーチェがついに議論に参入していくことができるのは、この地点においてである。主人の否定はその論理的帰結に至るまで持続する絶対的に破壊的な力であり、それ自身の発現から分離することのできない力である。奴隷の否定は「抑制において保持される力」、だからその十分な発現を抑圧されている力である。これが、奴隷の力の本質にある「虚構」である。奴隷の否定は自己意識という反省的な契機、すなわち力の内面化であるとニーチェは指摘する。「ある能動的な力が偽造され、それが活動するための諸条件を奪われ、自身がなしうることから切り離されてしまったその理由が何であろうと、その力は内部へと向きを変え、自分自身に敵対するようになる」（『ニーチェと哲学』pp. 127–28〔p. 188〕)。ここで言われていることは、ヘーゲルの議論と完全につじつまが合っている。弁証法から勝利を得て現れてくる奴隷の本質は、存在の普遍的な本質である。つまり、純粋な自己意識である。ヘーゲル哲学における存在の本質は、内面性なのである。この点でわれわれはニーチェとヘーゲルを、二人はまったく正反対の方向へと歩を進めていくのであるが、同じ地平で見ることができる。両者は存在の運動のなかに本質を措定しようとするのであるが、ヘーゲルはそれ自身の内部に退行して反省される力（自己意識、あるいは内面性）を発見し、ニーチェはそれ自身の外部に迷うことなく発現してくる力（力への意志、あるいは外部性）を提案する。議論はまたしても力の本性の問題に回帰してくる。両者の場合とも存在の本質は力であるとすれば、両者が抱懐している力についての概念は根本的に異質なものである。こうした言い方は舌足らずであるが、しかし両者の相違がどのようなものであるかは明白である。すなわち一方にはそれ自身がなしうることから切り離された力、つまりヘーゲル的な反省、オッカムの潜在的な存在 *ens in potentia*、あるいはスピノザの権力 *potestas* に相当する力があり、他方には自らの発現に内在している力、つまりオッカムの現勢的な存在 *ens in actu* やスピノザの力能 *potentia* に相当する力がある。論理的な用語法によって「生成的な」力の概念を擁護しようとする際に、部分的に修正されたスコラ哲学の議論がドゥルーズにとって役立つものであることをわれわれは見てきた。しかしここではドゥルーズはニーチェの議論にしたがい、この内面性という奴隷の勝利の結果として生じてくる実践にまつわる一連の否定的な効果を示してみせる。たとえば苦痛、良心のとがめ、罪悪感といったような（pp. 128–31〔pp. 188–95〕）。ここで再びわれわれは、ドゥルーズがなぜヘーゲルの主人と奴隷の弁証法に直接訴えることを選択しなかったのかを理解することができる。その議論の全体が自己意識に、内面性に、つまり喜びや肯定とははなはだしく対立する状態に向けられているからである。

さらにはあの論理的な用語法で、完璧に首尾一貫したやり方で、奴隷の「教育」が部分的否定という批判の方法を顕示しているからなのである。批判の第一の契機は奴隷の死とのきわどい対面あるいは死への恐怖であり、この契機は破壊する契機 *pars destruens* であるが、しかし奴隷の「本質的特性」が保存される以上はそれは制限された破壊する契機でしかない。この死との対面によって奴隷はこれまでの安定した状態の永続性から解放され、奴隷の労働を通じて批判の第二の契機、すなわち構築する契機 *pars construens* を生じさせることができるのであると、しばしば誤って主張されている。けれどもこの批判の第二の契機は、間違いなく構築する契機であるというわけではない。それは真に産出性があるというよりはむしろ、啓示的〔予言者的〕なものなのである。というのも奴隷は、この第二の契機においては創造したりあるいは実質的に変身したりはせず、むしろ「自分が本当にそれであるところのものを意識するようになる」(『精神の現象学』§195〔p. 195〕)からである。この労働の契機に対してチャールズ・テイラーが与えた用語──「永続的な否定《スタンディング》」──が適切であるのは、この契機には実際には何の発展もないということをそれが示しているからである。そうだとするならわれわれは、こうした論理的な用語法で展開していく限りにおいて先に引用したドゥルーズの主張を、最終的には正当なものであるとして立証することができる。つまり、批判の第二の契機はまさしくヘーゲル的な弁証法に通じてしまうカント的批判の誤りなのであるという主張である。カント的批判と同様に、奴隷の教育によって説明される弁証法的な批判は、全体的なものでもなければ肯定的なものでもない。その破壊的な契機の部分性は、産出的な契機における創造のまさに身代わりとなるものを、つまり奴隷の「本質的特性」を生き延びさせてしまうのである。しかしながら、カントが「批判の肯定性と批判される者の権利の謙虚な承認とを混同してしまったように思われる」(『ニーチェと哲学』p. 89〔p. 134〕)のに対して、このヘーゲル的な奴隷の批判は、批判される者を劇《ドラマ》の主人公に仕立て上げてしまった。この弁証法的な批判の勝利が意味しているのは、奴隷の本質的特性はずっと生き延びていて、それは部分的で「永続的な」批判の安定した相対的配置のなかで、純粋な形態においてその正体を現しているということである。主人による能動的な否定、抑制されることのない攻撃、敵の死だけが全体的な批判へと、したがって肯定的《ポジティヴ》で真に新しい創造のための契機へと、赴いていくことができる。「没落することと克服されることとを欲する人間の能動的な破壊としての破壊は、創造者を告知するものである」(p. 178 [p. 255])。それゆえ力の二つの類型の相違は、批判の二つの型に直接的に関係している。その力が自らの発現に内在しているニーチェの主人の力はどんな抑制も知らないので、全体的な批判を引き起こす。これとは逆に力が自身のなしうることから切り離されているときには、批判を開始させる破壊する契機 *pars destruens* は部分的なものであることしかできない。

ヘーゲルの議論をあたかも奴隷が論理的な境位を最後まで演じきる非人格的《インパーソナル》＝非人称的な力であるかのように読むことによって、われわれはこうしたことすべてを発見してきた。けれどもヘーゲルがするような仕方で、もしわれわれが奴隷の教育的な行程を個人的な自己意識の発展として強調してしまうなら、われわれは何らかの一般的な人格的《パーソナル》＝人称的な内容で奴隷を満たしているに違いないと思われる。批判的な諸力の猛攻撃に耐えて生き延び続け、その展開から勝利を得て立ち上がる奴隷の「本質的特性」とは厳密には何なのであろうか？　ヘーゲルならわれわれに、奴隷の本質とは純粋な自己意識としての中身の欠如（content-less）であると、そしてこの本質は奴隷に固有のものではなくまさに存在の本質なのであると、信じ込ませようとするだろう。しかしながらヘーゲルの議論の首尾一貫性は、奴隷とその主人との識別可能な関係に依存している。本質を規定しそれを開示する運動は、どんな役者とも一緒に展開していくことはできず、関係のなかでの特異な配置によってどんなふうにも決定される。もちろんわれわれは、主人がこの運動を擬人化したものであるとは思っていない。この劇《ドラマ》の論理が関係における奴隷の身分に依存している以上、奴隷の本質は必然的に強制労働を伴っているはずである。[8] 批判の第一の契機（死に対する恐怖、主人との関係）は、奴隷が自分の活動力にいっそう集中するよう仕向ける。批判の第二の契機（労働）はその純粋な表れである。批判的教育のおかげで生き延び続け、そして純化されていくのがまさしく奴隷の労働なのである。しかしながらヘーゲルのこのテクストは、奴隷の労働は創造的な活力あるいは産出的な力としては考えることができないということ、それどころか根本的に奴隷の労働は「永続的な《スタンディング》」関係を維持していくための奴隷自身の役割なのであるということを、明らかにしている。

マルクス主義思想の伝統を振り返ってみれば、このヘーゲル的な命題を（直接的にせよ間接的にせよ）称揚する解釈がまったく多すぎると言っていいほど氾濫している。労働者は、彼や彼女の労働が人間の本質を体現しているがゆえに高貴な位置を占めているというわけである。それゆえ労働者の闘争は、労働の本質的な特性を肯定するために、労働者にとって非本質的な性格である「漸次的な喪失」を猛烈に攻撃する教育的な劇となる。労働者は労働が彼や彼女の本質として肯定されるがゆえに解放される。これが、スタハーノフ主義者にとっては労働者の「尊厳」である。こうしたこととはマルクスは、何の関係もないであろう。つまり、労働を賛美する歌を歌うのは雇用者たちに任せておけばよい。ここで問題になっているのは〔労働との〕関係における労働者の存在の説明ではなく、労働という役割が労働者の本質を構成するという命題である。マルクスは国家に関して、これと完全に類似した議論を行っている。「ヘーゲルが非難されるべきなのは、彼がお粗末ながらも近代国家の存在を説明しているからではなく、国家の本質であるところのものを見逃してしまっているからである」（『ヘーゲル法哲学批判序説』p. 63〔p. 83〕）。ここでわれわれは、ドゥルーズのニーチェとマルクスが既成の諸価値の本質に対する抑制されない攻撃において、互いに非常に近接していることを知ることができる。彼らは二人とも、実在の本質を労働としてではなく力（force）としてみなしている。力能（power）として、力への意志として、生命に満ち溢れる労働として、つまり創造としてみなしている。[9] けれどもこの力を解き放ち、建設的で変化をもたらしうる力である構築する契機 *pars construens* に機会を与えてやるためには、彼らはともに無制限の破壊する契機 *pars destruens* である絶対的で全体的な批判を遂行し、既成の諸価値の本質を攻撃していかなければならない。もし労働者が純粋な肯定の地点に、すなわち自己価値創造《セルフ・ヴァロリゼーション》の地点に到達しようとするなら、その攻撃は「本質」に、つまり労働者をそのようなものとして限定している諸価値に――奴隷状態に対して、労働に対して――向けられなくてはならない。[10] この文脈においては、ニーチェはマルクス主義的労働者主義の境位のなかに現れてくる。「資本と闘うためには、労働者階級は自らが資本であるがゆえに自分自身と闘わなくてはならない……労働に対する労働者の闘い、すなわち労働者であるがゆえに自分自身に敵対する労働者の闘い」（マリオ・トゥロンティ『労働と資本』*Operai e capitale*, p. 260）。労働を攻撃し、労働者であるがゆえに自分自身を攻撃する労働者というのは、「没落することと克服されることとを欲する人間」というニーチェの言葉を理解するのに役立つ素晴らしい手がかりである。自分自身を攻撃しているとき、労働者は自分の本質として規定されてきた関係を攻撃している――この「本質」が破壊されたときに初めて、労働者は真の創造に従事することができる。

ヘーゲル的な部分的批判はよく言っても改革主義であって、自らが攻撃するものの本質を保存していくのである――それは、「撤廃されるものを保存し維持していくような仕方で撤廃する」(『精神の現象学』§188〔p. 189〕)。全体的批判は必然的に反逆的な批判である。そしてこの反逆的な批判による既成の「本質」の抑制されない破壊だけが、純粋な創造を予見することができる。ドゥルーズのニーチェは、レーニンが「反逆の芸術」と呼ぶものの予言者として現れてくる。(11)

注解――労働者の力への意志と社会的綜合

『ニーチェと哲学』は一九六八年の労働者たちに捧げられる、時期を早まった賛歌なのであろうか？ われわれはドゥルーズの読解を通じて、ニーチェとマルクスとの間に（そしてレーニンとの間にさえも）力と過激性と実践的批判の創造性という点で、驚くほど顕著な類似性を見い出してきた。しかしながらこの時点では、われわれはそれがはらんでいるありとあらゆる複雑さのなかで、ニーチェ＝マルクス問題と向き合っていく準備はできていない。この「注解」では私は、ナンニ・バレストリーニの『われわれはすべてを欲する』*Vogliamo Tutto* に基づいてドゥルーズのニーチェ的議論を検討していくことで、やや間接的にこの問題に触れておくだけにとどめたいと思う。これは簡潔にして美しいイタリアの小説で、一九六〇年代の後半におけるフィアットの製造工場での一人の労働者の体験と、ポテーレ・オペライオ *Potere operaio*（労働者たちの力）という政治的運動の形成に彼がいかに関与していったかを物語っている。(12) この比較において私がまず注目するのは、変化と創造を引き起こす不可欠の条件としての、本質をめぐる既成の概念に対する完膚なきまでの攻撃である。ドゥルーズはこの徹底的な攻撃のことを、人間存在の新しい条件と価値とを創造するために必要な「人間」に対する攻撃として、あるいは人間を乗り越えようとする努力における契機として、しばしばニーチェ的な用語法で表現している（『ニーチェと哲学』pp. 64–65〔pp. 106–07〕および『フーコー』pp. 131–41〔pp. 197–213〕）。これは、存在の新しい条件の創造を可能にするための自分たちの本質に対する攻撃、つまり労働者たちによる「労働の拒絶」によって表現されているものと同じ概念である。労働者たちの拒絶が労働に対する拒絶であるばかりか労働そのものの拒絶、すなわち生産にまつわる現行の明白に限定された関係の拒絶でもあるということに、注目して欲しい。言い換えれば労働に対する労働者たちの攻撃、つまり労働者たちの激烈な破壊する契機 *pars destruens* は、厳密に労働者たち自身の本質に向けられているということである。

『われわれはすべてを欲する』の第一節では主人公はまだ、彼の様々な欲望をそのような政治的な用語法で提示することができない。それにもかかわらず彼があらゆるもののなかで最も憎悪しているものは、まさしく彼の社会的存在を規定してしまうものであり、彼の本質として彼に与えられているものである。それゆえなぜメーデーには誰もがみな労働を祝賀したがっているように見えるのか、彼には理解することができない。「労働祝祭日を祝うなんて、まったくなんという冗談だろう……どうして労働をお祝いしなくちゃいけないのか、ぼくには全然わからない」（p. 74）。労働にまつわる既成の価値を信じて疑わない労働者たちが、彼の目には自分たちのなしうることから締め出され、遮断されているように映る。そして、彼たち彼女たちを危険な存在にしてしまうのは、既成の価値を本質として疑うことがないまさにこのような確信なのである。「危険なのは、想像力なんてカケラもない馬鹿で愚鈍な連中なの

労働のことしか頭になかった。ぼくは'qualunquista'〔非イデオロギー的・価値不在人間〕だったから、少なくとも回復可能だったんだ。でもあの連中ときたら、頭の天辺から足の先まで労働に同化してしまって、奴らにとっちゃ、労働がすべてだったのさ」(pp. 85-86)。労働者としての自分たちの本質を「パンと労働」であると信じ込んでいる人々は、想像する能力に欠け、創造する能力に欠けている。彼たちや彼女たちが呈している危険は、強制された〔見せかけだけの〕均衡状態、創造的な諸力の涸渇、そして既成の本質の不滅化に由来する危険である。この文脈においては「非イデオロギー的・価値不在人間」は、既に好ましい境位のなかにいる。諸価値の欠如、だから確信の欠如は、想像力と創造力とがそこで活動することのできる空間を提供する。生産にまつわる関係としての労働に自らが敵対していることの知にほかならないこうした境位に基づいて、主人公は労働そのものへのしだいに政治性を強めていく攻撃を開始する。ここまでの段階ではわれわれはまだ、既成の諸価値に対する全体的批判とともにドゥルーズのニーチェの地平にいる。ここでわれわれは労働を攻撃する労働者、したがって労働者であるがゆえに自分自身を攻撃する労働者という具体的な実例に――ニーチェの「没落することを欲する人間」の美しい具体例に出会うことになる。すなわち、労働を完全に受容しているイタリア共産党員という「最後の人間」の消極的な受動性とは区別されなければならない能動的で解放者的な破壊の実例である(『ニーチェと哲学』p. 174〔p. 219〕を参照のこと)。

しかしながら『われわれはすべてを欲する』の主人公が、この破壊的な企てを実行に移すための真の力を手に入れるのは、まさに彼が他の労働者たちとの共有性を認知し始めるときなのである。労働者たちの巨大な集団が自分たちがなしうることと自分たちがなりうるものとに覚醒し始めるにつれて、語りの声は単数の一人称から複数の一人称へ移動していきつつ絶えずより広い視野を帯びるようになっていく。「われわれが生産する一切の財産、一切の富はすべてわれわれのものだ。……われわれは何もかもが欲しい。あらゆる富、あらゆる力、ただし労働だけはごめんだ」(p. 128)。集団的な表現の拡大は力の拡大と一致する。批判の暴力的な過激性に基礎を与えるのは、まさにこの集団の過剰な多数性なのである。「芽を出し始めていたものは、労働のせいでもなくまた雇い主が不当であったからでもなく、ただ自分たちが存在するために闘いたいという欲望であった。現れ始めていたものは、手短に言えば力を手に入れたいという切迫した要求であった」(p. 128)。集団的な欲望の覚醒は、集団的な実践の発展や拡大と緊密に連繫し合いながら膨れ上がっていく。労働者たちのストライキは、彼たち彼女たちが工場の外に飛び出して街頭でデモンストレーションを行ない、その町のほぼ全体を巻き込んでいく暴力的な闘争を展開しているうちに流血するという時点で、最高潮に達する。この集団的な破壊的表現、この強度な破壊する契機は最終的に、引き続いて起こる喜びと創造のための可能性を切り開く。「だが今や、彼たち彼女たちを怒りよりもいっそう強く駆り立てているものは喜びであった。最終的に強かったのは、存在することの喜び。これらの要求はあらゆる人々の要求であり、この闘争はあらゆる人々の闘争なのであるということを、発見することの喜び」(p. 171)。これがこの小説のクライマックスであり、雇用者たちと労働に対する憎悪によって駆り立てられていた破壊する契機 *pars destruens* から、自分たちの力に浸っている労働者たちの喜びによる構築する契機 *pars construens* へと、闘争が変質を遂げる地点である。これが、「真夜中」の零時であり、ニーチェの変成《トランスミューテーション》＝価値転換にほかならない(『ニーチェと哲学』

pp. 171–75〔pp. 246–58〕)。労働者としての自分たちの本質に対する労働者の攻撃は、彼たち彼女たちが「乗り越える」ことのできる瞬間に、つまり「労働者」の彼方に創造と喜びの地平を発見することのできる瞬間に到達するのである。

　この労働者たちの変成＝価値転換に関して、私は二つの境位を強調しておきたいと思う。第一に全体的な批判の運動は必然的に、集団性へと拡大していく運動に連結されるということである。自分たちの共有性と集団的な行動における自分たちの表現とに労働者たちが覚醒すると、それは空間的あるいは社会的綜合という形式を取り、膨張性があってすべての部分が緊密に結び付いた欲望という一つの身体を構成する。すなわち労働者たちという一つの身体が膨張していくにつれて、労働者たちの意志と力も増大していく。労働者たちの集団性に巻き込まれた綜合は、時間ではなく空間のなかで生起する意志の永遠回帰であり、労働者たちの集合体のあらゆる地帯を絶え間なく横断していく意志の永遠回帰なのである。労働者たちは一致結束するがゆえに力強いのであるという見方は、あまり好ましくない定式化であろう――こうした見方は、非本質的な共通の財産を獲得するために個人を犠牲にするという計算を暗示しているように思われる。むしろ反対に労働者たちの力と喜びは、彼たち彼女たちが個人でありつつ同時に一つになって意志し、行動するという事実のなかに正確に存在しているのである。労働者たちは一つの強力な集合体《アセンブリッジ》を構成する。私が強調したい第二の境位は、変成＝価値転換は労働者たちの実践を通じて引き起こされるということである。労働者たちは彼たち彼女たちの批判をまさに「現勢化する」ときに、つまり彼たち彼女たちが工場でそして街頭で戦闘状態に入っていくときに、喜びと創造という構築する契機を獲得するのである。労働者たちの「現勢化」が喜びという実践なのである。以上のような二つの原理は、ドゥルーズのニーチェに関するわれわれの研究の残りの課題として、次のような問いをわれわれに提供してくれる。つまり、ニーチェは諸力の実在的な綜合についてどのように考えているのか、そして実践という見地からこのような諸力はどのように自らを発現させるのか？

第五節　生成の存在——生成的な意志による倫理的綜合

ドゥルーズがニーチェ的綜合という問題に論及していく際には、彼は再び多様性の肯定と弁証法に対する攻撃に立ち返ることになる。「ヘーゲルは多元論を嘲笑しようとした」（『ニーチェと哲学』p. 4〔pp. 15-16〕）。一と多の弁証法は、一の統一のなかに容易に回復＝回収できてしまう多様性という偽りのイメージを提供する。われわれはベルクソン研究の第二の局面において、こうした批判をかなり綿密に論じてきた（第一章・第三節）。われわれが見てきた通り、この点に関して弁証法に対するもっとも有効なベルクソン的な攻撃は、実在的多様性にほかならない質の差異を構成することである。これと同じ攻撃を、われわれはドゥルーズのニーチェのなかに見い出す。「多元論はときどき弁証法のように見える——しかし多元論は弁証法の最も凶暴な敵であり、その唯一の根本的な敵である」（p. 8〔p. 22〕）。多元論あるいは多様性が弁証法にとって非常に危険であるのは、まさしくそれが統一には還元することのできないものだからである。ベルクソンの著作の分析を通じてドゥルーズは、この還元不可能性と多様性の卓越性とを明晰で論理的な用語法で明らかにしている。けれどもわれわれが見てきたように、この文脈においてはドゥルーズは、多の組織化についての補足的な契機を論理性の乏しい用語法でただ提示しているだけである。確かに多様性の還元不可能性は、組織化についてのどんな概念も禁止してしまうように思われる。組織化についての適切な概念を提出できなかったことが、ドゥルーズのベルクソンをヘーゲル的な攻撃を最も被りやすい存在にしてしまっている要因なのであると、われわれは主張してきた。ニーチェがドゥルーズに巨大な前進をもたらすのはこの地点においてである。

「遊戯は二つの契機を持っていて、それは骰子を振るときの契機である――投げられる骰子と落ちてくる骰子である」（p. 25〔pp. 45-46〕）。骰子振りの二つの契機は、一と多の弁証法に対してニーチェが選択した代案の根本的な境位を構成する。遊戯の第一の契機は比較的理解しやすいものである。骰子を投げることは偶然と多様性を肯定することにほかならない。というのもそれがまさに統御を拒絶するからである。つまりちょうどわれわれがベルクソン研究においてみてきたように、これは秩序に属する多様性ではない。なぜならこの契機のなかには、あらかじめ決定されていたものは何一つないからである――それは不確定なものであり予測不可能なものである。これがベルクソンの存在についての独創的な展開（あるいは流出）であり、ニーチェ的な用語法においてはこれが存在の生成なのである。つまり、純粋な多様性なのである。ところが骰子が落ちてくるときの契機は、いっそう曖昧ではるかに複雑なものである。「いったん投げられた骰子は偶然の肯定であり、それが落ちてきたときに出る骰子の目は必然の肯定である。必然は偶然によって肯定されるのだが、それは存在が生成によって肯定され単一性が多様性によって肯定されるのと厳密に同じ意味においてである」（p. 26〔p. 46〕）。骰子が再び落ちてくることは、単に所与の必然性を、だから多様性に満ちた現実をそのまま承認することではない。つまりこれでは単なる決定論でしかないだろうし、遊戯の第一の契機を肯定するというよりはむしろそれを否定する危険を冒すことになろう。それどころか骰子が落ちてくることは、一を組織化するための契機なのである——それは消極的な啓示ではなくて、存在の能動的な創造である。このことをよく理解するために、われわれはこの骰子振りの隠喩を永遠回帰に関連付けて考えてみなくてはならない。

> 落ちてくる骰子は必然的に、骰子振りを再び回帰させる数や運命を肯定する。……永遠回帰は第二の契機であり、骰子振りの結果であり、必然性の肯定であり、偶然のあらゆる部分を一つに結び合わせる数である。しかしそれはまた、同時に第一の契機の回帰であり、骰子振りの反復であり、偶然そのものの再生産と再肯定なのである（pp. 27–28〔p. 49〕強調は著者）。

この部分では、骰子振りの隠喩は明らかにやや牽強付会の印象を与える。それでもわれわれは、第二の契機は一を構築する契機であると認めなくてはならない。つまり、第一の契機において生み出された「偶然のすべての部分」を——既に決められている何らかの秩序に従ってではなく、独創的な組織化において——一つに結び合わせることによって存在を構成する組織化の契機であると。骰子の回帰が骰子振りの肯定であるのは、部分が緊密に結び付いた全体のなかでそれが偶然の最初の要素を構成するからにほかならない。第一の（多様性と生成の）契機が第二の（統一と存在の）契機を包含しているのみならず、この第二の契機はまた同時に第一の契機の回帰でもあるのである。つまりこの二つの契機は永遠に続く分散と収束として、遠心的な契機と求心的な契機として、流出と構成として互いに互いを包含し合っているのである。

永遠回帰における存在の綜合と構成の論理は何であろうか？　われわれはもはやこの問いを、純粋に論理的な平面で提出することはできない。というのもニーチェがこの地平を変容させてしまったからであり、それゆえわれわれはこのような存在論的な問いを、ただ力と価値の用語法で考察していくことしかできない。

> 綜合は諸力の綜合であり、諸力の差異と再生産の綜合である。なぜなら永遠回帰とは綜合のことであり、その原理が力への意志であるからである。「意志」という言葉にわれわれは驚いてしまってはならない。意志を除いてどのものが、力と諸力の関係を決定することにより、諸力の綜合の原理として役に立つことができるというのだろうか？（p. 50〔p. 79〕）

意志とは力と価値の地平を動かしそれを活性化する力動性のことであると、われわれは初めから指摘してきた。したがって綜合の論理とは意志の論理なのである。力への意志とは生成の存在、すなわち多様性としての統一性と偶然としての必然を設計する綜合の原理にほかならない。けれども意志はどのようにして存在に基盤を提供するのだろうか？　先に大変重苦しく援用したスコラ哲学の地平から、われわれはそれほど遠い地点にいるわけではない。事実上力への意志が永遠回帰の原理であるのは、それが第一原因の役割を演じていて、存在の必然性と実在性とを決定するからなのである。しかしながらニーチェの地平においてはこの論理的／存在論的な特質は、速やかに倫理学へと変容させられることになる。意志の永遠回帰が倫理学であるのは、それが「選択的存在論」（p. 72〔p. 108〕）であるからにほかならない[13]。それが選択的であるのは、すべての意志が回帰するわけではないからである。つまり否定は一度きりしか起こらず、肯定のみが回帰する。永遠回帰とは存在としての肯定的な意志を選択することなのである。ニーチェにおいては存在は所与のものではなく、意志されなければならない。この意味では倫理学は、ニーチェにおいては存在論に先行するものである。倫理的な意志とは回帰する意志のことであるが、それは倫理的な意志が存在を意志する意志であるからである。このことが意味しているのは、永遠回帰とは諸力の束の間の綜合であるということ、つまり永遠回帰は力への意志が統一を意志することを要求するということである。ドゥルーズはこの永遠回帰という倫理的な選択を、意志にとっての実践的な規範として定式化している。「あなたの意志することが何であれ、あなたがその永遠回帰をまた意志するようなやり方で、それを意志しなさい」(p. 68〔p. 104〕)。けれどもここで指摘しておく必要があるのは、われわれがドゥルーズの永遠回帰という規範を読む際には、この「また」という言葉を重視しないように注意しなければならないということである。この「また」という言葉は非常に誤解を招く恐れがある。なぜなら永遠回帰は意志から分離されているのではなく、意志に内在しているからである。「ここで永遠回帰はどのように選択を遂行するのであろうか？　選択するのはまさに永遠回帰の思想である。それは、意志を何か全的なものにする」(p. 69〔p. 105〕)。倫理的意志は全的なものであり、その回帰に対して内的である。「いついかなる時でもあなたたちが意志することをしなさい」(p. 69〔p. 104〕『ツァラトゥストラ』p. 191 からの引用)。存在としての永遠回帰の原理は、倫理的意志にほかならない生成的な意志なのである。

　今やわれわれは、生成的な力と内在性に関するこの基本的な概念についての素晴らしい軌跡を辿ることができる。すなわち生成的な差異（事物に対して内的な差異）の論理的な中心性から生成的な力（自らの発現に対して内的な力）の存在論的な中心性へ、そして今や永遠回帰の原理である生成的な力の倫理的な中心性へという軌跡である。この系列を導きの糸として貫通し、それに唯物論的でしかも形而上学的な基礎を与えているのはスコラ哲学の論理である。つまり自らの結果に対して内在的であるという原因の本性こそが、存在の必然性、実在性、唯一＝特異性《シンギュラリティ》、そして一義性を支えているものなのである。

このようにしてわれわれは、生成的な意志の永遠回帰をニーチェの存在の哲学の倫理的支柱として理解することができる。われわれは先に、ベルクソンについてのドゥルーズの著作に関する分析（第一章・第三節）のなかで、どのようにして「非限定《インデターミネーション》」の哲学はまた同時に存在の哲学でもあることができるか、つまりどのようにしてわれわれは生成と存在とを同時に把握することができるかと、自問してみた。ここではわれわれはニーチェ的な答えを手にしている。骰子振り（生成の、つまり非限定《インデターミネーション》の契機）には落ちてくる骰子（存在の選択）がその後に続き、落ちてきた骰子は交替にまた新たな骰子振りへと通じていく。存在論的な選択は骰子振りの不確定《インデターミネーション》性を否定してしまうのではなく、ちょうど永遠回帰が意志の肯定であるようにその不確定《インデターミネーション》性を増大させ、そして肯定するのである。

ついに純粋な存在はニーチェのなかで達成された状態として、最終的な状態として成就され、それはアリアドネという登場人物において提示されることになる。ディオニュソスに向けられるアリアドネの愛は永遠回帰の肯定である。なぜならそれが二重の肯定であり、自らの最も高められた力へと生成の存在が上昇することにほかならないからである。ディオニュソスは肯定の神であるが、肯定そのものを肯定するようにとアリアドネを導いていく。「存在の永遠の肯定よ、私は永遠にあなたの肯定である」（p.

187〔p. 255〕『ディオニュソス頌歌』からの引用）。ディオニュソスの肯定は生成の存在を表している。したがって、アリアドネはディオニュソスを彼女の肯定の対象であると考えるので、彼女は存在の純粋な肯定を表している。アリアドネの肯定は二重の肯定（「〈然り〉に応える〈然り〉」「アリアドネの神秘」“Mystère d'Ariane” p. 15〔p. 78〕）であり、あるいはより正確にはそれは螺旋状に上昇する無限の肯定――n乗の力へと高められた肯定である。アリアドネによる純粋な存在の創造は倫理的な行為であり、愛の行為にほかならない。

第六節　存在の基礎としての全体的批判

生成的で肯定的な意志というこの倫理的な地平において、ドゥルーズは最後にもう一度全体的批判のドラマを今や価値評価の見地から――「変成＝価値転換《トランスミューテーション》」として――提出することになる。ドゥルーズがこの批判を提出するのは、今度は刷新されたカント哲学の用語法とスコラ哲学の用語法を組み合わせることによってである。事実上、変成＝価値転換がカント哲学からスコラ哲学へと移行していくのは、それが認識の批判から存在の基礎付けへと移行していくからにほかならない[14]。ここでもまたわれわれは、既に距離の取れた間接的な形態においてではあるが、ヘーゲル哲学の弁証法に対するドゥルーズの最終的な攻撃に出会う。既にわれわれが見てきたように、自らの超越論的な審級から免れている批判が依拠する立場は力への意志である。このとき敵対的な契機、すなわち批判の破壊する契機 *pars destruens* の役はニヒリズムによって演じられることになる。ドゥルーズの説明によれば、ニヒリズムは力への意志

の認識根拠 *ratio cognoscendi* である。「実際われわれが力への意志について認識することといえば苦痛と拷問なのである」(p. 173〔p. 249〕強調は著者)。内面性と意識の企てであるニヒリズムがいかに苦悩と苦痛とで満ち満ちているかを、ドゥルーズは大変詳細に説明してきた。しかしながら「今日まで認識されてきた、あるいは認識可能な一切の価値」(p. 172〔p. 248〕)の正体を暴露するものこそ、この同じニヒリズムなのである。われわれが同一的な自己認識と現在という時間認識とを手に入れるのは、否定的な力への意志の産物である苦痛を通じてにほかならない。けれどもカントがわれわれに教えているように、この認識にとって彼岸が存在する。「われわれは、われわれが力への意志を認識するのとは別の形態で力への意志を〈思惟〉する(かくして永遠回帰の思想はわれわれのあらゆる認識法則を超えている)」(pp. 172–73〔pp. 248–49〕)。ニヒリズムそれ自体はわれわれを内面性の彼方に、苦痛の彼方に導いていくものである。つまりこの批判のなかにある否定的なものの力は、ヘーゲル的な「永続的《スタンディング》な否定」を作動させない。それどころかこの「完成された」ニヒリズムは能動的な無への意志——「自己破壊、能動的破壊」(p. 174〔p. 251〕)なのである。完成されたニヒリズムが自己破壊であるのは二つの意味においてである。まず完成された状態というのは、ニヒリズムがおのれ自身を打ち負かし、その結果否定的な力への意志の最後の行為がそれ自身を消滅させることでしかなくなるという意味である。さらにニヒリズムの完成が意味しているのは、構成された内面性としての「人間」の終焉である——それは、「最後の人間」の自殺にほかならない。

　この破壊の極限点、真夜中の零時である特異点において変成=価値転換が、つまり認識から創造への、残酷な否定から絶対的な肯定への、苦痛に満ちた内面性から喜びに溢れる外部性への転換が起こる。

「立法者が〈学者〉に取って代わり、創造が認識そのものに取って代わり、肯定があらゆる否定に取って代わる」(p. 173〔p. 250〕)。力への意志という構築する契機 *pars construens* である肯定は、認識根拠 *ratio cognoscendi* にほかならない。ニヒリズムの能動的な完成、および肯定と創造という変成=価値転換とともにわれわれはそれらの機能において否定性、内面性、そして自己意識と関係を持つことをついにやめるにいたる。外部性は存在の基礎にとって必要条件である。つまり力への意志の存在根拠 *ratio essendi* は肯定であると、ドゥルーズは説明する。このような用語法によってドゥルーズは、ツァラトゥストラの言説を存在論的な倫理学として再定式化することができる。「私が愛するのは力への意志の認識根拠 *ratio cognoscendi* としてニヒリズムを利用しはするが、しかし力への意志のなかに人間を克服し、したがってニヒリズムを克服するような存在根拠 *ratio essendi* を見いだす者である」(p. 174〔p. 251〕)。存在こそ根本的なものであり、それは認識を支配している。アリアドネのようにツァラトゥストラは存在を、存在の創造と肯定を愛する。外部性、つまり肯定、つまり生成的な力への意志。これが存在を支えている根拠 *ratio* であり、ツァラトゥストラが愛するものにほかならない。

注解——ドゥルーズの反ヘーゲル主義の終結

本章のはじめの方でわれわれは、弁証法的な対立になってしまうであろう「弁証法そのものに対する対立」(p. 17〔p. 34〕)に代わる選択を具体化することが、ドゥルーズのニーチェ研究における中心的な目標の一つであると指摘しておいた。ドゥルーズのような現代の反ヘーゲル主義者を批判するためにしばしば用いられるものこそ、対立を回復＝回収してしまうこの弁証法の力なのである。ジュディス・バトラーはその著書『欲望の主体』のなかで、ヘーゲル主義との対立にまつわる問題を説得力に溢れる仕方で提出している。「ポスト・ヘーゲル主義の最終段階を、弁証法を明確に乗り越える段階として構成するものは何か？　これらの立場はそれらが弁証法との完全な対立のなかにあると主張するときでさえも、依然として弁証法につきまとわれているのではないか？　このような〈対立〉の本性とは何か？それはことによったらヘーゲル自身が予兆していた形式なのではないか？」（『欲望の主体』p. 176）。バトラーはこうした問いに厳密にヘーゲル的な流儀で答える。「ヘーゲルとの〈断絶〉への言及はほとんどいつも不可能である。それはひとえにヘーゲルが、まさにこの〈断絶〉という概念を彼の弁証法の中心的な教義にしてしまったという理由による」（pp. 183-84）。こうした観点からすれば対立そのものが本質的に弁証法的なのであり、したがって「弁証法そのものに対する対立」が意味しうるのは単に弁証法の強化、あるいはその反復ということでしかありえない。言い換えればヘーゲル主義に対して「他者」であろうとするいかなる努力も、事実上ヘーゲル主義の内部での「他者」として回復＝回収しうるということである。

われわれはドゥルーズのニーチェの読解を通じて、バトラーの提議に対して十分な回答を構成しうるような二つの要点を探究してきた。ドゥルーズによる全体的批判の精密化は、対立には二つの異なった類型があるということを示すことにより、われわれに直接的な回答をもたらしてくれる。弁証法的な対立は抑制された部分的な攻撃であり、それはその敵を「保存し、維持し」ようとする。というのも弁証法的な対立は、「永続的《スタンディング》な否定」のなかで無期限に延期しうる一種の強度が弱められた戦争にほかならないからである。事実上弁証法は、部分的批判を通じてその前任者の本質を略奪し、それに改良を加える。したがって弁証法の中心的な教義である「と断絶すること」は部分的な断絶でしかありえず、接頭辞の「以後の post」を特徴付ける連続性を保持していくことしかできない。しかしながら非弁証法的な対立は、抑制されない獰猛な攻撃を通じてその敵との完全な断絶を生じさせる対立である。関係の回復を禁止する断絶こそ、この根本的な対立が引き起こす結果にほかならない。それゆえこうしたニーチェ的な立場を、あたかもそれが改良または完成されたヘーゲル哲学に立脚しているものででもあるかのように、「ポスト・ヘーゲル主義」と称することは誤りであろう。ニーチェ的な全体的批判は「ポスト・カント主義」の立場である――それはカント哲学の誤りを訂正してカント自身の本来の哲学的企ての目標を達成するのであると、ドゥルーズは主張する。カントの批判は既成の諸価値が超越論的な平面の上で、本質として生き延びることを許してしまう。こうした異議が生じてくるのはカントの不完全さの結果であり、これこそニーチェが訂正する根本的な誤りなのである。一方ヘーゲルの弁証法的な批判においては、本質として主張される既成の諸価値は批判の劇《ドラマ》の中心的な主人公として提示される。ニーチェ的な全体的批判とその抑制されない破壊する契機 *pars destruens* を、こうした立場の改良としてみなすことは不可能である――それが現れうるのは根本的な断絶としてのみである。この点でわれわれは、近接する敵と根本的な敵との関係を位置付ける際にドゥルーズが示した配慮の必要性を、はっきりと理解することができる。ドゥルーズのニーチェは「反ヘーゲル主義者」としてだけ現れるのではなく、「ポスト・カント主義者」として現れてくることができるのである。この相違は改良と断絶の相違である。

バトラーのヘーゲル主義的な主張を歴史学的な用語で述べるなら、哲学の歴史には多かれ少なかれ程度の差異として改良されたいくつかの連続的な線があるのみである、ということになる。これとは反対にドゥルーズは、哲学の歴史は真の不連続を、質の真の差異を内包していて、ヘーゲル＝ニーチェ関係を定位するための唯一の方法はこの不連続なのであると力説する。「ヘーゲルとニーチェの間に和解の余地はない」(『ニーチェと哲学』p. 195〔p. 277〕)。

ところがドゥルーズは、われわれに第二の回答を与えてくれる。ドゥルーズの思想の進展の軌跡を辿りつつ議論を進めながらわれわれが確認してきたのは、彼が絶えず後退しながらヘーゲルに訴えることのできる地平があるということ、そして弁証法に対する彼の攻撃がしだいに間接的になってきたということである。一と多に対するベルクソン的な攻撃、そして主人と奴隷の関係に対するニーチェ的な攻撃は、ヘーゲルの言説から完全に離脱した地平で遂行される。弁証法に対する全体的な対立を展開していくというドゥルーズの戦略には、もう一つの戦略が伴っている。すなわち弁証法から隔絶すること、弁証法を忘却してしまうこと。われわれが到達しつつあるのは、ドゥルーズの反ヘーゲル主義の終結である。たとえば『差異と反復』の冒頭におけるように、たとえ弁証法に対する修辞が再び現れることになったとしても、それはこれらの初期の研究において展開された議論をただ反復しているに過ぎず、新しい議論を展開するものではない。弁証法に対する全体的な対立の展開は、ドゥルーズにとって知力に訴えた療法であったように思われる。つまりそれはヘーゲルを悪魔祓いし、思惟のための自律的な平面を、もはや反ヘーゲル主義的ではなく弁証法を徹頭徹尾忘却し果てた自律的な平面を、創造することになったのである。

第七節　パトスと喜び――肯定的存在の実践に向けて

喜びの哲学は必然的に実践の哲学である。ドゥルーズのニーチェ読解のいたるところでわれわれは、実践が中心的な役割を担ってはいるがそのための用語法は決して明確には表明されていないという印象を受ける。他方、ドゥルーズのニーチェが該当しないものは何であるかは非常に明白である。つまり、それは意識の探究ではない。というのもそれはただ単に悟性の改良あるいは知性の修正であるのではなく、要するに内面性の構成であるのではなく、肯定の力を通じての外部性の創造であるからである。しかしながら思惟と意志の外部性はまだ適切な特性表示ではない。なぜならニーチェ的な肯定は同時にまた身体的《コーポリアル》＝物体的なものでもあるからである。ドゥルーズのニーチェについてのわれわれの読解における最後の移行に、こうしてわれわれは次のような表現を与えることになる。すなわち意志から欲求と欲望へ、外部性から実践へ。

ドゥルーズによるニーチェ的外部性の精密化は、次のようなスピノザ的命題を再発見するにいたる。すなわち「力への意志は触発される力〔pouvoir d'etre affecté〕として自らを表現する」（『ニーチェと哲学』p. 62〔p. 95〕著者変更）[15]。スピノザが思い描くのは、触発〔影響〕される身体《ボディ》＝物体の力と効果を生じさせる身体＝物体の力との能動的《ポジティヴ》＝積極的な関係である（第三章・第七節を参照のこと）。すなわち「身体＝物体がより多くの仕方で触発されることができればできるほど、その身体＝物体はより多くの力を持つことになる」（p. 62〔p. 96〕）。ニーチェの仕事の文脈においてドゥルーズが関心をひかれるのは、このスピノザ的概念の二つの側面である。一つは触発され得るこの力は断じて可能性を論じているのではなく、それは他の身体《ボディ》＝物体との関係において絶えず現勢化されているという点である。二つめは、この力は身体＝物体の受容性を受動性としてではなく、被触発性《アフェクティヴィティ》として、感応性として、感覚として定義しているという点である（p. 62〔p. 96〕）。この概念がドゥルーズにもたらすものこそ、内的な経験を身体的《コーポリアル》＝物体的な外部性の様態として提出するための手段にほかならない。身体＝物体の受容性はその能動的で外的な表現と緊密に結び付いている。つまり、被触発性は身体＝物体の力の属性なのである。それゆえニーチェにおけるパトスは、スピノザにおけるのと同様、感情〔激情、情感、情熱〕を「〔受動的に〕体験している」身体とは何の関係もない。そうではなく、ニーチェにおけるパトスは身体＝物体の能動性の表現である情動を、すなわち喜びにほかならない創造を意味しているのである。

しかしながら喜びの実践的な企てに到達するためには、身体＝物体の被触発性の力のこの豊かな感覚に、実践における身体＝物体の能動性の微細このうえない働きが伴っていなくてはならない。『ニーチェと哲学』のまさに最後の一節で取り上げられるのは、この問題である。

差異は幸福であるということ、つまり多様性、生成、偶然はそれだけで喜びの対象として十分なのであるということ、そして喜びだけが回帰するのだということ、これがニーチェの実践的な教えである。……ルクレティウス以来（ただしスピノザは例外として）、哲学を特徴付ける批判の企てをこれほどまでに押し進めた者は誰もいなかった。ルクレティウスは魂の苦悩を、そしてそれを自分たちの力を確立するために必要とする人々を非難する――スピノザは悲しみを、悲しみのあらゆる原因を、そしてこの悲しみのただなかで自分たちの力を築くあらゆる人々を非難する――ニーチェは怨恨 *ressentiment* を、やましい良心を、そして両者の原理として役立つ否定の力を非難する（p. 190〔p. 272〕）。

ルクレティウス、スピノザ、ニーチェというこの喜びの実践哲学の歴史は非常に示唆に富んでいる。けれどもドゥルーズのニーチェには、悲しみの感情に敵対する実践的な闘いの進展を妨害してしまう二つの境位があり、ドゥルーズのスピノザ研究へと考察を進めていくようわれわれを促すのはこの二つの境位なのである。一つめは、ドゥルーズによるニーチェの「非個人的《インパーソナル》＝非人称的な」読解が実践の理論の進展を妨害するというものであるが、それはこの「非個人的＝非人称的な」読解が行為の主体についてのわれわれの概念を諸力の相互作用に限定してしまうからである。「誰が？」という問いをたてる際にはドゥルーズは、あらゆる「人格主義的《パーソナリスト》＝人称主義的な」言及を回避し、むしろ特定の力への意志に注意を向けているということをわれわれは確認してきた。しかしながらこの点で、われわれは意志だけではなく欲求〔衝動〕や欲望にも注意を向ける必要があるのである。[16] 実践的な行為の主体者の属性は、ある意味で「個人主義的」でなくてはならない――ある意味でというのは、実践の理論にとってわれわれが必要としているのは個人主義的な理論ではなく、身体的《コーポリアル》＝物体的で欲望する行為の主体であるからである。この点に関してスピノザを模範とすべきなのは、実践の行為の主体、すなわち「個体 Individual」を彼が一つの身体あるいは身体の集団であると定義するときであり、この一つの身体あるいは身体の集団はその共通の運動、共通の行為、共通の欲望として認識されている（『エチカ』IIP13Def）。スピノザが定義するような身体的＝物体的な行為の主体は、悲しみの感情に敵対する闘いを組織することが可能であり、喜びの実践を発見することができる。二つめの境位は、ドゥルーズのニーチェ研究はそれが空間的あるいは社会的綜合の概念に到達していないがゆえに、実践の理論に到達し損なっているという点である。ニーチェ的綜合にほかならない永遠回帰は束の間のはかない綜合であり、時間のなかで力への意志を企てる。しかしながらスピノザは、喜びの実践は社会性の平面上で生起するのだということをわれわれに示すであろう。たとえばスピノザの共通概念は、広範な集団性のための、つまりは社会の創造のための用語法を提供してくれるのであり、したがってそれは悲しみの感情と闘うための強力な武器を構成するのである。それゆえ『ニーチェと哲学』のこの最後の一節は、ドゥルーズの進展における次のような移行を既に予告している。すなわちニーチェ的肯定からスピノザ的実践へ。

第三章　スピノザ的実践——肯定と喜び

すぐに気付くことだが、ドゥルーズがスピノザを読むときに見せる態度はそれ以外の哲学者に対するときと質的に異なっている。スピノザを前にした彼は、他のどこにも見られないある種の注意深さと謙虚さを見せるのだ。もちろん、ドゥルーズが博士論文の副論文として提出したのが『スピノザと表現の問題』だったことは記憶に留めておかなくてはならないが、この事実はそうしたトーンの変化を説明する部分的な理由にしかなり得ない。これまで見てきたようにドゥルーズは、哲学史の研究成果を極端に単純な形式で、単一観念を綿密に練り上げる形で提示することが多い——ベルクソンにおける存在論的積極性《ポジティヴィティ》＝肯定性、ニーチェにおける倫理的肯定といったように。これらの研究は、くっきりした輪郭を持った宝石のような仕上がりになっている。一つの哲学理論全体がそこから導き出されるような本質的な観念をそれらの研究は示しているのだ。対するに、ドゥルーズのスピノザ論は荒削りである。それは萌芽の形の洞察や、未解決の問題に満ちている。まさにこのことが、彼のスピノザ論を開かれた作品にしているのであり、同時に一般の人には近付きにくいものにしているのである。[1]『スピノザと表現の問題』は、完成された解釈を提示したものではなく、これから展開していく一連の解釈上の戦略をワンセットにして書き留めた作業ノートのようにすら見える。そのためわれわれが今後たどる理論的な断章は、どうしても複雑で、場合によっては意味のとりにくいものにならざるをえない。

私が哲学史の規範に従って最も真剣に取り組んだのはスピノザだった。しかし読むたびに背中を突かれる一陣の風のような感じ、魔女の箒に乗せられているかのような感じを私に与えてくれたのもほかならぬスピノザだ。われわれはスピノザを理解し始めてすらいない。そして私だって他の人以上にスピノザを理解しているわけではない（*Dialogues*, p. 15〔『ドゥルーズの思想』p. 26〕）。

スピノザは依然、謎なのである。

われわれの務めは、ドゥルーズのスピノザ解釈が彼自身の企ての展開と進展にどのように寄与したかをはっきりさせることである。最初の方法論的原則に戻ってみよう。第一の仮説としてわれわれは、初期ドゥルーズの思想に一つの進展の跡が見られるということを示し、前の二つの章でそれを確認した。彼の哲学史上の研究は、彼自身の知的企てが要請するところにしたがって個々の哲学者の著作にアプローチしたものである。ベルクソンと共にドゥルーズは一つの存在論を展開する。ニーチェと共に彼は、その存在論を始動させ、一つの倫理学を構成する。そしてスピノザと共に、われわれはさらなる段階へと踏み出し、今度は政治学に向けて、ベルクソンの存在論とニーチェの倫理学という建物の上に新しい翼を築き上げることになるだろう。ドゥルーズの進展におけるとりわけ重要な点は、それが、一つの理論的立場から別の理論的立場への転換を意味せず、蓄積と構成の過程であるということである。換言すれば、いずれの段階も、どの新しい領域の探求も、それに先行する諸条件を放棄したり否定したりするのではなく、むしろそれを再提示していく一つの構築なのだ。ドゥルーズは自分の手荷物を携えて進んでいく。ニーチェ的倫理学は、価値の領域に移行したベルクソン的存在論であり、スピノザ的政治学は実践の領域に移行したベルクソン的存在論とニーチェ的倫理学である。存在論が倫理学に内在し、ついで倫理学が政治学に内在する。スピノザの政治学が存在論的政治学にほかならないのは、そこでは、力の分析と実践概念の洗練を経ることによって、存在（being）を生み出す諸原理と、倫理学および政治的組織の実践的構成を生み出す諸原理とが一致しているからである。

　しかしドゥルーズは、スピノザ研究の中で、それ以前の成果を直ちに飛び越えているわけではない。むしろ前に跳ぶ準備のために、彼は何歩か後ずさりしている。事実、ドゥルーズのスピノザ解釈の中には、ドゥルーズの進展全体の要約を見い出すことができるのである。彼のスピノザ研究（『スピノザと表現の問題』）の前半は、ほぼ『エチカ』の第一部と第二部の解釈にあたるものだが、これは彼がベルクソン研究で扱った地平（存在の充満、差異の積極性《ポジティヴィティ》＝肯定性、流出の問題、等々）をもう一度練り直したものであることがわかる。またその後半は、『エチカ』の後半の三つの部を扱ったものだが、それはニーチェ的地平（存在の肯定、力と能動性の倫理学、等々）の再定義と拡大であると言える。スピノザの第一の先任者たるベルクソンとニーチェが、スピノザに生命を吹き込んでいる。ドゥルーズ流の哲学史の転倒の中では、スピノザもまた後ろを振り返って、自分もまた山頂にただ一人立っているのではないことを知ることができるだろう(2)。

　ドゥルーズの進展に焦点を当てることでわれわれは、スピノザ研究史上忘れてはならないもう一つのテーゼに突き当たることになる。『スピノザと表現の問題』全体を通してドゥルーズは、スピノザの体系を二つの異なった契機、思想上の二つの立場からとらえている。すなわち、思弁的契機と実践的契機の二つである。この二つの区別は、ドゥルーズの著作の中で明確に描かれているわけではないが、これは理論上の要求であると同時に、解釈上の戦略でもある。別な言い方をすれば、ドゥルーズ自身がこの区別を強調しているわけではないにもかかわらず、この区別がスピノザの思想をめぐる伝統的な解釈への明確な挑戦となっていることが容易に見て取れるのである。例えば、最も鋭い解釈者の一人であるフェルディナン・アルキエは、デカルトとは異なりスピノザは、人間的観点から出発して神の立場を打ち立てる「方法の哲学者」ではなく、神の観点から直接出発する「体系の哲学者」であって、『エチカ』も第一義的には方法的というより体系的テクストである、と主張している（『スピノザの哲学における自然と真理』*Nature et vérité*, p. 34)。けれどもドゥルーズは『エチカ』を、アルキエによって確認された二つの観点の双方に源を持つ二重のテクストとして提示する。『エチカ』の第一の契機は、思弁的、分析的であり、存在の体系を生み出す原理を発見し表現するために神から事物へと遠心的な方向で進んでいる。第二の契機は、実践的、綜合的であり、倫理的方法と政治的な行動指針とを編み出しながら事物から神へと求心的な方向で動いている。この二つの契機は根本的なところで結び付く。探究の契機である *Forschung* は、提示と実践の契機である *Darstellung* のための地平を準備する。この二つの契機は、あくまで異なった観点からではあるが、存在における同一の地平を包含している。スピノザの思想におけるこの二つの契機を認識することによって、スピノザの主要概念（普遍的、絶対的、十全な、必然的、理性的、等々）には、これから見ていくようにこのどちらの観点から検討しても、実質的なニュアンスが含まれる、という一つの重要な帰結が導き出せるのだ。ドゥルーズの〔『スピノザと表現の問題』〕以前の著作を検討した際、われわれは長々と彼の批判的手続き、すなわち破壊する契機、構築する契機 *pars destruens, pars construens* の重要性を強調しておいた。今ここで提示されているのは似たような手続きではあるが、対立、敵対、破壊の契機は変化している。『スピノザと表現の問題』の中にも、依然対立はある（デカルトに対して、ライプニッツに対して、スコラ哲学者たちに対して）。しかし、この対立はもはや基本的な役割を果たしていない。ドゥルーズの見い出したスピノザが提示するのは、構築的な契機を伴った破壊的契機ではなく、実践的、倫理的構成を伴った論理的探求なのである。提示 *Darstellung* を伴った探究 *Forschung*。したがって、思弁と実践という二つの契機は深く結び付いてはいるが、自律的で区別されるものでもある。各々の契機はそれ自身の方法を持っており、各々が精神に生命を吹き込んでいる。「喜びの意味はまさしく倫理的な意味として現れる。喜びが実践に対して持つ関係は、肯定それ自体が思弁に対して持つ関係と同じである……純粋肯定の哲学である『エチカ』は、このような肯定に対応する喜びの哲学にほかならない」（*Expressionism in Philosophy* : *Spinoza*, p. 272〔『スピノザと表現の問題』p. 285〕著者変更）。思弁の肯定と実践の喜びは、織り合わさって『エチカ』全体の模様を形作る二本の糸なのである。

ドゥルーズの『エチカ』の解釈からは絶えず、第一の契機から第二の契機へ、思弁から実践へ、肯定から喜びへと移行する傾向を感じとることができる。ドゥルーズにこの移行をさせる媒介となっているのが、スピノザによる力の分析にほかならない。存在論の領域では、力の構造の探究は特権的な地位を占めている。なぜなら、存在の本質は、その産出的な原因をなす力動にほかならないからだ。自己原因 *causa sui* は、その実在する力と産出する力の中で存在が規定されるという点で、存在を支える不可欠の柱である。力、産出性、因果性に関わるドゥルーズのあらゆる議論は、スピノザの議論がそうであるように、われわれをこの存在論的基礎付けに差し戻す。とはいえ力の分析は、われわれを第一の諸原理に引き戻す一契機であるばかりでなく、議論を新しい領域に進ませる道筋でもあるのだ。ドゥルーズのニーチェ研究においてわれわれは、能動的力と反動的力の間の区別を認識することを通して、存在論的議論が倫理学に転換されうることを知った。このスピノザ研究では、力を通過するまさにその同じ道筋が、より豊かで広範な機能を獲得する。ここにあるのは、力の内部における諸々の区別——自発性と被触発性、能動と受動、喜びと悲しみの間の区別——をめぐる包括的な体系である。この分析は、連続性を持った理論的枠組みの内部において、真の転換がなされるための条件とは何かを定める。力の探究は、思弁の終わりと実践の始まりを告げる。それは、ニーチェ的な変成《トランスミューテーション》＝価値転換としての、真夜中の零時に到達するのである。力は、思弁から実践への不可欠な連結器であり、移行地点である。この移行を詳細に検討することが、これからのわれわれの研究の中心的なテーマとなる。ちょうど『フォイエルバッハ論』と『ドイツ・イデオロギー』がマルクスの思考における「中断」を形作っていると言われるように、力の分析はスピノザにおける転換点として機能する。それは、われわれが世界を思惟しようとすることを止め、それを創造し始める契機となるのである。

思弁

第一節　実体と実在的区別——唯一《シンギュラリティ》＝特異性

『エチカ』の冒頭は驚くべきものである。多くの読者に、驚きと苛立ち、賞賛と怒りの中で、『エチカ』が手に負えない理解不可能なテクストであると言わしめたのはまさしくこの冒頭の数節なのだ。どのようにしたら人は、神の観念、絶対者から出発する企てにうまく乗り出すことができるだろうか？この驚くべき導入部は、しかしながら、ドゥルーズにとっては問題系として現れてはこない。むしろスピノザの最初の段階に、彼はまったく戸惑っていないかのように見えるのである。メルロ＝ポンティによれば、十七世紀の思想は一般に「無限から思考を出発させる無邪気な仕方」（『スピノザと表現の問題』p. 28〔p. 17〕著者変更）としてとらえられる。ドゥルーズにとっては無限から出発することは不可能なことではない、むしろまったく自然なことなのだ。とはいえ、この無邪気さを誤解しないように気を付けなければならない——無限は無限定を意味しているのではないのである。無限な実体は、無限定な実体ではない。このことは、ドゥルーズの分析に入っていくための最初の手がかりを提供すると同時に、ドゥルーズによれば『エチカ』の第一部を方向付け支配する重大な問題である。無限の中、すなわち絶対的に無限な神の本性の中には、いかなる種類の区別があるのか？　直ちに思い起こされるのは、この問題とベルクソンとの共鳴関係だろう。ベルクソン主義とスピノザ主義との結び付きはよく知られており、テクストの中になんら直接の言及がなくても、ドゥルーズがこの二人の哲学者に共通する特徴に気付いていたことは確実である。(3) しかしドゥルーズはこの二人の理論を、あまり見なれない手の込んだ仕方で引き合わせる。実のところ彼は、『エチカ』の導入部をベルクソンの再読解として扱っているのだ。ドゥルーズは、スピノザによる神の存在と実体の唯一《シンギュラリティ》＝特異性の証明を、ベルクソンによる差異の積極的《ポジティヴ》＝肯定的な本性と存在の実在的な基礎付けに関する省察が拡張されたものとして提示しているのである。

スピノザにおける諸々の区別《ディスティンクション》の問題にアプローチするためには、当然のことながら、デカルトの立場を出発点におかなければならない。ドゥルーズはデカルト哲学における存在の三つの区別について記している。(1)二つの実体間の実在的区別、(2)実体とそれが含む様態との間の様態的区別、(3)実体と属性との間の理性による区別（*distinction de raison*）（p. 29〔p. 18〕）。スピノザの観点からすると、この区別の仕方の第一の誤りは、実体の定義の中にある数の命題にある。二つの実体の存在を肯定することによってデカルトは、実在的区別を、数的区別として示しているからである。ドゥルーズによればスピノザは、『エチカ』の冒頭で二つの角度からこのデカルトの観念に異議を唱えている。第一に、スピノザは数的区別を決して実在的区別と認めていない（『エチカ』ＩＰ1-8）。したがって、実在的区別は決して数的ではない（Ｐ9-11）(4)。換言すれば、伝統的な解釈が一般にスピノザの実体を一という数あるいは無限大と同じものとみなしてきたのに対し、ドゥルーズは、実体は完全に数の領域との軛《くびき》を断っていると主張するのである。数的な区別は決して実在的な区別ではない、というスピノザの最初の証明は、実体の内的因果性の定義に基づいている（Ｐ6Ｃ）。数が実体的な本性を持つことができないのは、それが制限を含み、したがって外的原因を要求するためである。「同じ本性を持つ多数の個体が存在し得るようなものは何であれ、その存在のために、外部の原因を持たなければならない」(P8S2)。実体の定義(D3)からして、それが外的な原因を含むことができないことは自明である。したがって数的区別は実体に属することができない、あるいは別の言い方をすれば、数的区別は実在的区別ではないのである。しかし定理九から出発してスピノザは、逆の方向からの議論、実際にはずっと根源的な議論に移っていく。各々の属性は同一の実体に対応すること(すなわち数的区別は実在的区別ではないということ)を示した後で彼は、実体がすべての属性を含むこと(すなわち実在的区別は数的区別ではないこと)の証明へと進むのである。この二番目の証明は、二つの部分から構成されている。スピノザはまず、ものが実在性を持てば持つほど、ものはますます多くの属性を持たなければならないということを示し(P9)、ついで、ものがより多くの属性を持てば持つほど、ものはますます多くの存在を持つようになるということを示す(P11S)。この二つの点は、本質的には同一の根拠に関わっており、それらは共に神の定義(D6)を実在的な定義にするのに役立っているのである。絶対に無限な存在(神、最も実在的な実有 *ens realissimum*)は、絶対に無限な属性から構成されている。神は唯一でありかつ絶対である。この点だけを見て、〈われわれが扱っているのは、一と無限という二つの両極が統一されている数的な領域である〉と主張するのは馬鹿げていよう。スピノザの実体は、数の外部に措定されている。実在的区別は数的区別ではないのである。

ではなぜ、実在的な区別に関するこの複雑な論理的展開が、ドゥルーズにとって根本的な重要性を持っているように見えるのだろうか? 注意しなければならないが、スピノザは確かに実体に関するデカルト的あるいはスコラ哲学的用法に精通しているとはいえ、実体を論じる際、彼は「実在的区別」という用語を使っているわけではない。ドゥルーズがこの用語を導入したのは、それが、存在と差異との間の根本的な関係に焦点を当てるのに役立つからなのである。「実在的区別」のこの不自然で偏った使用法は、われわれの注意を、ドゥルーズ固有の差異の概念に引き寄せる。デカルトの言う実在的区別は、関係的である（x と y との間には区別がある）。あるいはもっとはっきり言えば、デカルトの実在的区別は、もっぱら否定に基づいた差異の概念を提示している（x は y とは異なっている）。スピノザが挑んでいるのは、実在的区別から関係的・否定的局面を取り除くことである。「何々と何々の間の区別」とか「何々とは異なった」ものとしての実在的な区別を提示する代わりに、スピノザは実在的区別そのものを確認したいと考えている（x の中に区別がある。あるいはむしろ、x は異なっている）。[5] ここで、再びベルクソンとの共鳴に耳を澄まさなければならない。「数的区別から解き放たれると、実在的区別は絶対的なものにまで達する。それは存在における差異の表現を可能とし、結果として、他の区別の再構築を引き起こすのである」（『スピノザと表現の問題』p. 39〔p. 29〕著者変更）。この記述は、ベルクソンに関するドゥルーズの初期の試論の一節と驚くほど似ている。「内的差異をそれ自体で、すなわち純粋な内的差異としてとらえること、差異の純粋な概念に到達すること、差異を絶対的なものにまで高めること――これがベルクソンの努力の意義である」（『差異について』p. 90〔p. 49〕）。ここで共通に見い出されるのは、差異の存在論的基礎付けであり、存在の基礎付けにおける差異の中心的な役割である。ベルクソンにおいてもスピノザにおいても、差異の本質的な特徴とは、一方ではその内的因果性であり、他方ではその絶対的なものへの沈潜であるといえる。先に十分強調したように、ドゥルーズによるベルクソンの差異に関する解釈は、産出的存在の概念、すなわち唯物論の伝統やスコラ哲学者にまで遡ることができる内的原因、作用因〔動力因ないし起成原因〕による力動という概念に非常に多くを負っている。この概念をスピノザは完全な形で取り入れるのである。「スピノザの存在論は、自己自身の、自己自身における、自己自身による原因という観念に支配されている」(『スピノザと表現の問題』p. 162〔p. 165〕)。この内的原因による力動は、存在の実在的区別に生気を吹き込む。これは、存在そのものを支えると同時に、実在的な存在を特徴付けるあらゆる差異の基礎をなす、絶対的に積極的《ポジティヴ》＝肯定的な差異なのである。この意味で、ベルクソンの言う本性の差異とスピノザの実在的区別との間には明確な対応関係がある。「対立ではなく多様性 *Non opposita sed diversa* が、新しい論理の定式である。実在的区別は、対立とも欠如とも無縁な否定という新しい概念を開示するものとして現れた」(『スピノザと表現の問題』p. 60〔p. 51〕)。どちらの場合でも、差異という特異な概念が対立に取って代わっている。それは、完全に積極的＝肯定的で外的な原因にも外的な媒介にも関わらない差異——純粋な差異、それ自体における差異、絶対的なものにまで高められた差異である。

　この点には少し立ち止まらなければならない。その意味が必ずしも自明とは言えないからだ。数的ではない区別とは何を意味しているのだろうか? 別の言い方をすれば、あるものは、それが絶対的に無限で不可分のとき、いかにして差異であることができるのか? 他のものを含まない差異とは何か? 否定を伴わない絶対的なものをいかにしてわれわれは考えることができるのか? こうした問いによって措定される途方もない困難が、『エチカ』の冒頭の野心的な試みの原動力となっている。「積極的無限の持つ力と現実性を明らかにするために、スピノザはあらゆる手段の独創的な概念構成を必要とした」(p. 28〔p. 17〕)。ここでわれわれが直面しているのは、存在の唯一《シンギュラリティ》＝特異性に関するスピノザの諸原理である。第一段階として、唯一＝特異性とは、一元論と、汎神論という絶対的な積極性＝肯定性との結合であると言うことができる。つまり唯一の実体が直接的に、世界全体を満たし、生気を与えるのである。この定義の問題点は、それが実体の観念的な解釈の余地を残し、無限と無際限との混乱を引き起こすところにある。つまり、観念論的な立場からは、絶対的な実体は無限定なものと解釈され、汎神論は無世界論と解釈されてしまうのだ。しかしドゥルーズの解釈は、こうした可能性を一掃する。存在はそれがただ一つの絶対的な無限であるという点ばかりではなく、もっと重要なことに、それが比類《リマーカブル》のないものである点で、唯一＝特異なものなのである。『エチカ』のやっかいな冒頭が意味するのはこのことである。実体としての唯一の存在は、それ自体の外にあるいかなるものとも「区別され」ないし「異なって」いない。もしそうだったら、われわれは他のものによって部分的に実体を解さなければならなくなり、そのためそれは実体ではなくなってしまうだろう。にもかかわらず、存在は無差異ではない。ここにいたって、スピノザの実体の定義の持つ革命性がようやく明らかになってくる。「実体を私は、それ自身の内にあってそれ自身によって考えられるもの、すなわち、その概念を形成するにあたって他のものの概念を必要としないもの、と解する」（D3）。存在の区別は内部から生じる。自己原因 *causa sui* は、存在が無限であると同時に、限定＝規定されるものであるということを意味している。すなわち、存在は比類のないものなのである。したがって実在的区別の最初の課題は、存在を唯一＝特異なものとして規定し、その差異を、いかなる他のものにも関係させせず依存もさせずに認識することとなる。実在的な数的でない区別は、存在の唯一＝特異性を規定する。そこでは存在は、区別され限定＝規定されると同時に絶対に無限で不可分なのである。ドゥルーズにおける唯一＝特異性は、個体性や特殊性とは何の関係もない。むしろそれは、作用因と内的差異の相関物である。唯一＝特異なるものが比類のないものであるのは、それがそれ自体において異なっているからにほかならない。

第二節　表現的属性と形相的区別——一義性

この点から、ベルクソンの潜勢性に関するドゥルーズの解釈と、スピノザの実体に関する彼の解釈とを同じものであるとみなすことができる。それらは共に、絶対的に積極的＝肯定的《ポジティヴ》かつ内的な差異によって生み出される存在に関する、唯一＝特異性《シンギュラリティ》の概念を提示しているからである(6)。しかし存在の唯一＝特異性に関する共通の地平を提示するやいなや、今度はスピノザの属性の概念が、実在的な出発点として、深遠な意味を持ったものとして浮かび上がってくる。ここまでのところで明らかになったのは、実在的区別は数的区別ではないこと、あるいはベルクソンの言葉で言えば、本性の差異は程度の差異ではない、ということだった。今やドゥルーズは、スピノザの属性の理論を使ってこの議論をベルクソンを越えたところにまで拡張し、実在的区別は同時に形相的区別でもあるということを示すのである。属性の形相的区別の探究を通してドゥルーズは、存在論に関する第二のスピノザ的原理に到達する。すなわち、存在の一義性の原理である。存在の一義性を把握するためには、その発声性（vocality）、その表現性の探究から着手しなければならない。ドゥルーズの解釈においては、スピノザの属性は、存在の表現である。伝統的には神の属性の問題は、神の名称の問題と密接に結び付いている。スピノザは、属性に神の表現としての能動的役割を付与することによってこの伝統を変容させる。「属性はもはや帰属させられるのではなく、いわば〈帰属させる（attributive）〉。各々の属性は本質を表現し、それを実体に帰属させるのである」（p. 45〔p. 35〕）。神の名称の議論は、神の表現の問題に変わるのである。

ドゥルーズは、スピノザの表現的属性の理論を位置付けるために、神学的パラダイムを一歩前に進めている。否定神学は一般に、神が世界の原因であることは主張しても、世界の本質が神の本質であることは否定する。換言すれば、世界は神の表現であるにもかかわらず、神の本質は常にその表現〔＝世界〕の本質を上回り、超越するのである。「隠れているものも表現はする。しかし、表現するものはやはり隠れたままである」（p. 53〔p. 43〕）。こうして、本質ないし実体としての神は、表現に対する卓越した、超越的な、隠された源として、否定的に定義されるだけになってしまう。否定神学における神が表現的であるとしても、それは本質的な点で留保付きでのことなのだ。それに対し積極神学は、神を世界の原因でもあり本質でもあると主張する。しかしながらこれら二つの議論には、神の積極性を肯定する仕方に重要な違いがあるのである。ドゥルーズは、表現的な神学とアナロジーに基づく神学とを区別することが最も大事だと考えている。例えば、トマス主義の伝統では、神に帰属させられる質は、神と世界における被造物との間の類比的《アナロジカル》な関係を含意している。この概念は、神を卓越的な地位にまで押し上げると同時に、存在の表現を多義的なものにもする。神と被造物は形相において異なっており、それゆえ同じ意味では語られることができないが、まさにこのギャップを埋めるために類比《アナロジー》が採用されるのである。類比は、神と事物の間の本質的な同一性と形相的な差異とを和解させようとする。スピノザの属性に関する理論は、この定式を転倒するのだ。「属性とは、それらがその本質を構成する神と共通する形相であり、また属性を本質的に内含する様態あるいは被造物と共通する形相である」（p. 47〔p.

37〕)。スピノザの属性は、類比の理論とは対照的に、形相の共通性と本質の区別とを示している。「スピノザの方法は抽象的でも類比的でもない。それは共通性に基づいた形式的方法である」(p. 48〔p. 39〕)。とはいえ、このスピノザによる本質の区別は、否定神学の概念に差し戻されてはならない。属性(表現)を通して、実体(表現する主体)は、様態(表現されるもの)の世界に絶対的に内在する。表現する主体の本質と表現されるものの本質の違いは、一方の他方に対する内在を否定するものではない。神的なものは、絶対的に表現される。隠されたものは何もない。留保も過剰もない。スピノザにおける存在の唯一=特異性の概念は、否定神学的パラダイムへの明白な反対を示しているのである。つまり卓越性に代わって内在性が、超越性に代わって汎神論が置かれるのだ。スピノザの神は留保なしに世界の中に十分に表現されている。スピノザの一元論は、否定的であれ類比的であれあらゆる二元論に対立する。この絶対的表現を許す中心的契機は、属性に含まれる形相の共通性なのである。

　表現と類比との間の区別は、ドゥルーズが属性を特質から区分するとき、よりはっきりしてくる。「特質は、正確に言えば、まさにそれらが表現的でないという点で、属性ではない」(p. 50〔p. 41〕)。神の特質(全能、全知、完全性、等々)は、神の本性に関して何も表現しない。特質は無言なのである。特質はわれわれには、標徴、啓示、命令として現れる。特質とは、共通の形相を示さないがゆえにわれわれを何ら本性の理解へと導くことができない、われわれ自身に刻みつけられる観念のことである。それゆえドゥルーズは、「神の言葉」の二つの意味を区別する。一つは、表現としての属性に関係し、もう一つは標徴(sign)としての特質に関係する。「標徴は常に特質に結び付いている。標徴は常に命令を意味する。それはわれわれの服従を基礎付けるのである。表現は常に属性に関わっている。表現は本質を、すなわち不定法における本性を表現する。表現は本質をわれわれに認識させるのである」(p. 57〔p. 48〕)。繰り返すが、属性の表現は、存在における共通の形相を通して生じることしかできない。この概念は二つの側面から見ることができる。一方は、属性を通してであり、神は様態の世界に絶対的に内在する(十全に表現される)。もう一方は、属性の共通の形相を通してであり、様態は十全に神的実体を分有するのである。内在と分有こそ、属性の表現の二つの側面と言える。この分有こそが、表現的属性によって与えられる理解と、類比的な特性によって課される服従とを区別するのである。標徴の体系は、存在についてわれわれに何も教えてくれない。無言の標徴と記号学で扱われるような諸々の命令は、存在論を排除してしまう。表現だけが、存在に関するわれわれの認識を開示することを可能にするのである。(7)

ここまでは、否定神学および類比に基づく積極神学を、存在における共通の形相を通した属性の表現に立脚して批判してきた。共通の形相という概念は、実在的区別の中にある程度まで含まれている。存在の唯一＝特異性は、世界の中に神が絶対的に内在していることを要求する。なぜなら、もし神が絶対的に内在するのでなければ、われわれは二つの実体を区別しなければならないからである。しかし絶対的内在は、一義性にとっては十分条件ではなく必要条件にすぎない。属性は(内在性から生じる)内的な共通の形相によってばかりでなく、外的な複数性によっても特徴付けられる。言い換えれば、表現に基づいたこの積極神学の理論を追究するためには、各々の無限な属性の中に具現されている形相的共通性が、異なった属性間における形相的区別によって補完されなければならないのである。神の本質は一つの属性の中に表現されるだけでなく、無数の形相的に異なった属性の中に表現される。この積極神学の枠組みを完成させるために、ドゥルーズはスピノザの属性に関する理論の起源をドゥンス・スコトゥスにまで遡る(8)。「いかなる積極神学の企てよりも遠くまでつき進んだのは疑いもなくドゥンス・スコトゥスである。彼は、新プラトン主義者たちの否定的卓越性とトマス主義者たちの疑似肯定性を同時に告発している」(p. 63〔p. 55〕)。ドゥンス・スコトゥスの積極神学を特徴付けるのは、形相的区別の理論である。この概念を用いることによって、諸属性間の差異と各々の属性の内部における共通性とを共に主張できるような論理的メカニズムが与えられる。つまり諸属性は、形相的に異なっていながら存在論的には同一なのである。「ここには、形相的根拠の秩序と存在の秩序といういわば二つの秩序が存在しており、一方の多様性は他方の単一性と完全に一致しているのである」(p. 64〔p. 57〕)。形相的に異なった諸属性の積極的《ポジティヴ》＝肯定的な表現を通して、ドゥンス・スコトゥスにおけるのと同様スピノザにおいても、存在の一義性の概念が形作られる。一義性とはまさしく、存在は常にかついたる所で同一の声のもとで表現されるということを意味している。換言すれば、諸属性は存在を、それぞれ異なった仕方ではあっても同一の意味のもとで表現する。したがって一義性は、属性相互の形相的区別を含み込みながら、属性間の実在的で絶対的な存在論上の共通性をも含んでいるのである。

　けれどもドゥルーズは、注意深い仕方ではあるが、属性の表現性の概念があるおかげで、スピノザの一義的存在の理論はドゥンス・スコトゥスの理論を十分乗り越えるにいたっている、という点を指摘することを忘れない。ドゥンス・スコトゥスにおいて属性と呼ばれているもの――正義、善、知恵、等々――は、実際には単なる特質にすぎない。結局のところドゥンス・スコトゥスは骨の髄まで神学者であるために、神性の持つある種の卓越性を捨て去ることができないのである。「彼の神学的、すなわち

〈創造論者〉の観点は、彼が一義的な存在を、中性化された無差異の概念としてとらえるよう余儀なくさせた」(p. 67〔p. 59〕)。ドゥンス・スコトゥスにおける創造者としての神は、それが自己原因であることと同一の意味において万物の原因であるわけではない。一義的存在はドゥンス・スコトゥスの場合、絶対的な唯一＝特異性を持つものではないため、それは何がしか無差異で非表現的なところを残しているのである。一方スピノザの実在的区別は、一義性を肯定のレヴェルまで持ち上げる。スピノザの属性において、存在の表現は存在の肯定となる。「諸々の属性は肯定である。しかし肯定とは、その本質において常に形相的であり、実在的であり、一義的なものなのである。その点にこそ、肯定の表現性がある。スピノザの哲学は純粋肯定の哲学である。肯定は、『エチカ』全体が拠って立つ思弁的原理にほかならない」(p. 60〔p. 51〕)。スピノザ主義の文脈の中でドゥルーズは、肯定に独自の的確な定義を与える。つまり肯定とは、存在の絶対的な唯一＝特異性と一義性に基づいた、すなわち、存在の十全な表現性に基づいた思弁的原理なのである。こうしてみると、「スピノザのおかげでわれわれは、思弁における雄々しいものに触れることができるのです」(*Ecrits et paroles*, p. 587〔『小論集II』p. 223〕)というかにもベルクソンらしいスピノザ評も理解できよう。肯定は純粋で思弁的な哲学の頂点、すなわちその英雄的契機を形作るのである。

注解——存在論的思弁

ここで少し立ち止まって、われわれが概観してきた立場を注意深く検討し直してみたい。実のところ、ドゥルーズがスピノザの体系の冒頭にある実体概念と属性概念の精緻化という二つの重要な段階から読みとったものは、思弁におけるまったく新しい論理――ヘーゲル主義的な前進運動に、対立するのではなく、そこからまったく自由な論理――にほかならない。この概念上の自律性によって明らかになるのは、いかにしてスピノザがドゥルーズの仕事の進展の上で一つの転換点をなしているかということだけではなく、むしろいかにしてドゥルーズの解釈が、ヘーゲル主義的読解に長く支配されてきたヨーロッパの哲学におけるスピノザ研究にとって革命的であったかということである。ドゥルーズのニーチェ研究を検討した際に論じたのは、ドゥルーズが、全体的批判の理論によって弁証法的な地平から自らの思考を解き放とうとしているということだった。この過程はスピノザにおいて完結する。とはいえ、たとえヘーゲルについてテキストのどこにも書かれていなくても、ドゥルーズのスピノザ主義的基礎付けが示しているこの重要な概念上の自律を明らかにするためには、ヘーゲルの存在論と比べてみるのが一番手っ取り早いのである。スピノザの存在論に対するヘーゲル自身の解釈や批判は、確かにドゥルーズの作業との違いを際だたせるのに役立つ。そうすることによってわれわれは、スピノザにおける実体の唯一＝特異性と諸属性の一義性についてのドゥルーズの解釈が、ヘーゲルの見解からどれほど深いところで袂《たもと》を分かっているかを認めることができるようになるだろう。

ここでの問題の核心は、限定＝規定に関するヘーゲルの概念である。ヘーゲルは、スピノザにおいては実体が無限定であるばかりか、あらゆる限定が絶対者の中で融解していると主張している（『大論理学』p. 536〔(中) p. 223〕）。ヘーゲルによれば、スピノザ主義における唯一絶対の存在は、それが他者や制限を含んでいないがゆえに、限定や差異の基礎を提供することができない。限定された存在は、質

(quality）と実在性を獲得するために、自らにとって他なるものをそれ自身の中に否定し包摂しなければならない。スピノザの唯一＝特異性の概念は、論理的不可能性である。ヘーゲルを最も苛立たせるのは、存在を唯一＝特異なものとして定義するということであり、まさにこの点を彼は認めるのを拒否するのである。ヘーゲルが、スピノザ主義は無世界論であると主張するのはこのためにほかならない。唯一＝特異性は実際、ヘーゲルにとって真の脅威となる。なぜなら、それは弁証法の思弁的基礎付けを拒否するものだからである。こうした文脈の中に置いてみて初めて、ヘーゲルがスピノザについて次のような最終判断をするにいたった理論的要求を明白に理解できるようになる。「彼の死の原因は肺結核でした。彼は長い間その病気を患っていました。これは、彼の哲学の体系にふさわしいものでした。それによれば、あらゆる特異性や個体性ははかなくも一つの実体のうちに消え去るのです」（『哲学史講義』p. 257〔（下）p. 241〕）。限定が否定されたところでは、スピノザという哲学者も無の中に溶け去ってしまうというわけだ。

実在的区別に関するドゥルーズの解釈は、ヘーゲルのこうした解釈とは鋭い対比（対立ではない！）をなしている。これまで論じてきたように、実在的区別は存在を、それ自体における差異として示す。唯一＝特異な存在は、存在の外にある何かと異なっているのでもなければ、無差異なのでもないし、抽象されたものでもない。それは端的に、比類のないものなのである。したがって、唯一＝特異な存在と、限定された存在との間に対立を持ち込もうとすることは誤りだろう。唯一＝特異性は限定であるとも言えるし、限定ではないとも言える。別な表現をすれば、スピノザにおける存在すなわち唯一の実体は、それが質化され（qualified）、異なっているという意味において、限定されている。けれどもそれは、制限された存在という意味においては限定されていないのである。ドゥルーズの数に関する議論が大きな役割を演ずるようになるのはこの点である。もし実体が制限されるとしたら（あるいは数を持っているとしたら）、実体はある外的な原因を持つことになってしまうだろう。実体とはそのようなものではまったくなく、絶対的な無限であり自己原因である。自己原因 *causa sui* という言葉は、いかなる観念的な意味にも解釈されてはならない。存在は、それ自身の質料因あるいは作用因であり、この自己産出の継続的な活動が、それに伴って世界のあらゆる実在的限定を生じさせているのである。「あらゆる限定は否定である（Omnis determinatio est negatio）」？　明らかに、ドゥルーズの手によるスピノザにはこの等式の入り込む余地は——たとえ正反対の極としてでも——存在しない。存在は決して無限定なのではない。存在は自らと共に、実在性の持つあらゆる新しさと物質性を直接的に生じさせるからである。ここで論じたかったのは、ヘーゲル的な問題系から概念の上で真に自律することによって初めて、ドゥルーズの思想の重大な進展を認識することができるようになるということである。既に述べたが、初期のベルクソン研究ではこうした問題についてどこか曖昧なところが見られた。ドゥルーズには、ベルクソンと同様、限定に反対する代わりに無限定を肯定する傾向があった。無限定の命題が認めるのは、存在は外的な原因によって制限されたり強制されたりしないということである。限定に反対すること、そして無限定を受け入れること、こうした立場はどちらをとっても問題があることは明らかだった。実際のところ、限定の弁証法的過程の運動に反対するときドゥルーズは、限定の対立物（無限定）を受け入れており、そのため弁証法的地平からは依然として脱出できていない。しかしながらスピノザ的文脈においては、限定も無限定も等しく非十全な用語であることがわかる。唯一＝特異性は、実在的な区別である。この区別は、内的な差異を示す概念であり、絶対的に無限な事物に対し、連続的な否定という弁証法に訴えることなく実在的なものとしての資格を与える。唯一＝特異性《シンギュラリティ》という概念は、ヘーゲルの理論的な地平からの真の転位を形作るものなのである。

　スピノザの実体に関する二つの解釈に現れたこの差異は、属性に関する解釈の中でも引き継がれ、展開されていく。属性に関するヘーゲルの解釈は大部分、彼の実体についての解釈から直接導き出されている。つまり、実体が無限なる無限定である以上、属性とは実体を制限し、限定する役目を果たすものにほかならないというのである（『大論理学』p. 537〔（中）p. 224〕）。ヘーゲルはこうした実体から属性への理論上の運動を、限定の弁証法の陰画のようなものと考えていた。それは否定の持つ根本的な役割を無視しているがゆえに、挫折をあらかじめ運命付けられている運動なのである。ドゥルーズの属性に関する解釈は、全然別の方向に向かっていく。ここでもその基礎になっているのは、実体に関する彼独自の解釈である。ドゥルーズの見解では、実体はすでに実在的であり質化されている以上、限定の問題が生じる余地はなく、むしろ属性が表現の役割を果たしている。属性を通してわれわれは存在の絶対的な内在性と表現性を認識する。さらに、無限で対等な諸々の表現は、存在の一義性を——それが常にいたる所で同一の声において表現されるという意味で——形作るのである。実体の解釈における中心的な問題が限定にあるとしたら、属性の解釈で問題になるのは流出である。ドゥルーズの表現の理論は事実上、スピノザ主義を「流出という東洋的概念」の一つであるとしたヘーゲルの判断（『大論理学』p. 538〔（中）p. 225〕）に対する挑戦にほかならない。ヘーゲルによれば、スピノザ主義における存在の運動は、不可逆的な降格の連続である。「流出の過程は生起〔出来事《ハプニング》〕としてのみ、そして生成は漸次的な喪失としてのみとらえられる」（『大論理学』p. 539〔(中) p. 226〕）。ドゥルーズは、哲学史における流出と内在性との間の連関を集中的に分析することによって、このヘーゲルの批判に対して答えを出そうとする。期待通りというか、このドゥルーズ流の哲学史は、ヘーゲル的なあるいは弁証法的な伝統を完全に無視し、代わりに積極的《ポジティヴ》＝肯定的な存在論的過程にのみ目を向ける。この積極的＝肯定的な運動こそまさに、流出の哲学および内在性の哲学が共有しているものにほかならない。つまりこの二つの哲学はどちらも、内的因果性によって力を得ているのである。「それらに共通の特徴は、双方とも、それ自身から離れるというのではなく、自らの内にとどまりながら産出するということである」（『スピノザと表現の問題』p. 171〔p. 176〕）。存在は唯一＝特異なものなので、その産出はいかなる他のものも含むことができない。それにもかかわらず、流出因が産出する仕方と内在因が産出する仕方との間には、重大な違いが存在するのである。「結果が原因から流出するかわりに、その結果それ自体が原因の内に〈内在する〔im-manê〕〉するとき……原因は内在的である。内在因を規定するものとは、結果が原因の内にあるということであり、あたかも結果が、他のものの内にあるのと同様に、原因の内に存在しとどまっているということなのである」（p. 172〔p. 176〕）。したがって、内在因の本質とその結果の本質との差異は、決して降格として解釈され得るものではない。本質のレベルにおいては、原因と結果の間には絶対的な存在論的同等性がある。それに対し流出論的過程においては、原因に対する結果の外部性があるため、因果連鎖における漸次的な降下と本質の不等性の余地を残してしまうのである。

　この点から、スピノザの存在論が内在性の哲学であって流出の哲学ではないことがはっきり分かる。内在性の持つ本質的な同等性は、一義的な存在を要求する。「存在はそれ自身において同等なだけでなく、あらゆる諸々の存在において等しく現前するように現れる」(p. 173〔p. 177〕)。内在性は、存在におけるあらゆる形態の卓越性やヒエラルキーを拒否する。属性の一義性の原理は、存在がそのあらゆる形相において等しく表現されることを要求する。したがって、一義的な表現は、流出と両立できないのである。ドゥルーズの考察がはっきりさせたことは、内在性と表現との結合であるスピノザの存在論は、存在の離散とか「漸次的な喪失」といったヘーゲル主義者たちによる批判に何の影響も受けないということである。ドゥルーズはこの点を、ニコラウス・クザーヌスを引用しながら中世哲学の用語で説明している。「神は、すべてが神の内にあるという意味で普遍的な包摂であり、すべての内に神があるという意味で普遍的展開である」(p. 175〔p. 180〕)。スピノザ主義における内在性と表現は、ドゥルーズによると、この包摂‐展開 *complicare-explicare* という中世における対概念の近代版である。表現が展開的ないし遠心的運動である以上、それは包摂的ないし求心的運動でもあり、存在を自らの内部へと引き寄せる。したがってドゥルーズの分析は、スピノザを存在論的思弁におけるもう一つ別の論理として提示するばかりでなく、スピノザに対するヘーゲルの批判に応える用語をも提供してくれるのである。

ここまでは、簡潔な形で存在論的思弁について示している『エチカ』の冒頭(おおよそ第一部定理十四ぐらいまで)に関するドゥルーズの解釈を扱ってきた。これまで展開してきたこと、すなわち「実体の論理的構造、物理的なものを何も含まない〈構成(composition)〉」(p. 79〔p. 73〕)の単純性は、はっきり認識されなければならない。『エチカ』の冒頭で展開されるこの論理的構造は、唯一＝特異性と一義性という二つの原理から組み立てられている。これと同じ主張は、別の仕方によっても確認することができる。それは、『エチカ』の冒頭でスピノザが示しているのは神の定義(D6)が単なる名目的定義ではなく実在的定義であるということである、と主張することによってである。「この定義六のみが、本性について、すなわち絶対者の表現的な本性についてわれわれに示してくれる唯一の定義である」(p. 81 [p. 75])。唯一＝特異であり一義的なものとしての絶対者の表現を通して、スピノザは神の観念の論理的構造を作り上げる。もっとも、もし神に関するこの用語法を伝統的な意味で解釈するならば、失望させられるに違いない。その一人であるベルクソンは、スピノザが神を提示する際の純粋に論理的な性格に次のような反応を示している。「『エチカ』の第一部における神は、円を一度も見たことのない幾何学者にとって円が存在するように、あらゆる経験の外に生じます」(モッセ＝バスティード「ベルクソンとスピノザ」“Bergson et Spinoza” p. 71 からの引用。一九一二年のコレージュ・ド・フランスの講義による)。スピノザが作り上げた神の像や観念は、しかしながらいかなる慣例的な意味からも離れているのだ。思弁に関する真に存在論的な原理を発見するために、彼は存在をさらに深く掘り下げていく。スピノザが到達したのは、唯一＝特異性と一義性という、存在の産出と構成を規定する根本的な発生的原理である。したがって、『エチカ』の冒頭には仮説的なものは一切存在しない。むしろそれは、存在の発生的契機の思弁的展開、「実体の系譜学」(ドゥルーズ「スピノザとマルシャル・ゲルーの一般的方法」“Spinoza et la méthode générale de M. Gueroult” p. 432) なのである。神の定義 (D6) の実在性を証明する諸原理は、実体そのものの生命の原理にほかならない。それらは存在に関するア・プリオリな構成関係 (constitution) なのである (『スピノザと表現の問題』p. 81 [p. 75])。ドゥルーズがこの定義は発生的な定義であると述べるとき、彼はまさに、存在の原理は能動的で構築的であるということを表そうとしている。つまり、これらの原理から存在そのものが展開するのである。

以上が、ここまでの分析で存在について（神について）認識したことのすべて、すなわちそれが唯一＝特異なものであり、かつ一義的であるということである。表面に現れてはいないが、この主張には、思弁の本性とその限界を巡る問題が内在している。思弁を通してわれわれが得ることのできる真理は非常に少なく、また非常に単純なものである。思弁は世界を構成することも存在を構築することもない。それはもっぱら、存在を構成する基礎的な原理を提供することができるだけである。スピノザははっきりこのことを認識している。そして、もし彼の思弁からもっと多くのことを要求しようとするならば、ベルクソンがそうであったように、われわれは彼の「氷で作られた神」に失望させられるに違いないのである。スピノザにおける存在の実在的構成は、能動性という別の領域、すなわち思弁の領域から独立した存在論的領域において起こる。この点から、なぜスピノザの思想がヘーゲル的な（あるいはあらゆる観念論者の）枠組みには回収されないかがわかるはずだ。存在論的思弁は産出的なものではないし、存在を構成するものでもない。思弁は単に存在の産出的な力動の輪郭を辿るだけなのである。ほどなくわれわれはスピノザ的実践の構成主義的本性を検討することになるが、まずわれわれが探究しなければならないのは、第三のそして最後の存在論的原理である。これがなければスピノザの思想は思弁的なままにとどまり、決して実践哲学へと転化しないであろうその原理とは、存在の力の原理である。

第三節　存在の力

スピノザによる力の原理の萌芽は、神の存在のア・ポステリオリな〔結果から原因に向かう〕証明の中に見い出すことができる。ドゥルーズはこれらの証明を扱うにあたって、まずデカルトのア・プリオリな〔原因から結果に向かう〕証明を枠組みとして提示している。デカルトの証明は、完全性あるいは実在性の量に基礎を置いている。たとえば、原因はその結果と少なくとも同じだけの量の実在性を有していなければならない、ある観念の原因はその観念が持っている客観的な実在性と少なくとも同じだけの量の形相的な実在性を有していなければならない、今や私は無限に完全な存在の観念を持っている……等々。ドゥルーズは、このデカルトの証明をスピノザが独自に変形して『神・人間・および人間の幸福に関する短論文』〔以下『短論文』〕の中に取り入れたと主張する。デカルトと同様スピノザは、神の観念から始めている。そして彼は、この観念の原因は存在し、それは神の観念が客観的に含む一切のものを形相的に含んでいる、とはっきり述べている（『短論文』第一部・第三章）。しかしながら完全性ないし実在性の量に関するデカルトの公理は、この証明を必ずしも十分支持するものではないのである。これに対してスピノザは、思惟する力と存在しあるいは活動する力とを結び付ける力の公理を代わりに置く。「知性が認識するために持つ力は、その対象が存在し活動するために持つ力より大きくはない。すなわち、思惟し認識する力は、それに必然的に相関する存在する力より大きくなり得ないのである」（『スピノザと表現の問題』p. 86〔p. 81〕著者変更）。けれどもドゥルーズは『短論文』におけるこのア・プリオリな証明を、スピノザの進展における単なる中間点としてしかみなしていない。

力の公理が成熟した展開をみるのは、『エチカ』におけるア・ポステリオリな証明の中においてである。スピノザは、神が必然的に存在するという定理に三つの証明を提示しているが、ドゥルーズは中でも三番目の証明にもっぱら関心を示している。なぜなら、この証明の中でスピノザは、もはや神の観念や思惟の力を経由することなく、直接的に存在する力から始めているからである。スピノザの議論は次のように進む。⑴存在するためには力を持たなければならない。⑵絶対的に無限な存在が存在していないのに、有限な存在が存在していると主張することは不条理である。なぜならそれは有限な事物のほうがより有能であると言うことに等しいから。⑶それゆえ何ものも存在しないか、絶対的に無限な存在もまた存在するかのどちらかである。⑷私たちが存在している以上、絶対的に無限な存在も必然的に存在している（IP11D3）。われわれの目的にとってこの証明の重要な点は、その論理的一貫性よりは、むしろその論理的基盤にある「存在する力」という用法にある。スピノザは、力を存在の原理にしているのだ。

力は存在の本質であり、存在は本質を実在の中で提示する。スピノザにおける、原因、力、産出、本質とを結びつけるこの緊密な連鎖関係こそ、彼の思弁的体系を動的な企てに変容させる力動的な核心である。「力と本質の同一性が意味するのは、力が常に現実態であるか少なくとも活動している（*en acte*）ということである」（p. 93〔p. 88〕）。神は自らが存在するがままに産出する。多くの注釈者たちがスピノザの力の概念の中に、直接的にはデカルトに対立し、ジョルダーノ・ブルーノのようなルネサンスの思想家らの作業に起源を持つ自然主義の存在を認めてきた。例えば、フェルディナン・アルキエは、スピノザにおけるこの〔力と自然主義との〕連結が活動の原理を構成していると説明している。「スピノザの自然とは、何より自発性であり、展開の活動的原理である」[9]（『スピノザの哲学における自然と真理』*Nature et vérité*, p. 9）。ドゥルーズはこのスピノザの自然主義という概念を受け入れはする。しかし彼から見れば、それは事態の半分しか示していないのである。事実、ドゥルーズはルネサンス自然主義との関係に言及するだけでなく、第二のものとして近代唯物論（特にホッブズ）との関係を付け加えている。ドゥルーズの主張によれば、スピノザの力の概念は、活動の原理であるばかりではなく、同時に変様＝触発（affection）の原理でもある。すなわち、力としての自然の本質は、産出と感応性《センシビリティ》とを同時に含意しているのである。「あらゆる力は、様態の本質に対応しそれと不可分の触発される力を生み出す」（p. 93〔p. 89〕）。スピノザにおける力は、常に等しく常に不可分の二つの側面を持っている。変化をもたらす力と触発される力、産出と感応性である。したがって、スピノザは神のア・ポステリオリな証明の肯定に第二の側面をつけ加えることが可能となる。すなわちそれは、神は絶対的に無限な存在する力を持つばかりではなく、絶対的に無数の仕方で触発される力をもつ、というものである。

これはまさに、『ニーチェと哲学』でドゥルーズがスピノザとニーチェとの間に認めた結び付きにほかならない（『ニーチェと哲学』p. 62〔p. 64〕）。力への意志には常に力の感覚が伴っている。その上、このニーチェ的なパトスは、情念《パッション》＝受動を「〔受動的に〕体験している」身体を含意していない。むしろパトスは能動的、産出的役割を果たしているのだ。このスピノザによる力‐触発性という対には、このようにいくつかのニーチェ的な契機が反映されているのである。もっとも、触発される力を描こうとして用いた〈感応性《センシビリティ》〉という用語が、誤解を招くのも無理はない。スピノザの用語法の中における変様＝触発は、その変様が内的原因から生じたものか外的原因から生じたものかによって、能動ともなり受動ともなりうる。したがって、様態の存在する力は常に触発される力に対応しており、この触発される力は「常に、外的事物によって生み出された変様（いわゆる受動的変様）によって、あるいは、様態自身の本質によって説明される変様（すなわち能動的変様）によって満たされている」（『スピノザと表現

力

存在する力 ＝ 触発される力

能動的変様《アフェクション》　受動的変様《アフェクション》

の問題』p. 93〔p. 89〕著者変更）のである。存在の充満とは、ニーチェと同様スピノザにおいても、存在が常にいたるところで、超越的で神聖なものの制限なしに十分に表現されることだけを意味しているのではない。存在する力に対応する触発される力が、能動的変様と受動的変様とによって完全に満たされているということをも意味するのである。これら二つの区別こそ、力の内的構造を識別する最初の企ての内容である。

この点を踏まえることによって、いかにしてスピノザによる存在する力と触発される力との間の同等性の提示が、実践的理論のほうへとわれわれを導いていくかを検討し始めることが可能となる。力の本性を理解するためには、力の内的な構造を発見しなければならないが、この等式の左辺、すなわち存在する力に注目する際、力がその姿を見せるのはあくまで純粋な自発性としてである。その構造は不明瞭であり、分析はここで頓挫してしまう。しかし、いったんスピノザによって存在する力と触発される力との間の同等性が提示されれば、探究の眼を等式の右辺に向けることができる。真の意味で差異化された構造と、分析にとって豊饒な地平が見い出されるのはこの右辺である。原因に関する問いをこの文脈で立てることによって初めて、実在的区別が発見されるのだ。われわれの触発される力は、（内的に引き起こされた）能動的な変様と（外的に引き起こされた）受動的な変様とによって構成されている。この区別は直ちに、倫理的、そして究極的には実践的な企ての輪郭を示す。その実践的企てとは、いかにしたらわれわれは能動的な変様にくみして、われわれ自身の触発される力が受動的変様ではなく能動的変様によってより大きな程度にまで満たされるようにすることができるか？　というものである。しかしながら、まだあまりに少ししか力の構造について知らないために、われわれはこれ以上、作業を続行することはできない。

それにもかかわらず、スピノザの力の原理が、常に転換――思弁から実践への、存在の分析から存在の構成への転換――の原理として現れるということは銘記しておかなければならない。スピノザの力は真夜中の零時、ニーチェの言う変成《トランスミューテーション》＝価値転換の時に舞台に登場する。この転換が可能なのは、力の内的構造に関するスピノザの分析が、あらゆる地点で因果的力学の問題を課しながら、われわれが自分自身とこの世界を構成する際に実践を通して採りうる真の手段を照らし出してくれるからである。とはいえ、しばし我慢をし、遠くに進みすぎないようにしよう。スピノザの力の原理の提示によって、われわれは存在論的実践の展開に向けて扉を開けた（あるいはアルチュセール流に言えば「口火を切った」）だけなのだから。現時点では、地平を切り開くためになすべき作業がまだたくさんある。われわれは既に確認した三つの存在論的原理――唯一＝特異性、一義性、力――に立ち戻ると同時に、それらを存在に関する十全な思弁的原理へと展開していかなければならない。

第四節　属性の解釈――唯物論的存在論の問題

既に見たように、スピノザの属性の理論は多くの問題を解決するとともに、他の問題を呼び起こす。その中でも最も重大な問題の一つは、スピノザの思想の中にある観念論的・主観論的傾向を強調する恐れがあることである。この問題に関してドゥルーズが最も力を注いでいるのは、スピノザの存在論を徹底して唯物論的に解釈しようとすることにほかならない（のちに見るように、この立場を維持しようとすることはかなりの緊張を伴う）。この問題を論じることによって、唯物論がドゥルーズの思想の中で果たしている役割をはっきりさせることができるだろう。

唯物論を単に、身体の精神に対する、物質的なものの知性的なものに対する優位を謳ったものと混同してはならない。むしろ唯物論は哲学史の中で、観念論への矯正として、身体に対する精神の優位を否定するものとして繰り返し現れるものなのである。ちょうどマルクスがヘーゲルを矯正したように、スピノザはデカルトを矯正する。この唯物論的矯正は優越性の転倒ではなく、身体的《コーポリアル》＝物体的なものと知性的なものとの間の、原理上の同等性の提示である。ドゥルーズは、知性の優越性に対するこの拒否によって、存在がそのあらゆる諸属性（思惟、延長、等々）に対して等しく持っている優越性が明るみに出され、強固にされると主張する。この観点に立つと、唯一の真の存在論は唯物論的でなければならない。いかなるものであれ知性が優越性を持つと、体系の有する存在論的構造をそれが崩してしまい、物質のみならず存在そのものも、知性に依存することになってしまうからである。かくしてドゥルーズは、物質的世界の価値を守るためばかりでなく、もっと重要なことであるが、存在論的射程の一貫性を保持するためにも、存在に関する観念論者の考察と闘うことが不可欠であると認識するにいたる。知性的なものと身体的＝物体的なものとは存在の等しき表現である――これが唯物論的な存在論の根本原理である。

スピノザの文脈に即して考えると、中心となる論点は属性についての定義そのものの内に確認することができる。「属性とは知性が実体について、その本質を構成していると知覚するもの、と私は解する」(『エチカ』ＩＤ4　強調は著者)。直ちに生じる問題の一つは、この定義が、思惟の属性に他の属性に対するある種の優越性を認めているということである。思惟は、思惟そのものも含め実体のすべての属性を知覚する手段とされるのだ。シモン・ド・フリースに宛てた書簡九のように属性の役割を説明しているいくつかの例では、これよりさらに問題含みの説明が与えられている。この手紙の中でスピノザは、属性においていかにして「同じ一つのものが二つの名前で呼ばれるのか」ということについて二つの例を出している。そのうち最初のもののほうが、おそらく問題を含んでいるだろう。「イスラエルとは、三番目のユダヤの族長のことと私は解します。この同じ人物を私はヤコブとも呼びます。彼は兄の踵《かかと》をつかんで生まれたので彼にヤコブという名が付けられたのです」(『スピノザ往復書簡集』p. 52)。ここでなされている区別は単に名目的なものにすぎない。そしてそれ以上に重要なことは、差異が、知覚される対象の側にあるのではなく知覚する主体の側にあるということ、すなわち直接的に存在の中にあるのではなく知性の中に存在しているということである。

スピノザ研究の中で、属性の解釈に関しては長年の論争がある。[10] 論争の核になっているのは、一つは属性の実体に対する地位の問題、もう一つは属性の知性に対する地位の問題である。言い換えればこれは、存在根拠 *ratio essendi* と認識根拠 *ratio cognoscendi* との間の優越性の問題にほかならない。観念論的ないし主観論的解釈では、属性は第一に、存在の形相としてではなく認識の形相として定義される。『大論理学』におけるヘーゲルの説明は、この伝統に対し強い影響力を持った解釈と言える。[11] 先に指摘したように、ヘーゲルは属性を、知性に依存し、「絶対者の外に向かい」(『大論理学』p. 538〔(中) p. 224〕)、すなわち「実体に対して外的、直接的なものとして現れる」(p. 537〔(中) p. 224〕) ような、実体の限定ないし制限としてとらえている。マルシアル・ゲルーの指摘するところによれば、この解釈には、スピノザの存在論の基礎をゆがめる論理的な矛盾がある。ゲルーによれば属性は知性に依存することはできない、なぜなら知性は思惟の様態だからであり、それゆえ属性に後続するものだからである。「事実、もし属性が、知性が実体について持つ観念から生ずるのだとしたら、知性は属性に先立つことになり、結果的に知性が、それ自身が様態であるところの属性に先立つことになる。これは不条理である」(ゲルー『スピノザ』*Spinoza*, I, p. 50)。ヘーゲル自身この矛盾は認識していた。しかし彼はこの矛盾を自分の解釈の過失とするのではなく、スピノザの体系の中にある誤りとしているように見える(『大論理学』p. 537〔(中) p. 223〕)。しかし、私がここで問題にしようとした最も重要なことは、主観論的解釈の論理的矛盾ではなく、それが知性に対して認めている優越性なのである。繰り返すが、問題は、理論体系の全体における存在根拠と認識根拠の相対的な重要度である。換言すれば、焦点になっているのは、まさしく唯物論的存在論、思惟の中に存在を置かない存在論の条件なのである。

ドゥルーズは、スピノザの属性に関して新たな別の解釈を示している。すなわち、客観主義的、存在論的解釈である。ドゥルーズによれば、スピノザが書簡九〔『スピノザ往復書簡集』pp. 49–53〕におけるように属性を単なる認識や知覚の一様式であると示したとき、スピノザは属性の真の役割について部分的で単純化された説明をしているにすぎない（『スピノザと表現の問題』p. 61〔p. 53〕）。属性は知性に依存していない。むしろ知性は属性の働きの中で、表象という客観的で表に現れない媒介として二次的な役割を果たしているにすぎないのである。「あらゆる形相的に異なる属性は、知性によって存在論的には単一の実体に関係付けられる。しかし知性は、せいぜいそれが把握する形相の本質を客観的に再生産するだけである」(p. 65〔p. 58〕)。言い換えれば、属性の実体に対する関係は、知性がこの関係を把握することに先立ち、独立している。知性はもっぱら、客観的ないし認識上の観点から、第一の存在論的関係を再生産しているにすぎない。存在根拠は認識根拠に先立つ。この客観主義的解釈は、理論体系の存在論的な一貫性を保持するのに成功するばかりか、属性の理論において知性に根本的な役割を認める立場が陥る矛盾を解決するのである。そうは言うものの、ある程度無理をしなくてはこの命題を支持することができないということをわれわれは認めざるを得ない。一例として属性の定義に戻ってみよう。「属性とは知性が実体についてその本質を構成していると知覚するもの、と私は解する」（『エチカ』ＩＤ4 強調は著者）。いったいいかにして客観主義的解釈は、この「知性が実体について知覚するもの quod intellectus de substantiâ percipit」を、知性に根本的な役割を与えることなく説明できるのだろうか？（ラテン語の原文を参照してもこのジレンマから逃れる道は示されないことに留意しておかなければならない）。さらに、属性の基礎において知性が二次的なものであることは受け入れることができるとしても、いかにしたらドゥルーズが述べている、知性が把握する形相の本性を知性が「客観的に再生産」するとは何かを、われわれは理解することができるのだろうか？　この「再生産」こそ、非常に説得力の薄い表現の概念であることは間違いない。

ドゥルーズはこうした問題に頭を悩ませていないように見えるし（あるいは彼は、こうした問題によって横道にそれないよう決めているのかもしれない）、この論点を掘り下げることもしていない。しかしはっきり言えることは、ドゥルーズは、たとえテクストの明快な記述を妨げる恐れがあっても、断固として体系の存在論的な一貫性を保持し、他の属性に対する思惟の優越性に対して闘いを挑もうとしているということである。ここで扱われている問題はスピノザ研究の領域をだいぶ越えている。これはドゥルーズの哲学の中心をなす存在論への回帰という性格と、その存在論が特徴付ける、他の同時代の哲学的立場との根本的な相違とに関わる問題なのである。ドゥルーズの哲学が、観念論的な存在論的伝統とも、哲学に対するいかなる非存在論的取り組みとも異なっているということを認識しなければならない。それらの試みとは一線を画し、ドゥルーズは属性の解釈を通して、唯物論的存在論の次元を切り開こうとしているのである。

注解——思弁的産出と理論的実践

スピノザ解釈上の特殊な問題を越えて視野を広げると、ドゥルーズの客観主義的読解が彼を、根本的に同時代の知的潮流からはずれたものとして、いわば危なっかしい少数者に属する理論的立場を担うものとして位置付けていることを確認することができる。一九六〇年代のフランスで「懐疑の巨匠」として知的覇権《ヘゲモニー》を握ったマルクス―ニーチェ―フロイトの三人組(12)は、ある程度まで反ヘーゲル主義者であるにせよ、やはり(ここでスピノザ的議論の領域に移行することを了承してもらえるなら)属性の主観論的解釈の側に分類されなければならない。この時期のフランスの知的舞台にいろいろな陣営から登場した様々なスローガンは、どれも知性の、つまり認識根拠 *ratio cognoscendi* の根本的な役割を強調している。例えば「視覚」に関する、知覚されるものと知覚し得ないものに関する広く行き渡った言説、あるいは探究における特権的領域として「解釈」に焦点を当てる営みの持った重みについて思いを巡らせてみればよい。ドゥルーズの提示した、スピノザにおける客観主義に基づいた存在論的思弁は、こうした思潮全体に対立する。事実、一般的な趨勢は、ドゥルーズの立場に激しい攻撃をかけたかのように見えるのである。

抽象的な一般化に陥らないようにするために、一例として——典型的とは言えないかもしれないが、確かに影響力のあった実例と言える——アルチュセールのマルクス解釈を簡単に振り返ってみよう。アルチュセールが中心に据えようとした、そして問題にしようとした一つの境位は、読解という行為それ自体に関するものである。つまり、マルクスの『資本論』を読むという行為、古典経済学を読むという行為、資本主義社会を読むという行為である。アルチュセールがわれわれに望んでいるのは、マルクスの中に、認識の理論における一つの革命を見い出すことである。「われわれは、認識について抱いている観念を完全に再編成しなければならない。直接的な視覚とか直接的読解という思弁的神話を捨て、知識を生産とみなさなければならないのである」(*Reading Capital*, p. 24〔『資本論を読む』p. 27〕)。認識を生産とみなすアルチュセールの試みの中では、二つの境位を区別することができる。第一にわれわれは、認識の対象と実在する対象との間に区別があるということ――あるいはスピノザの例を引き合いに出しているアルチュセールにしたがえば、円の観念と実際に存在する円との間に違いがあるということを把握しなければならない（p. 40ff.〔p. 51〕）。しかし第二段階としてわれわれは、この区別の重要性は二つの領域が異なる条件のもとに存在しているという事実の中に存しているということを認識しなければならない。それは、実在する対象が与えられる一方で、思惟の対象は実在性との特定の関係の中で生産されるということである。「おそらく、実在‐についての‐思惟とこの実在そのものとの間には一つの関係がある。だがそれは認識の関係なのである」（『資本論を読む』p. 87〔p. 132〕）。アルチュセールの見せた認識根拠 *ratio cognoscendi* の中心的役割へのこだわりは、現象学的思弁の中核をなす特徴である。現象学者たちによれば、実在する事物をそれ自体において考察する前に、われわれは、これらの事物がいかにしてわれわれの意識、われわれの知性に立ち現れるかを考察しなければならない。スピノザの属性が議論の中心に舞い戻るのはこの地点である。「知性が実体について知覚するもの quod intellectus de substantiâ percipit」。アルチュセールによる読解の戦略は、現象学的な思弁一般と同様、完全に属性の主観論的解釈と軌を一にしている。主観論的読解は、純粋な思弁、「鏡のような《スペキュラー》」思弁《スペキュレーション》という神話に終止符を打つ。世界に対する、社会に対する、政治経済学に対する無邪気な客観主義的読解というものは存在しないというのである。

　この点で一般的な知的潮流を代表しているアルチュセールの批判は、一見、ドゥルーズの客観主義的な属性の解釈を標的に激しい攻撃を加えているかのようだ。ドゥルーズは知性に対して、まさにアルチユセールが告発した「鏡のような」役割を与えているからである。「知性は自らが把握する形相の本性を客観的に再生産するだけである」（『スピノザと表現の問題』p. 65〔p. 58〕）。なぜドゥルーズは、鏡のような客観的知性の理論を主張することができるのだろうか？　なぜフランスの哲学界の全体が認識の生産的本性に注目しているときに、ドゥルーズは知性の力を再生産的役割に格下げすることで甘んじているのだろうか？　ここで火花を散らしているのは、全く対立する二つの立場である。ドゥルーズの哲学は現象学ではない。しかしながら事態を詳しく見てみれば、いくつかの点で、アルチュセールの批判は、実際には直接ドゥルーズの議論に向けられたものではないということがわかる。何より、ドゥルーズは生産＝産出の中心的役割を無視しているわけではない。むしろ彼が属性の理論において、知性の働きに再生産的な役割を与えているのは、最初の生産が他の場所にあるからなのである。われわれはドゥルーズの様々な仕事の読解を進める中で、彼の存在論は、存在が生産的力動であるという概念に基づいているということをこれまで強調してきた。ベルクソンの章では、この概念をスコラ哲学者たちの因果的言説に結び付けたし、スピノザに関しては、ルネサンスの自然主義にまでそれを遡っている。ドゥルーズの存在論はまさに次のような用語で要約できるだろう――存在は、直接的、無媒介的、そして絶対的に積極的《ポジティヴ》＝肯定的な仕方において生産的である。因果性と差異に関するすべての議論はこの基盤に立脚している。この点に留意すれば、知性の再生産的役割についてのドゥルーズの立場を、存在の生産的役割を第一義的に肯定したものとして解釈することが可能となるのである。これによって、最初に想定したアルチュセールの批判に対するドゥルーズの予備的返答を表明してみることすらできるだろう。それは、認識上の生産を哲学の中心的な舞台に持ち出すことは、実際には論理的にも存在論的にも知性に先立っている、存在の根本的に生産的な力動を覆い隠すことになる、というものである。

けれどもこの第一の返答は、せいぜい彼の批判を部分的にかわすことにしかならず、それに答えることにはなっていない。ドゥルーズの立場をより適切に説明するためには、思弁に固有の領土を問題にする必要があるのだ。ドゥルーズの思弁は客観的表象を主張しているが、それは極めて特殊な領域に適用されるだけである。社会、資本、経済は思弁の対象としてはふさわしくない。むしろドゥルーズにおいては、思弁はもっぱら存在論的問題にのみ役に立つ。そしてわれわれが主張してきたように、思弁が到達するのは極めてわずかな、極めて単純な存在論的原則なのである。現象学的思弁に抗して、ドゥルーズは純粋に存在論的な思弁を提示する。この存在論的思弁を生産とみなすことにはどのような意味があるのか？　主観論的存在論の立場に立つと、唯一＝特異性、一義性そして力は、（実在的な対象としての）存在の原理ではなく、（認識の対象としての）われわれの知的活動の産物であると言わなければならなくなる。別な言い方をすれば、それらは実際には存在の原理ではなく、むしろ「知性が実体について知覚するもの quod intellectus de substantiâ percipit」になってしまうと言わねばならない。存在の主観主義化は、スピノザの体系の存在論的基盤を全面的に損なうことになるだろう。属性の客観主義的解釈が主張しているのは、端的に言えば、思惟の生産的力に先立ち、そこから独立しているある種の存在の原理があるということであり、こうした原理こそが、思弁の領域を構成しているということである。ドゥルーズが試みようとしているのは、それゆえ、存在論の特殊性をその特殊な領土の中で保持することにほかならない。存在論的思弁の領域の外側に存在するものをドゥルーズは経験論的な言葉で扱う――この外側にあるものこそドゥルーズの実践概念の基盤をなすものとなるであろう。

この第二のドゥルーズの返答は、しかしながら、依然としてアルチュセールのさらなる批判にさらされる。認識の中に含まれる生産の承認とその実在からの区別は、アルチュセールによれば、唯物論全体の本質を規定する契機である。「もしわれわれがそれを尊重しなければ、われわれは不可避的に思弁的観念論か経験論的観念論に陥ってしまうだろう」（『資本論を読む』p. 87〔p. 132〕）。アルチュセールの言う唯物論的、現象学的思弁とはまさしく、かの有名な理論内実践という概念、「理論的実践の理論」という概念を彼に提示せしめたものである。属性の客観主義的解釈は、これとは逆に、思弁の領域から実践を追放する。そのためドゥルーズの思想は、この実践上‐理論上の綜合のどちらの側から見ても観念論のように見えてしまう。思弁的観念論と経験論的観念論が一つの哲学の中で一緒くたにされているというわけである。明らかにドゥルーズの実践概念はアルチュセールの告発を免れることはできない。「その隠れ家である言葉の遊びを明るみに出すためには、〈実践〉という用語をはっきりさせるだけで十分である。〈実践〉は、イデオロギー的（経験論的あるいは観念論的な）仕方で理解されると、もっぱら理論の鏡像、理論の対極‐共示（実践と理論という写鏡的領域の両極を形作っている一対の〈対立物〉）となる」（『資本論を読む』pp. 57-58〔p. 74〕）。この観点から見ると、ドゥルーズの言う実践は、思弁からの自律を装っているにもかかわらず、まやかしの言葉遊びの中で客観主義的・観念論的思弁の言いなりになる鏡像にすぎない。アルチュセールの好んで引用する『フォイエルバッハ論』に拠るならば、次のような非難をドゥルーズに浴びせなくてはならなくなる――ドゥルーズの哲学はいかなる実践的力も持ち得ない、それはもっぱら世界に対する思惟の試みにすぎず世界を変えるものではない、と。

実践の批判によって、問題の核心には触れたが、今のところわれわれはそれをさらに探究するための条件を掌握するまでにはいたっていない。アルチュセールの挑戦は、さしあたりわれわれの議論を方向付けるための、そしてドゥルーズのアプローチによって際だたせられた差異に焦点を当てるための批判軸として役立てることができる。純粋な存在論と絶対的な唯物論。これらはドゥルーズが彼の同時代人の潮流に抗して維持している、互いに切り離せない立場なのである。

第五節　思惟の優越性との闘い

スピノザの属性に関するドゥルーズの議論をさらに深く追究する作業に戻らなければならない。属性の議論で問題になっていることをはっきりさせておこう。属性の客観主義的解釈はともかくとすると、それが存在論に関する観念論的概念を含んでおり、理論的実践や実在するいかなる実践概念をも拒んでいるという理由で、現象学の陣営からの批判にさらされやすい。しかしドゥルーズの関心はまったく異なった方向に向けられている。彼によれば、真の危機は、思惟の属性が他の属性に対する優越性を与えられることであり、精神が身体に対し優越性を与えられることなのである。いったん存在論に関するこの主知主義的な概念を採ると、存在の一義性が破壊されてしまうばかりではなく、存在に関するあらゆる物質的・身体的概念は知的領域に従属させられてしまう。属性の議論はどうしても錯綜しており、いくつかの点でドゥルーズの解釈はスピノザのテクストをこじつけているかのように見えるかもしれない。けれどもこうした複雑さと緊張は、この問題がドゥルーズの哲学にとってどれほど重要か、思惟の優越性と闘うことがどれほど大切なことかを端的に教えてくれるのである。

ドゥルーズは属性の同等性に関する自らの考えを、存在論的並行論の理論によって明らかにしようとしている。[13] 属性の並行論の考えは、存在に関する別種の原理とみなされるべきではない。むしろそれは、存在の一義性の観念の論理的な拡張と展開にすぎない。もし存在が常にいたるところで同じ仕方で語られるのだとしたら、諸々の属性は同等の表現でなければならない。言い換えれば、上から見た場合には一義性が全体の絶対的な一様性として現れるとしたら、下から見た場合には、一義性はすべての構成部分の同等な分有として現れるのである。こうしてドゥルーズの存在論的並行論の理論を構成する三つの要素が何であるかを明らかにすることができるようになる。すなわち、自律性、同等性、統一である。

属性の自律性は何よりも、精神の身体に対する優越性というデカルトの概念への拒否として理解されなければならない。スピノザはデカルトに反対して、精神が身体を支配することもなければ、身体から影響を受けることもない、そして同様に、身体が精神を支配することもなければ、精神から影響を受けることもない、と主張している。諸々の属性の間には実在的な分離がある。だからスピノザは精神を、「霊的自動機械」(『知性改善論』八五節)と考えているのである。なぜなら、思惟する際、精神は思惟の法則にのみしたがうからである(『スピノザと表現の問題』p. 140〔p. 140〕)。もちろん、同じことが身体にも言われなければならない。身体は身体的自動機械である。なぜなら運動と静止において身体は延長の法則にのみしたがうからである。この属性の自律性という概念は、作用因の原理の一つに基づいている。すなわち、二つのものが異なっている限り一方は他方の原因であることができない(『エチカ』IP3)というものである。したがって属性は、各々の原因と結果に関して独立した系列を形作っていると言える。

しかしながら並行論の定理は、属性間の単なる分離を越えた地点にまで進んでいく。「観念の秩序と連結は、ものの秩序および連結と同一である」(ⅡP7 強調は著者)。スピノザの定理が主張しているのは、諸属性が自律的であるということのみならず、それらが並行的秩序の中で組織されるということなのである。「実際、連結の同一性が意味しているのは、対応する系列の同一性ばかりでなく、同権性(isonomy)、すなわち、自律的系列あるいは独立的系列間における原理の同等性なのである」(『スピノザと表現の問題』p. 108〔p. 104〕)。したがって並行論の第二の構成要素は、あらゆる属性間、とりわけわれわれが知ることのできる思惟と延長の属性間の原理の同等性の確立となる。これはデカルトの立場の完全な放棄である。身体は形相的に精神から独立しているばかりか、原理上精神と同等となる。われわれはここで述べた原理の同等性を、存在論的分有の観点から理解しなければならない。身体と精神はともに、自律的かつ同等の仕方で存在を分有している。繰り返せば、この定理は一義性の原理から直接導き出されてくる。身体性《コーポリアリティ》＝物体性と思惟は、存在の同等な表現であり、同一の声において語られるのである。

同等性だけでは存在論的並行論にとって十分ではないことはもう理解できるだろう。異なった属性は、存在の同等な表現であるばかりではない。それらはある意味で、同一の表現である。別な言い方をするなら、様々な属性の様態は、実体の観点から見ると同一なのである。

> 神は、あらゆる属性の中に一度にものを産出する。神は各々の属性において同一の秩序でそれらを産出するため、異なった属性の様態の間には対応があるのである。しかし、諸々の属性は実在的には区別されるため、

この対応、あるいは秩序の同一性は、相互の間のいかなる因果的作用も排除する。属性はすべて同等であるので、属性を異にする諸様態の間には連結の同一性がある。諸々の属性は唯一の同じ実体を構成しているので、属性を異にする諸様態は唯一の同じ様態的変様を形作る（p. 110〔p. 106〕）。

実体上の様態的変様（*modificatio*）とは、実体の単一の変様によって、異なった属性に並行に産出される様態の統一性を指している。この様態的変様という概念自体が、ドゥルーズが存在論的並行論と呼ぶものの証明と言える。なぜなら、異なった属性のもとに自律的かつ同等に産出される様態が、実体の観点からは、実体上の様態的変様の形をとった一つの統一性として現れるのだからである（*Spinoza : practical philosophy*『スピノザ――実践の哲学』を参照のこと）。ドゥルーズの解釈によると、スピノザの並行論の理論は存在の組織化《オーガニゼーション》の分析としてよりは[14]、『エチカ』の研究全体を通してわれわれを導いていく、むしろ思弁の中心をなす訓練として機能しているのであり、一つの属性についてわれわれが肯定するあらゆる命題は、他の属性にとっても同等に肯定されなければならない。別の言い方をすれば、精神における構造や機能の側面を認識する度ごとにわれわれは、いかにしたら身体におけるそれに並行した構造や機能を認識できるかを自問しなければならないのであり、その逆もまた同様なのである（たとえば、もしわれわれが精神における真の観念の何らかの本性を肯定することができるなら、われわれはそれに並行した身体における真の活動の同様な本性も肯定しなければならない[15]）。

ドゥルーズによる存在論的並行論の解釈は、スピノザ研究史においては独創的な解釈である。その申し分のない単純性は、それが一義性の原理から直接導かれたものであるという事実から帰結する。もし存在が、常にいたるところで同一の声において表現されるとするなら、その属性のすべては、並行的な表現として構築されなければならない。様態的変様の実体上の統一は、異なった属性にまたがっているとはいえ、存在の一義性を証明するものである。その上、先ほど属性を位置付けるにあたって論じた思惟の優越性に関するいくつかの困難も、諸属性の同等性および諸属性の存在論的並行論の理論によって解決されるように（あるいは少なくとも乗り越えられるように）見える。しかしながらわれわれは、ドゥルーズの解釈が、スピノザの存在論的体系の一般的な傾向には極めてよく合致しているとしても、定理七におけるスピノザの実際の陳述――「観念の秩序と連結は、ものの秩序および連結と同一である」（IIP7）――には合致していないことを認めなければならない。ドゥルーズによればこの箇所でスピノザが提示しているのは、存在論的並行論ではなく認識論的並行論であるという（『スピノザ――実践の哲学』p. 99〔p. 124〕）。この並行論は様々な属性の間で等しく確立されるものではなく、とりわけ思惟の属性にのみ焦点を当てており、観念とその「対象」（〈観念されるもの res ideata, 観念の対象 objectum ideae〉）との関係を確立しているのである。問題がより明確にされているのはこの定理の系である――「神の現実的な思惟する能力は、神の現実的な活動する能力と等しい」（P7C）。この問題の重大さを正しく認識するためには、スピノザの用語法における「活動」という言葉が、身体の運動と静止にのみ関わるのではなく、あらゆる属性に等しく関係しているということを念頭においておく必要がある（たとえば、IIID3を参照）。したがって定理七系の定式が提示しているのはただ一つの同等性であって、精神と身体の同等性ではないのである。むしろ思惟の本質（思惟の力）は存在の本質（活動する力）と同一である。となると、われわれは属性に関する主観論的解釈と同じ問題含みの地平に戻ってしまうことになる。

ドゥルーズは確かにこのことを深刻な問題として認識している。再びわれわれは、思惟に他の属性に対する優越性を与えるスピノザの傾向に直面するのである。ドゥルーズは、認識論的並行論の主張は「われわれに、思惟の属性に対し唯一の優越性を与えるよう強いる。この思惟の属性は、異なる属性における様態と同じだけの、還元できない観念を含まなければならない。その上、諸々の属性と同じだけの観念を含まなければならない。この優越性は、存在論的並行論のあらゆる要求とまったく矛盾しているように見える」と主張している(『スピノザと表現の問題』p. 114〔p. 110〕)。この箇所で思惟に与えられているように見える優越性は、スピノザの存在論的体系の一般的意図に反している。ここで現れた問題を解決する最初の試みの中でドゥルーズがしている説明によれば、この定理の注解でスピノザは、思惟の(観念とその対象との)ケースを諸々の属性のすべてのケースに一般化しながら、認識論的並行論から存在論的並行論へと移行している、という。つまりドゥルーズは、認識論的並行論を二次的なものとして、より深遠な理論である存在論的並行論に到達するための「回り道」にすぎないものとして提示するのである(p. 99〔p. 55〕)。しかしこの解釈は、テクストの中で十分に実証されているものではない。注解は存在論的並行論をいくぶん示唆してはいるが、それをはっきりと述べていないのもまた確かなのだ。彼の説を支持する最も示唆的な言明——「私は同じことが他のすべての属性についてもあてはまると考える」(IIP7S)——ですら、実際にはまだ十分説得的とは言えない。私自身はこの困難によって、ドゥルーズの提示した存在論的並行論が疑わしいものになるとは思っていない——それどころか、この命題を支持する十分な証拠はスピノザの著作のいたるところに見られるのである。ここでなすべき仕事は、二つの並行論を和解させ、互いに矛盾しないようにする方法を見い出し、もし可能なら、認識論的並行論を一切避ける方途を探ることである。

かくしてドゥルーズは、この作業に取り組むために一層込み入った議論へと乗り出していく。この議論の直接の目的は、『エチカ』第二部定理七で提示された認識論的並行論の解釈をもう一度検討し直すということである。もっともこの複雑な議論を通して常に銘記しておかなければならない基本的な目標とは、思惟の優越性と闘うことであり、それによってこの哲学的枠組みの存在論的基盤を保持することである。ドゥルーズに倣って、われわれも存在の属性と存在の力とを混同しないよう注意しよう。「力と属性の区別はスピノザ主義の中で本質的な重要性を持っている」(p. 118〔p. 114〕)。存在は無限の属性を有する一方で、二つの力だけを持っている。存在し活動する力と思惟し認識する力である(p. 103〔p. 98〕)。最初の力である存在する力は、神の形相的本質である。一切の属性は等しくこの本質を、すなわち存在する力を、形相的には異なった表現として分有している。これは存在論的並行論の言い替えにほかならない。それゆえ第二の力、思惟する力は、神の客観的〔想念的〕本質である。「神の絶対的な本質はその本性を構成する属性においては形相的であり、この本性を必然的に表象する観念においては客観的である」(p. 120〔p. 117〕)。神のうちで形相的に区別される同一の属性が、神の観念の中では客観的に区別される。二つの力のこの定式化を通してドゥルーズは、認識論的な遠近法を存在論的な遠近法の中に包摂することによって思惟の他の属性に対する卓越性という観念に対して闘う機会を得る。「思惟の属性が思惟する力に対して持つ関係は、〔思惟の属性も含め〕一切の属性が存在し活動する力に対する関係と同じである」(p. 122〔p. 119〕)。力と属性の間のこのずれが、二つの力の間の優越性の条件を定めているのである。たとえドゥルーズが初期の頃、諸々の力はある意味で同等であると述べていたとしても、われわれはここでは思惟する力（客観的〔想念的〕本質）が、存在する力（形相的本質）に依存しているということが了解できる。「客観的存在は、もしそれ自身形相的存在を思惟の属性の中に持たなければ、結局何ものでもなくなってしまうだろう」（p. 122〔p. 119〕）。存在論的力（存在する力）が認識論的力（思惟する力）に対して優越性を持っているというドゥルーズの主張は、以上のようにして諸々の属性同士の間での同等性を保持するのである。

それでも最後になって、思惟が他の属性に対して優越性を持たされるかに見える別のケースが浮上してくる。精神の中には、対象と一致している観念（*res ideata*）だけでなく、これらの観念の観念も、またその観念の観念の観念も同様に存在しており、無限へと進む。「このことから、無限に自らを反省する観念の能力の基礎となる、思惟の属性の最終的に明白な優越性が生じる。スピノザは時折、観念の観念は観念に対して、観念がその対象に対して持つのと同じ関係を持つと主張している」（p. 125〔p. 123〕）。難解でうんざりさせられるものであることが容易に見て取れるこの議論の細部に立ち入る前に、もう一度、ここで問題になっていることが何であるかを明らかにしておきたい。何人かの注釈者たちはスピノザにおける観念の観念の問題は、意識の問題であり精神の反省の問題であると論じてきた。たとえばシルヴァン・ザクはその概念をこんなふうに述べている。「意識は観念の観念である。それは、精神が身体に結び付いているのと同様、精神に結び付いている」（『スピノザの哲学における生の観念』*L'idee de vie*, p. 128, なお pp. 121-28 も参照のこと）。もちろんドゥルーズはこのような観点から問題を措定するわけではない。けれどもザクの主張は、以上のようなスピノザのケースによってドゥルーズがさらされる危険を明らかにしてくれるのである。意識としての観念の観念は、精神の中で一つの内面性を形成しているかのように見える。その内面性は、ザクが言うように、精神が身体に結び付いているのと同様に精神に結び付いている。このケースで内面性を持ち出すことによって生じてくる最大の問題は、それが身体に対する精神の優越性を作り出してしまうことであり、存在の力動を反省という精神的な力動に包摂してしまうことにほかならない。何度か見てきたが、ドゥルーズは意識の哲学者ではない。このことが意味するのは、一方で彼は存在根拠 *ratio essendi* の認識根拠 *ratio cognoscendi* に対する優越性を主張しているということであり、他方で彼は、精神に対する身体のいかなる従属をも認めていないということである。したがって、ドゥルーズがこの問題を扱う際、主たる関心が属性の存在論的な同等性を守ることに向けられるのは、まったく当然である。かくして根本にある問題は、ごく単純に提示することができる。それは、観念とその対象が二つの別々の属性のもとで考えられるのに対し、観念の観念と観念はともに思惟の属性のもとで考えられるということである。だとすると、観念とその対象の間には観念の観念と観念との間にあるのと同じ関係があると主張することは何を意味しているのだろうか？二つのケースが同じ関係を構成しているという主張は、思惟に対し、すべての属性との関係を自らの内に包摂する能力を与えているかのようにも見えてしまう。つまり、反省の属性としての思惟の優越性を持ち出すことは、思惟に対し、間属性的（inter-attribute）な力動を完全に思惟自身の中で再生産する能力を与えてしまうのではないか。観念論的視点の兆し、すなわち意識の哲学となる恐れは、スピノザの体系に依然として付きまとっている。

ドゥルーズはこの困難に取り組むきっかけを、再度力の区別に求める。すなわち、この二つのケースは、属性の観点から考えられた場合には同一のものとみなされてはならず、もっぱら力の観点から考えられたときにのみ同一とみなされる、と彼は主張するのである（pp. 110-11〔p. 107〕）。換言すれば、二つのケースに共通する関係は、最初の条件を形相的力に結び付け、第二の条件を客観的力に結び付けることによって説明されなければならないというわけだ。第一のケースは単純である。（一つの属性に属している）存在の様態としての観念されるもの res ideata は、ある一定の存在する力を有し、また形相的本質の表現でもある。しかし、この対象の観念のほうは、存在する力にではなく思惟する力に関係付けられている。したがってそれは、客観的本質の表現となるのである。これと同じ論理は、第二のケースにも当てはまる。なぜなら、観念は存在の様態でもあるからである。思惟の様態は、どんな属性の様態もそうであるように、形相的本質としての、存在する力に関係付けられることができる。ある観念がこのように考えられると、われわれは別の観念をその観念に結び付けることができるが、今やその別な観念は思惟する力に関係するのである。つまり、この観念の観念は客観的〔想念的〕本質の表現である。したがって、スピノザが述べている共通の関係とは、どちらの場合も、二つの用語が二つの力、すなわち存在する力と思惟する力とに対応しているという事態なのである。しかしこの類似性は、われわれが二つのケースを属性の観点から考えた場合の重要な差異を指し示してもいる。第一のケースでは、観念とその対象との間には、それらが異なった属性の様態であるため、形相的区別がある。一方、第二のケースでは、観念の観念と観念との間には、それらがともに思惟の様態であるため、いかなる形相的区別もない。

この観点から観念と観念の観念との間の統一を見ることができるのは、それらが同一の必然性を持って、同、一、の、思、惟、す、る、力、によって神の中に与えられる限りにおいてである。結果として、二つの観念の間には理性による区別（*distinction de raison*）しか存在しない。つまり観念の観念は観念の形相であり、そのようなものとして思惟する力に関係付けられているのである（p. 126〔pp. 123-24〕）。

ドゥルーズはこの解決で満足している。彼は、意識によって提起された主知主義的な挑戦に対し、異なったレヴェルの力を引き合いに出すことによって、そして最終的には、諸々の区別の有する存在論的階層を持ち出すことによって応えた。意識の力動に含まれている区別は、存在に基礎をおく実在的な区別でも、諸々の属性を異ならせる形相的区別でもなく、理性による〔＝概念的〕区別（*distinction de raison*）に過ぎないのである。われわれは、このことをベルクソンの用語ではっきりと措定することができる。すなわち、意識は本性の差異ではなく、単に程度の差を印づけるものに過ぎない、というものである。それにもかかわらず、精神の反省能力（意識、観念の観念）は、思惟に、他の属性に対するある一定の優越性を与えているということは認めなければならない。しかしドゥルーズの議論は、異なった力と区別を引き合いに出しながら、この優越性が存在論的にはとるに足らないものであることを示そうとしているのだ。

注解——探究 Forschung から提示 Darstellung へ

ここまでの節では、属性間の存在論的並行論に依拠しつつ存在の一義性を守ろうとするドゥルーズの試みをいくつかの例を通して分析した。どの場合でも敵は、何らかの点で思惟に対し実在的な優越性を与えているかに見える、スピノザの存在論の主知主義的解釈である。これまで何度か見たように、ドゥルーズの戦略は、認識根拠 *ratio cognoscendi* を、存在根拠 *ratio essendi* に従属させようとすることにある。確かにドゥルーズの議論はスピノザの存在論、すなわち属性の存在論的並行論に非常に深く依拠している。それでも、彼の議論は、スピノザの心理学と認識論に思惟の優越の問題が繰り返し現れるたびに、説得力を失うようにも見えるのである。ある程度まで、思惟の優越性と諸属性の問題は、スピノザの思想におけるデカルト主義の名残りとして説明されるべきである。しかし、こうした説明だけでは不十分である。属性の理論は、ドゥルーズのスピノザに一つの問題を残している。

ドゥルーズと同じように、存在の一義性の中心的な役割を認めるスピノザ解釈者の中には、スピノザにおける思想上の進展を唱えることによってこの問題を解決しようとした者がいる。たとえばアントニオ・ネグリは、スピノザが自らの思想の第一段階を特徴付ける汎神論的ユートピアから、思想上の完成期における構成主義的反ユートピアへと進むにつれ、属性概念が姿を消していく点を問題にしている。事実、属性は第二部以降（第五部でわずかに姿を見せるだけで）『エチカ』に現れてこない。ネグリはこの事実を、スピノザが『エチカ』を二つの別々な時期、すなわち一六六一年から一六六五年と一六七〇年から一六七五年の二度にわたって書き上げたという歴史的な証拠と結び付けている（『野生の異例性――バルフ・スピノザにおける力と権力』p. 48）。これらの事実からネグリは、この二つの期間の間におけるスピノザの哲学上の転換が、属性概念の廃棄を促していると論じているのである（p. 59）。ネグリの主張は厳しい批判にさらされたが、（たとえ彼の説明を問題にすることができるとしても）それは検討されなければならない二つの論点を示したこともまた事実である。すなわち、属性の理論はスピノザの体系の文脈の中で、相変わらず問題を含んでいること、そして属性概念は『エチカ』の後半では比較的見られなくなること、この二つである。

私には、属性概念の消滅の理由を明らかにするにあたって、ドゥルーズの作業そのものから導き出されるもう一つ別の、あるいは補完的な説明が存在するように思える。ドゥルーズの解釈を一貫して押し進めれば、思惟が属性の理論の中で優越的な地位を占めるのは、限定的で非本質的な意味においてのみである、と主張できるのではないだろうか？　つまり、思惟は人間の思弁における最も重要な手段であるが、属性の理論は問いの様式に結び付いているのである、と。思惟の他の属性に対する優越性について何か実体的なものがあると想定するとしたら、われわれは探究の形式と存在の本性とを混同しているに過ぎない。属性は『エチカ』の中で存在の形相として現れているのではなく、問いの様式として、科学的な探究 *Forschung* として現れているのである。マルクスは *Forschung* と *Darstellung* との間の、すなわち問いの様式と提示の様式との区別をはっきりさせた。「当然のことながら提示の仕方［*Darstellung*］は、探究の仕方［*Forschung*］とは形式上異なっていなければならない。後者は、素材を細部にいたるまで自分のものにし、その様々な発展形態を分析し、それらの内的連関を徹底的に調べあげなければならない。この作業がすっかり終わった後でのみ、現実の運動が適切に提示されるのである」(*Capital*, vol. 1, p. 102〔『資本論(1)』p. 40〕)。この論理にしたがえば、ネグリが歴史上の立場から提示したスピノザの思想の二つの段階は、スピノザの作業の中での二つの契機、あるいは二つのアプローチとみなすことができる。(16)『エチカ』における探究 *Forschung*、すなわち思弁の契機は、存在の「内的連関を徹底的に調べあげるために」属性の理論に依拠している。思惟は、われわれの思弁の様式として、この契機のなかである一定の優越性を与えられる。「この作業がすっかり終わった後でのみ、現実の運動が適切に提示される」とマルクスは言っている。だが存在の現実の〔実在的な〕運動を適切に提示するとは何を意味しているのか? ここで意味されていることは、存在を、それが自らを創出するがままに、その構成の過程の中で提示するということにほかならない。換言すれば、分析的な契機があらゆる地平での区別を明るみに出した後でのみ、この同じ地平が前とは異なったやり方で、すなわち自らの構成の過程の中で存在の「内的な連関」や「現実の運動」を適切に提示する実践的な態度によって横断されるのである。それゆえ『エチカ』の第二部以降で、探究の契機が完了した後では、属性は役割を終え、議論から退いていく。知性改善を促すスピノザの体系を進んでいき、われわれが思弁から実践へと転じるにつれ、いかなる思惟の優越性も次第に姿を消していく。事実ドゥルーズが強く主張するのは、実践の理論においてはスピノザは何よりもまず延長の属性に優越性を与えている、すなわち身体は実践のモデルである、ということである。これは、優越性に関する問いをドゥルーズなりに首尾一貫して説明したものであろう。存在に関して探究する際、思弁の契機においては、精神は第一のモデルの役割を果たしている。これと同様に、スピノザの提示 *Darstellung* において、すなわちわれわれの存在の実践においては、身体が同様の役割を果たすのである。

いかにしてスピノザは、探究から提示への移行、思弁から実践への移行を果たすのか？　ドゥルーズの作業は、これら二つの契機を明瞭にする要《かなめ》ないし軸をなすものが、力という主題であるということをはっきりさせている。スピノザの力の議論は実践の地平に、発展を遂げた存在論的基盤をもたらす。それは、われわれが以前主張したように、根本的な移行、ニーチェ的な変成《トランスミューテーション》＝価値転換つまり真夜中の零時を形作るのである。思弁的な力の探究は、その実践的な提示に席を譲る。したがって、これからはスピノザによる力の主題の展開に関心を移していくことにしよう。

力

第六節　真なるものと十全なもの

属性の問題はスピノザの認識論に触れてはいるが、実際にはその表面を掻いただけにすぎない。ここまで扱ってきたのは、スピノザの認識論の主知主義的解釈に対するドゥルーズの反論についてだった。この反論が何にもまして依拠しているのは、一義性の原理の拡張を通して展開される存在論的並行論の概念である。今やドゥルーズによるスピノザの認識論の積極的な説明に立ち戻り、真の観念よりも十全な観念に注意を向けさせようとするスピノザの提起に耳を傾けなければならない。この十全な観念は、思弁において、真の観念よりも一貫した有用性のあるカテゴリーとしてとらえられている。確かに、スピノザにおける真理と存在との間には密接な関係があるが、この結び付きが明らかにするのは、存在の主知主義的性格ではなく、真理の存在論的基準《クライテリア》なのである。これから見ていくように、スピノザの十全性に関する議論は、認識論的な論争を存在論的平面に引き戻す。この議論における本質的な役割を果たしているのは、存在の内的因果性、あるいは存在の唯一《シン》＝特異《ギュラー》な産出という存在論的な概念である。十全なものは、存在として、すなわち自らの原因を展開し表現するものとして定義されるのである。

スピノザの初期の著作の一つである『知性改善論』の頃から、スピノザは真の観念だけが有する固有の定義とは何かを探究している。実在的な存在がそれ自身の原因であり、それ自身の内部から自らを区別するものを得るように、真の観念は内的な因果性によって定義されなければならない。既に見てきたように、スピノザによれば精神とは、自律的に観念を産出する精神的自動機械であり、思惟の属性のみに関係している。これを基礎にしてスピノザは、真の観念とはその対象（*res ideata*）と一致し対応した観念であるとする伝統的な真理の一致説に対して強力な批判を行なう。この一致説は、先に論じた認識論的並行論にも含意されているものである。形相的な一致しか示さない一致説は、産出の過程をとらえることができず、そのためスピノザにおける真の観念の有する最初の基準を満たすことができない。「一致としての真理の概念はわれわれに、形相的であれ質料的であれ真なるものについてのいかなる定義も与えない。それは純粋に名目的な定義、外在的な名称を示すだけである」（『スピノザと表現の問題』p. 131〔p. 130〕）。認識論においては、外在的名称は真理について不十分な概念を与えるだけであり、ちょうどそれは存在論において、外的原因が、存在に関する不十分な定義を与えるのと同じである。外的定義は、ベルクソンの章で見たように、単に「存続する外部性」（第一章・第一節を参照のこと）しか意味しない。この一致説への批判から既に、存在論的論理こそ、スピノザの認識論的洞察の基礎付けをするものであることが読みとれるのである。

こうした文脈においてみると、デカルトによる真理の条件としての「明晰・判明」という命題は、観念の形相ばかりでなく観念の内容まで扱っている点で、はるかに実りある戦略を提供しているかのように見える。しかしドゥルーズは、明晰・判明の概念は、スピノザの真理の理論から見ると次の三つの点で不十分であると主張するのである。まず第一に、デカルトの命題は観念の内容に言及することにまさしく成功しているにもかかわらず、その言及は「表象的《レプリゼンタティヴ》な」内容であるため依然として表層的なままである(p. 132〔p. 130〕)。明晰・判明な観念の内容は、実在的な内容ではあり得ない。なぜなら「明晰・判明」によって、その観念の作用因が認識され把握されることはないからである。精神が霊的な自動機械である以上、あらゆる概念の最近原因は常に他の概念であることが理解されるが、表象の表層性とはまさにこの原因からの分離にほかならない。第二に、明晰・判明な観念の形式は、一種の「心理的な意識」であるという点で表層的なままである(p. 132〔p. 131〕)。このデカルトの定式は、諸観念相互の連結や秩序を説明する、観念の論理的な定式に到達することはない。この第二のケースでの表層性とは、われわれの思惟する力にほかならない観念の形相的原因からの分離から生じるものである。第三に、デカルトの概念は、真の観念の持つ内容と形式との統一を提示するにはいたらない。換言すれば、デカルトは「しかるべき秩序の中で諸観念を産出しつつ実在を再生産する」霊的自動機械を理解しないのである(p. 152〔p. 154〕)。一言で言えば、「明晰・判明」の戦略に対する批判はどれも、この方法が観念そのものに言及しているだけなのに、真なるものを定義しようとしているという事実に対して向けられている。すなわちデカルトの戦略は、観念の原因を扱ってはおらず、そのため観念の産出の過程を説明できないのである。繰り返すが、因果性と産出に焦点を当てることによってしか、スピノザによる真理への存在論的アプローチを理解することはできない。ドゥルーズは以上のような批判と、表現の概念とを結び付ける。表現的であるためには、観念はその原因を説明し展開しなければならない。「明晰・判明な観念はまだ非表現的であり、説明されないままである。それは再認には都合がよいが、認識に関する真の原理を与えることはできない」(pp. 152-53〔p. 154〕)。まさに明晰・判明としての真理の概念は、真の観念をその原因によって表現し説明することができないために、根本的な問い——どこから真理は生じ、それはわれわれのために何をなしうるのか？　あるいはニーチェが問うであろうような、なぜわれわれは真理を欲するのか？　という問い——に答えるための条件を与えてくれない。それに対し、真理に関するスピノザ的な定義は、因果性、産出、そして力の表現を必ず含んでいるのである。

明晰・判明な観念の存在論的な批判は、スピノザが真の観念から十全な観念へと移行するための条件を整備する。スピノザにおける真理概念の本質的な特徴は、ある観念とその原因との内的関係にある。「十全な観念とは、厳密に言えばその原因を表現しているものとしての観念である」(p. 133〔p. 132〕著者変更)。この主張とデカルトの理論とは、先に示した三つの点のすべてにおいて対照をなしている。第一に、十全な観念はその内容を、近接した作用因(他の観念)の表現として示す。第二に、十全な観念の形式はその形相的な原因(思惟の力)によって表現される論理的な形式である。「十全な観念とは、それ自身の原因を表現し、われわれ自身の力によって説明される観念のことである」(p. 151〔p. 153〕)。第三に、十全な観念の内容と形式は、思惟の属性に内在する運動の中で結び付けられている。「観念の連結において現れる霊的自動機械は、論理的形式と表現内容との統一である」(p. 153〔p. 154〕)。デカルトの明晰・判明を、認識論の存在論化とも言える十全性の概念で置き換えようとするスピノザの主張がここにある。「スピノザの存在論は、自己原因、それ自身におけるそれ自身による原因という概念に支配されている」(p. 162〔p. 165〕)。スピノザの認識論もまた、存在論と同様に、因果性への注視によって特徴付けられる。真理は存在と同様、それが自らの原因を包含し展開する限りにおいて唯一＝特異なものである。スピノザの認識論は、十全な観念によって表現される因果系列によって、すなわち真なるものから十全なものへの運動によって、存在論的な性格を帯びる。認識論におけるスピノザの革命は、存在を唯一＝特異なものとして規定するこの存在論的基準を、真理の領域に適用した点にある。アメリカの優れた〔スピノザ〕注釈者の一人であるトーマス・マークによれば、ドゥルーズが明らかにしているのは、スピノザの真理の理論が「存在論的真理」の理論であるということなのである(17)。

十全な観念は表現的であり、非十全な観念は無言《ミュート》〔非表現的〕である(18)。換言すれば、十全な観念を他と区別する特徴は、十全な観念が、その作用因や形相因の直接的な表現を通して、存在の構造や連結に関する(あるいは少なくとも思惟の属性に関する)何がしかのものをわれわれに教えてくれる点にある。存在論的な観点から見ると、非十全な観念は何もわれわれに教えてはくれない。なぜなら非十全な観念の地位は、思惟の産出的構造の中に据えることはできないからである。非十全な観念は、霊的自動機械の動的な因果機構の中に位置付けることができないのだ。したがって十全な観念が重要だとしたら、それは十全な観念がその原因の表現によって、われわれの思惟する力を増大させるという点にこそある。つまり、より十全な観念をわれわれが持てば持つほど、われわれは存在の構造や連結を知るようになり、われわれの思惟する力能は増大するのである。十全性は伝播しやすく、常により大きな表現を生じる源になる。「精神の中の十全な観念から精神の中に生ずるすべての観念は、同様に十全である」（IIP40）。だがスピノザは、この主張と併せて、われわれの条件についての現実主義的な判断も述べている。われわれが持つ観念の大部分は非十全な観念である、と。この点から、スピノザが先に挙げたニーチェの問いにどのように答えるかが明らかになる。すなわちわれわれは、自らの思惟する力を増大させるために、真理を、あるいはむしろ十全性を欲するのである。十全な観念による戦略は、真理の問題を力の企てに変える。しかしいったん力の問題が議論の中に入ってくると、この認識論的言説は直ちに倫理的な企てへと変容する。「スピノザは問いかける——われわれのなしうることからわれわれの力をそらし、われわれを分離する非常に多くの非十全な観念を必然的に持っているにもかかわらず、いかにしたらわれわれは十全な観念を形成し産出するようになるのか？　と」（p. 148〔pp. 149-150〕著者変更）。認識論的なものから倫理的なものへのこの転換点で見い出されるのは、唯一＝特異性の原理（自己原因としての絶対的に無限な存在、その原因を包含するものとしての十全な観念）と力の原理（産出性としての存在、創造としての真理）とを結合した一つの実践的原理にほかならない。すなわち、唯一＝特異性の原理は十全な観念を定義する条件をわれわれに与え、力の原理はこの定義を一つの企てにまで変容させるのである。

先に進む前に、存在論的並行論とそれがスピノザの十全性の概念との間で持っている関係の重要性を簡単に確認しておきたい。先に述べたように、ドゥルーズによる存在論的並行論の概念が支持されるためには、原理上、一つの属性の性格ないし運動がある意味で他の属性のそれと一致しなければならない。

なぜなら根本的にはすべての属性は、存在の性格と運動に等しく関係しているからである。真理の概念は、この理論を試すための興味深い手段となる。たとえばデカルトの理論にしたがえば、われわれは、精神における明晰・判明な観念の概念、あるいは精神における明晰・判明な活動の概念とはまったく別個に、身体における何らかの明晰・判明な活動の概念を措定するよう強いられるだろう。デカルトの真理は運動と産出を説明しないので、そのままそれを身体的平面に適用することはできないからだ。一方スピノザの十全性は、存在そのものの本性と、その産出の系譜に関わっているので、あらゆる属性に等しく適用することができる。精神における十全な活動と同様、身体の十全な活動は、それが自らの原因を説明し包含している点で表現的である。十全なものとは、存在の産出的力動を開示するものなのである。

第七節　一つの身体は何をなしうるか

十全性の概念によってスピノザは、その認識論的枠組みを、最初の倫理的問い、最初の力の問いを提示することが可能な地点にまで展開させられるようになる。スピノザがわれわれを導いている極めて峻厳な道は、非十全な観念から十全な観念へと進むようわれわれに命じるはずだ。この倫理的な目標を、より一般的に言えばわれわれの思惟する力の増大として、さらに一般的に言えばわれわれの存在し活動する力の増大として提示するのは簡単である。いかにしたらわれわれはわれわれの存在する力を増大させることができるのか？　あるいは神学的な用語で言えば、いかにしたらわれわれは神（存在し活動する無限の力）に近づくことができるのか？　と。しかしながら、このような認識論的基礎付けだけをもってしては、どのようにしてこの作業が可能なのかはほとんど見えてこない。依然としてわれわれは倫理的実践に乗り出すことができないのである。事実、目標に取りかかるための何らかの特定の具体的手段もなしに、そうした大まかな用語で倫理的問いを提示することは、内容もなく無意味である。

今や、より進んだ思弁の契機が必要とされている。スピノザは精神を、思弁の最も重要なモデルとして扱っている。今度は観点を、身体《ボデイ》＝物体に、認識論から物理学〔自然学〕に向けなければならない。なぜなら実践のモデルを明らかにするのは身体《ボデイ》だからである。「スピノザは、諸々の身体の関係を知り、どのようにそれが構成されているかを知るために、身体の経験的な研究を通過しなければならないことを認めているように見える」（『スピノザと表現の問題』p. 212〔p. 217〕）。しかしながら物理学から倫理学へのこの長い移行の過程で見ることになるのは、十全性の基準《クライテリア》、原因を表現し包含する際の基準こそが、スピノザの議論の展開の中心であり続けているということである。スピノザの物理学は、諸身体の相互作用——諸身体の出会い、それらの合成と解体、それらの適合性（あるいは構成可能性）、それらの衝突——の法則を規定しようとするための経験的な探究にほかならない。一つの身体は、安定したあるいは静的な内的構造をもった不動の編成単位《ユニット》ではない。むしろそれは、その内的構造や外的限界がたやすく変動する動的な関係なのである（IIP13Def）[19]。身体の動的な本性、言い換えれば身体の内的ダイナミズムの連続的な流れをこのように提示することによって、スピノザは諸身体の相互作用の豊かな認識を得る。二つの身体が接するとき、二つの動的な関係の間に、一つの出会いがある。すなわちそれらは互いに無関係か、それとも一致して、一緒に新しい関係、一つの新しい身体を構成するか。あるいはむしろ、毒が血液を分解するように（ハインリッヒ・オルデンブルク宛書簡三十二を参照）、それらは不一致のため一方の身体が他の身体の関係を解体し、破壊するか。運動と静止、統合と衝突の中で諸身体＝物体が形作るこの物理的世界は、より深く力の機能と構造を探究できるようになるための文脈を与えてくれる。「実際に力の用語で考えるためには、人は何よりもまず身体に関する問いを立てなければならない」（p. 257〔p. 267〕）。スピノザの物理学は彼の倫理学の礎石なのである。

ドゥルーズは、『エチカ』第三部冒頭の注解にある次の一文に魅了されている。「身体が何をなしうるかを規定した者はまだ誰もいない……なぜなら、身体の機能のすべてを説明しうるほど正確に身体の構造を知っている者は誰もいないからである」（ⅢP2S）。力の問題（一つの身体は何をなしうるか）は、直接身体の内的な構造に結び付いている。このことはわれわれの探究の最初の方向を描き出す。すなわち、力の本性を理解するためには、まず身体の内的構造を発見しなければならず、身体の統一をその分節の線、その本性の違いに沿って解体しなければならないということである。ドゥルーズが注意を促すのは、この構造の探究は活動力（自発性）の観点ではなく、触発される力の観点から行われなければならないということである。「一つの身体の構造とは、その関係の構成のことである。一つの身体がなしうることは、その触発される力の本性とその限界に対応している」（p. 218〔p. 222〕）。したがって被触発性《アフェクティヴィティ》の地平は、われわれの思弁の地平を用意し、身体内部の区別、力の内部の区別を一層明確にしてくれるはずだ。

この力というモデルの最初の段階で見ることになるのは、触発される力が能動的変様と受動的変様によって満たされるということである。この区別の重要性は明白だ。われわれの触発される力が能動的変様によって満たされている限り、それは直接的にわれわれの活動力に結び付いているが、われわれの触発される力が受動的変様によって満たされている限り、それはもっぱらわれわれの感じたり影響を受けたりする力（*puissance de pâtir*）に結び付いてしまう。受動的変様は、実際には、われわれの無能力を印づけているにすぎない。繰り返しになるが、この議論の本質をなす論理は、表現と産出に関係している。つまり能動的なものは受動的なものから、原因との関係で区別されるのである。「われわれが影響を被る力は、何ものも肯定しない。なぜならそれは何ものも表現しないからである。それが〈包含する〉のはわれわれの無能力、すなわち、われわれの活動力のもっとも低い度でしかない」（p. 224〔p. 229〕著者変更）。先に、触発される力は、それが常に完全に能動的変様と受動的変様によって満たされているという点で、存在の充満を示していると指摘した。しかし触発される力が充満として現れるのは、身体的観点から見た場合だけである。倫理的観点からは、逆に、触発される力はその構成のされ方に応じて幅広く変化する。それが受動的変様によって満たされる限り、触発される力はその最小の度にまで減少するが、それが能動的変様によって満たされる限り、触発される力は最大の度にまで増大するのである。「ここから倫理的問題の重要性が生じてくる。われわれは一つの身体が何をなしうるかを知りもしない、とスピノザは言う。すなわち、われわれはどんな変様を自分たちがとりうるかも、自らの力がどこまで及ぶかについても知りさえしないのである。どうしてこのことを前もって知ることなどできようか？」（p. 226〔p. 231〕）。したがって次のことは、倫理的な企ての地平を準備するにあたっての最初の課題となる。すなわち、われわれがどのような情動をとりうるかを探究し、われわれの身体が何をなしうるかを発見すること。

スピノザのコナトゥス *conatus*（あるいは自己保存の努力）の理論は、ドゥルーズの思想にとって極めて重要なポイントをなす、産出と肯定とが交わる地点を示している。「あれこれの変様《アフェクション》=感情によって規定されるコナトゥスの変化は、われわれの活動力の動的な変化そのものである」（p. 231〔p. 238〕）。コナトゥスは、力の存在論的原理の、身体における具体的な現れにほかならない。一方でコナトゥスは、存在が産出的である限りにおける、存在の本質である。それは、世界そのものとしての存在に活力を与える動力なのである。この限りでコナトゥスは、存在を自発性、純粋な能動性であるとしたルネサンス自然主義の遺産をスピノザが引き継いだものであると言える。しかし他方でコナトゥスは、それが感応性《センシビリティ》であるという点で、力の存在論的原理における具体例でもある。コナトゥスは精神や身体の能動ばかりではなく受動によっても動かされる（たとえばⅢP9を参照）。この自発性と被触発性の見事な綜合こそ、力の存在論的原理とコナトゥスとの間の連続性を特徴付けているのである。

ここでこの倫理的な企ては、経験主義的現実主義の契機を要求するようになる。スピノザがわれわれの身体の状態、われわれの力の状態を評価しようとするとき注目するのは、われわれの触発される力は必然的に受動的な変様によってかなりの部分満たされてしまうという点である。神あるいは自然は、完全に能動的な変様によって満たされている。なぜなら、それにとって外的な原因が存在しないからである。しかしながら、「人間が存在に固執する力は限られており、外部の原因の力によって無限に凌駕される」（ⅣP3）。われわれの力が自然全体の力によって凌駕されている限り、そして外部の力がわれわれ自身の力より強力である限り、われわれは受動的な変様によって満たされるだろう。このように受動的な変様がわれわれの存在の大部分を構成している以上、その変様の中でさらに重要な区別をすることが可能かどうかを知るためにも、われわれは探究の焦点をこうした変様にこそ向ける必要があるのだ。

延長の領域では、受動的な変様は、われわれの身体と他の身体との間の出会い――われわれによって引き起こされたものではないがゆえに無秩序に現れる出会い――によって特徴付けられる。それゆえ受動の秩序は、偶然の出会い〔遭遇〕の秩序、*fortuitus occursus* の秩序である（p. 238〔p. 245〕）。しかし二つの身体の間の単純な出会いは、分析を進めるにあたって極めて豊かで複雑な現場を見せてくれる。なぜなら、一つの身体そのものは、静《スタティック》的な構造を持った固定的な単位ではなく、その内的構造と外的限界が開放的で絶えず変化にさらされている動的な関係だからだ。先に指摘したように、スピノザが身体とか個体とみなしているものは、整合的な諸要素からなる暫定的に安定している一つの組み合わせ《アセンブリッジ》にすぎない（『エチカ』ⅡP13Def）。したがって二つの身体の間の出会いは、互いの関係が形作る構成可能性ないし構成不可能性によって特徴付けられる。身体とその相互作用の動的な概念がこうして与えられてから、ドゥルーズは、偶然の出会いには二つのケースがあることを提示する。これは、われわれが二つのタイプの受動的な変様を区別することを可能にし、この力のモデルへと一段深く降りることを可能ならしめるものである。第一のケースでは、その内的関係が私の身体の内的関係と一致する身体と私は出会い、二つの身体は共に新しい関係を構成する。そのときこの外的身体は、「私の本性と一致している」、あるいはそれは私にとって「よい」または「有益である」と言える。さらに、この出会いは私の中に、それ自身私の本性と合致し、私の本性にとってよい変様《アフェクション》＝感情を生み出す。それは、私の活動力を増大させるという点で、喜びの出会いなのである。したがって、偶然の出会いの第一のケースは、喜びの受動的感情《アフェクション》をもたらす。なぜならこのケースは、「構成可能な」関係を示し、その結果私の活動力を増大させるからである。一方、偶然の出会いの第二のケースでは、私はその内的関係が私の身体の内的関係と一致しない身体と出会う。この身体は私の身体と合致しない。この場合は、一方の身体が他方の身体の関係を解体するか、両方の身体が解体するかのどちらかとなる。どちらの場合でも重要なことは、身体は自らと一致しないものから力を得ることはできないため、いかなる力の増大もないということである。この出会いは、力の減少をもたらし、それによって生じる変様《アフェクション》=感情は悲しみとなる。もちろん実際の出会いは、これら二つの極端なケースよりははるかに複雑である。一つの出会いの中にも、様々な度合いの部分的な一致と部分的な衝突があるだろうし、感情は、無数の仕方で結び付くことが可能だからだ（私が憎むものの悲しみが私に喜びをもたらす、等々）。しかしこれら二つのケース、喜びの受動的感《アフェクション》情と悲しみの受動的感《アフェクション》情はわれわれに、出会いに関して考えられ得る両極のケースを提供している。そしてわれわれはこの両極のケースを用いて、さらなる区別を措定することが可能となり、力のモデルの第二のレベルを描き出せるようになるのである。

ここでもう一度スピノザの現実主義に立ち戻らなければならない。喜びの出会いと悲しみの出会いの相対的な頻度はどれほどなのだろうか？　原理上は、というより抽象的には、人間は本性上一致し、人間同士の出会いは純粋に喜びのはずである。しかしこれがあてはまるのは、われわれの触発される力が能動的な変様=感情によって満たされている場合だけである。「人間は受動に従属する限りにおいて、本性上一致するとは言われ得ない」（ⅣP32）。それゆえ、実際には、人間が互いに一致することは極めて少なく、偶然の出会いの大部分は悲しみなのである。

身体の構造を探究するにあたって違いが認められたどの段階においても、人間の条件が、多くの場合

存在する力　＝　触発される力

／　＼

能動的変様《アフェクション》　受動的変様《アフェクション》

／　＼

喜びの受動的感情《アフェクション》　悲しみの受動的感情《アフェクション》

等式の弱い項のほうに依存しているということはやはり認められなければならない。つまり、われわれの触発される力は大部分、能動的な変様《アフェクション》＝感情ではなく受動的な変様＝感情によって満たされており、さらにわれわれの受動的な変様＝感情は大部分、喜びの受動的感情《アフェクション》ではなく悲しみの受動的感情《アフェクション》によって構成されているのである。スピノザによる人間の条件のこの悲観主義的な評価に落胆させられる人も少なくないはずだ——しかしそんなことでは、この企ての重要なポイントを見逃すことになる。力の内的構造の探究とわれわれの条件の現実主義的評価は、倫理的実践の基礎を提供することができるように倫理的問題を鍛え上げることを目指しているのである。悲観主義と見えるものは、スピノザの実践的な遠近法である。このアプローチの深い意味を評価するためには、典型的なニーチェの倫理的命令——能動的であれ——を考えてみればよい。そのような倫理的命題はいかにして倫理的実践に転換され得るというのだろうか？　別の言い方をすれば、ニーチェを通して、能動的になるという欲望と力（そしてこの意味における善）とをはっきり認識することができるようになるにもかかわらず、われわれは実践においてそれを追求するための手段を何も見い出せないのである。スピノザもまた倫理学を、能動的になるという問題としてとらえてはいる。しかし彼は、もう一段深いところを掘り下げ、その倫理的見地を拡充しているのだ。「スピノザにおいては倫理的問題は結局次の二つの部分に帰着する。すなわち、いかにしてわれわれは能動的変様＝感情を生み出すことができるようになるか？　しかし何よりもまず、いかにしたら喜びの感情を最大限に経験することができるようになるか？」（p. 246〔p. 255〕）。力の探究を通して、スピノザは今や、思弁から実践への転換のための地平を準備した。この地平こそが、彼の倫理学を始動させることになるだろう。

実践

第八節　共通概念――構成可能な存在の組み合わせ《アセンブリッジ》

スピノザが行なった力の構造の分析と人間の状況に対する現実主義的判断によって、われわれは思弁の限界に到達した。人間の状況はもっぱら力の最小限の地点に存している。この立場を承認するとき、真に倫理的な立場をも承認することが可能となる。これは思弁の終わりであり、実践の始まりである。つまり変成＝価値転換《トランスミューテーション》の瞬間――真夜中の零時である。スピノザの思弁は力の領域を解き明かし、その第一の構造を規定する。今やわれわれはこの思弁的な力動を実践的な企てに転換しなければならない。いかにしたらこの変成＝価値転換を果たすことができるだろうか？　倫理的企てを始動させる原動力をどこに求めたらよいのだろうか？　ドゥルーズが与えてくれる最初のヒントは、視点を肯定から喜びへと向けかえよ、ということである。「喜びの意味はまさしく倫理的意味として現れる。それの実践に対する関係は、肯定それ自身が思弁に対して持つ関係と同じである」（『スピノザと表現の問題』p. 272〔p.

285])。換言すれば、喜びとは、それを実践的に構成する契機のただ中で存在を肯定することにほかならない。われわれの力の増大は、存在そのものの肯定的構成なのである。しかしながら、いかにしてこの実践が喜びから始まるかということは、自明ではない。ちょうどニーチェの倫理的命令「能動的であれ」と同じように、スピノザの「喜びに溢れよ」という命令は、実践的な企てを始めるためのメカニズムを欠いている。ドゥルーズは、この企てを反対側から提示するという別の方針を試み、より実践的な推力をそれに与えている。すなわち、『エチカ』における第一の実践的な課題とは、悲しみと闘うことであると彼は主張するのである。「悲しみの諸感情の価値を切り下げること、さらにそうした感情を培いながらそれに依存する人々を告発することは、哲学の実践的な目標を形作る」(p. 270〔p. 283〕、『スピノザ――実践の哲学』pp. 25-29〔pp. 28-35〕も参照のこと)。もっとも既に、われわれの情念の大部分は悲しみの情念であるということ、身体間の偶然の出会いの大部分は互いに相いれない破壊的なものであるということは指摘しておいた。そのような状態からわれわれはいかにしたら喜びの実践を始めることができるのだろうか? 悲しみに対する攻撃と言うだけでは依然として、最初の実践的手がかりを欠いているのである。

何よりもスピノザによる身体の物理学をもっとよく検討することから始めなければならない。「身体の機能のすべてを説明しうるほど正確に身体の構造〔*fabrica*〕を知っている者は誰もいない」(ⅢP2S)。スピノザは、この構造という言葉で何を意味しようとしているのだろうか? 「それは、身体における諸部分の間にある関係のシステムである」とドゥルーズは説明する。「これらの関係が一つの身体と他の身体との間でどのように変化するかを探究することによって、われわれは二つの身体の間の類似性を、それらがどれほど異なっていようとも、直接規定する方法を持つのである」(p. 278〔p. 292〕)。身体を構成する構造ないし関係の探究を通して、われわれの身体と別の身体との間に存在する共通の関係を認識することが可能となる。われわれの身体と、共通の関係を有するこの別の身体との出会いは、必然的に喜びに満ちている。なぜなら、この共通の関係が、適合性と新しい関係を構成する機会を保証するからであり、それによってわれわれの力は増大するからである。このように、身体の分析をすることによってはじめて、実践的な企てが開始されるようになる。諸々の身体の間の、類似した構成や関係を認識することによって、喜びという最初の倫理的選択にとって必要な基準が得られるのだ。たとえば、われわれは適合する出会い(喜びの情念)を大切にし、適合しない出会い(悲しみの情念)を避けることができる。この選択をするとき、われわれは共通概念を作り出している。「共通概念は常に、存在する諸様態における構成関係の類似性の観念である」(p. 275〔p. 289〕)。このように共通概念の成立は、倫理的企てにおける最初のステップを形作るのである。

しかしながら共通概念の産出に関するこの概念は、実践的と言うにはまだ厳密さの点でほど遠い。ドゥルーズが指摘するように、われわれはより大きな一般性を持った共通概念とより小さな一般性を持った共通概念とを区別しなければならないのである。最も大きな一般性を持った共通概念は、極めて一般的な観点から類似性を認識する。それは最大の場合、延長とか運動と静止のようなすべての身体に共通なものを含んでいる。この非常に一般的な共通概念は、しかしながら、われわれにとっては最も有用性が低い共通概念である。もう一方の一般性が最も低い共通概念のほうは、実際に、われわれにとって最大の有用性を直接示してくれる共通概念である。この共通概念は、局部的な見地から見て直接互いに合致している二つの身体の間にある、類似した構成関係を表す観念にほかならない。ちょうど力の内的構造の深部へと次第に分け入ったように、実践的な企てを始めるためには、ここでもまた最も低い、最も局部的な共通性のレヴェルにまで降りていかなければならない。「こうした一般性の最も小さい共通概念によって、われわれは様態間の一致を理解する。それは、偶然に観察された一致の外的な知覚を越えて、構成関係の類似性の中で、諸身体の一致にとって内的で必然的な理由を見い出すのである」（p. 276〔p. 289〕）。したがって、とりわけ最も個別的なケースで、次のことが明らかになる。すなわち共通概念は内的論理を発見すること、共通概念はその原因を説明すること、換言すれば、共通概念が十全な観念であること、この三点である。「共通概念一般は必然的に十全な観念である。換言すれば、形相的には共通概念はわれわれの思惟の力によって説明される観念であり、質料的には、神の観念を自らの作用因として表現する観念である」（p. 279〔p. 293〕）。共通概念によってわれわれは、十全な観念をわれわれ自身のために構築する手段を与えられるのだ。

われわれが持つ最初の十全な観念は二つの身体の間で共通な何ものかの認識である。この十全な観念は、他の十全な観念に直ちに結び付く。このようにして、能動的になるための構成主義的な企てが開始される。しかしドゥルーズは、この最初の契機を自分が十分に実践的な用語で提示し得たとは思っていない。「とはいえ、もしわれわれがいかにして共通概念を形成するにいたるかを説明しない限り、それが奇跡のように生ずるかのように思われる危険がある……まさしく問題は、いかにしてわれわれは、恵まれた条件の中で共通概念を形成するのか？　いかにしてわれわれの活動力に到達するのか？　ということである」（pp. 280-81〔p. 295〕）。スピノザの共通概念の理論を考える際、二つの危険な解釈上の誤りを避けるよう注意しなければならない、とドゥルーズは警告する。共通概念に関する最初の誤りは、「数学的な意味にとらわれて、その生物学的な意味を見過ごすこと」(p. 281〔p. 295〕)である。共通概念が、思惟の論理ではなく、何よりも身体の物理学に関するものであったことを思い出そう。共通概念は、デカルト的な数学的世界よりむしろ、ホッブズ的な唯物論的地平から生じてきたものとして位置付けられるほうが望ましいのである。共通概念に関して犯しがちな第二の解釈上の誤りは、「思弁的な内容にとらわれて、その実践的な機能を見過ごすこと」(p. 281〔p. 295〕)である。共通概念が『エチカ』の第二部に最初に導入されるとき、それらはまさにその論理的秩序において、つまりあくまで思弁的観点から導入されている。この思弁的提示によれば、共通概念は最も一般性の大きいもの(運動、静止等々)から最も一般性の小さいものへ移行するものとみなされる。第五部における共通概念の実践的な進み方は、これとは全く逆である。われわれは最も一般性の小さいもの(二つの身体の間のある特定の合致する関係)から最も一般性の大きいものへと進んでいくのである。共通概念は、第一義的には分析のための思弁的形式ではなく、構成のための実践的道具なのだ。

ここで実践に乗り出すにあたってわれわれは、自分たちが、偶然によって、自らの身体と適合する出会いを既に経験していると仮定することが可能である。スピノザの『知性改善論』における有名な認識論的出発点〈habemus enim ideam verum〉(われわれは真の観念を持っている、あるいはわれわれは少なくとも一つの真の観念を持っている)は、身体と情念の領域へと移し替えられ、〈habemus enim affectionem passam laetam〉(われわれは少なくとも一つの喜びの受動的感情を持っている)とされることができるのだ。この喜びの経験は、倫理的な前進を開始する引き金となる。「われわれが自分たちの身体と合致する身体と出会うとき、われわれが喜びの受動的感情を経験しているとき、われわれはその身体とわれわれの身体との間にある共通のものの観念を形成するように促される」（p. 282〔p. 297〕）。この過程は喜びの経験とともに始まる。合致する身体とのこの偶然の出会いによってわれわれは、共通の関係を認識して共通概念を形成するか、それを形成するように促されるのである。けれどもここで起こっているのは二つの過程であり、ドゥルーズはそれを区別し続けなければならないと主張する。第一の契機においては、われわれは、われわれの活動力を減少させる悲しみの情念を避け、喜びの情念を積み重ねようと努力する。この選別の努力はわれわれの力を増大させるのだが、しかし能動的になる地点にまではいたらない。喜びの情念はすべて外的原因の結果であり、常に非十全な観念を指し示しているからである。「それゆえわれわれは、喜びの情念の助けを借りて、いくつかの外部の身体とわれわれの身体とに共通なものの観念を形成しなければならない。なぜならこの観念だけが、共通概念だけが十全だからである」（p. 283〔p. 298〕）。最初の契機、すなわち喜びの情念の蓄積は、われわれに十全な観念をもたらしてくれる跳躍の条件を整えるのである。

この第二の契機、すなわち喜びの情念から共通概念への「跳躍」についてより詳しく見てみよう。いかにしてわれわれはこの跳躍をなすのだろうか？　どのようにしたらわれわれは十全な出会いをすることができるようになるのだろうか？　喜びとは、われわれの本性と一致する感情の経験であり、われわれの力を増大する感情にほかならない。同じ一つの喜びとはいっても、それは喜びの受動的感情と喜びの能動的感情とによって構成されている。唯一の違いは喜びの受動は外的原因から生じ、喜びの能動は内的原因から生じるということである。「スピノザが、理性に一致するものはそこから生ずることができると主張するとき、彼が意味しているのは、あらゆる受動的な喜びから、ただ原因によってのみ区別される能動的な喜びが生じ得るということである」(pp. 274-75〔p. 288〕)。受動的な喜びから能動的な喜びへの移行は、外的原因を内的原因に置き換えることを意味している。もっと正確に言えば、それは出会いそのものの中にある原因を包含し、把握することを意味している。この身体的論理は、われわれが以前論じた十全性に関する認識論的論理と並行する。すなわちそれは、二つの身体の間にある共通の関係を表現しため十全である(そして能動的である)。この新しい出会いは、自らの原因を表現している。しかし原因を包含するこの作用は、喜びの情念が必然的に共通性の状態を提示しているという事実をわれわれが認識するまでは、曖昧なままであるほかない。喜びの情念は、われわれの身体と共通な関係からなる外部の身体からのみ生ずることができる。われわれの精神が、この身体とわれわれの身体との間で分有されている共通の関係(共通概念)の観念を形成するとき、喜びの感情は受動的であることをやめ、能動的になるのである。「喜びの感情はわれわれの出発点であった受動的感情から区別される。しかしそれはその原因によってのみ区別されるのである。すなわち、その原因は、われわれと一致する対象の非十全な観念ではなく、その対象とわれわれ自身にとって共通なものについての必然的に十全な観念である」(p. 284〔p. 299〕)。スピノザが「受動という感情は、われわれがそれについての明瞭で判然とした観念を形成するや否や、受動であることをやめる」(VP3)と主張することが可能なのは、出会いの原因を包含し、把握するこの過程によるものである。出会いの原因を包含する過程は、このようにして能動性と十全性への「跳躍」を形作るのだ。

ドゥルーズによれば共通概念は、スピノザの思想における思弁から実践への変容の完成を印づける

「存在論的断絶」を構成している。「共通概念は『エチカ』における根本的な発見の一つである」(p. 292〔p. 308〕、『スピノザ――実践の哲学』の第五章、特にp. 114ff.〔p. 98ff.〕も参照のこと)。実践的見地の確立とともに、スピノザは根本的に新しい存在論のヴィジョンを提供した。存在はもはや所与の配列や秩序とはみなされ得ない。ここにおいて存在は、構成可能な諸関係の組み合わせ《アセンブリッジ》となるのである。しかし忘れてはならないが、存在論的な構成にとっての本質的な契機とは、依然としてスピノザの言う、因果性と存在の「産出性」と「能産性」とに注目することなのである。共通概念は、新しく、より力のある関係、新しくより力にあふれた身体を創造するための、二つの構成可能な関係の集合にほかならない――けれどもこの集合は、その過程が新しい身体自体の内部にある原因を包含しているという点で、単なる偶然な出会いではなく、存在論的な構成なのである。われわれは突然『エチカ』の冒頭の定義に立ち戻らされる――「自己原因によって私は解する……」〈Per causam sui intelligo...〉。しかし今度はわれわれはそれをまったく別の姿勢で読むことになるのだ。*causa sui* すなわち自己原因は、新しい実践的な意味を獲得する。スピノザの存在論的構成の本質的な特徴をなすものとは、それが十全性すなわち存在の因果連鎖の表現であるということである。共通概念および存在論的組み合わせを成立させるための実践的な戦略は、存在論的探究を倫理的な企て――能動的になること、十全になること、存在そのものとなること――へと練り上げた。スピノザの実践は、スピノザの思弁の分析が下に向かいつつ構築したその同じ梯子を、上に向かって登ろうとする。構成主義的実践が規定しているのは、次のような産出的な流れである。喜びの受動的感情《アフェクション》→共通概念→能動的感情《アフェクション》。

思弁は力の地平を描き出した。そして今や実践がその地平に宿り、その内的構造に生気を吹き込んで

能動的な感情《アフェクション》　　　受動的変様《アフェクション》

↑　　　　　　　　　／　　＼

（共通概念）←　喜びの受動的感情《アフェクション》　　悲しみの受動的感情《アフェクション》

いるのである。実践は、存在の関係を下から構築しながら上昇していく。この活動全体に力を与えている原動力はコナトゥスにほかならない。スピノザの物理学が倫理的な地平に移されるとき、そこにあるのは、もはや単に運動と静止における身体＝物体ではなく、欲望で満たされた身体である。悲しみから喜びに、受動から能動に移行するにつれ、われわれは自らの力を増大させる道筋を見い出していく。絶えず心に留めておかなければならないのは、この身体的・精神的改善の道筋が、単に漠然とした倫理的命令として提示されているのではないということである。スピノザが「能動的であること」を目標として提示するとき、彼はこの目標に到達する実践的な手段をも提示しているのだから。「共通概念およびわれわれの能動的であることのうちには、まさに習得の過程がある。われわれはスピノザ主義における形成過程の問題の重要性を見過ごしてはならない」（p. 288〔p. 304〕）。スピノザの示す至福への道筋は、力を習得する期間であり、徳を形成する過程なのである。

第九節　理性の構成

スピノザの実践は常に身体をモデルとして始まる。しかし、共通概念は身体的な領域から出発しながら、身体の理論に並行する観念の理論をも構築している。『エチカ』の第五部冒頭に見られるこの構成主義的認識論は、第二部で提示されている所与の、前もってでき上がっている認識論とは根本的に異なっている。そしてこの差異は大部分が、第三部と第四部の身体的平面で達成された思弁から実践への転換に拠るものなのである。

『エチカ』の第二部でスピノザは共通概念に関して、その思弁的内容を考えている。彼はそれを所与のものあるいは潜在的に所与のものと想定している……『エチカ』の第五部の冒頭においてスピノザは、所与のものとして想定された共通概念の実践的機能を分析する。この機能は、共通概念が感情の十全な観念の原因である、すなわち、能動的な喜びの原因であるということから成り立っている（『スピノザと表現の問題』p. 286〔p. 302〕）。

二つの認識論的議論が、同じカテゴリーと用語法を共にしている。しかしそれらは、別々の観点から、別々の姿勢で問題にアプローチしているのである。第二部の思弁的契機においては、スピノザは三つの異なった種類の観念の数学的、論理的秩序を展開してみせるが、第五部になるとスピノザの実践的パースペクティヴは、認識論的秩序を作動させていく。今や共通概念は、構築的動因ないし組み合わせ《アセンブリッジ》と考えられ、精神が受動から能動へ、非十全な観念から十全な観念へ、表象知から理性へと移行するメカニズムとされるのである。共通概念を形成することは、理性を実践的に構成することにほかならない。

認識論が実践において構成されうるという理論は、知性の物質性という考えに基づいている。これはスピノザの思想を、哲学的には唯物論的伝統に置きつつ、歴史的には近代産業社会の黎明期に位置付けようとするものである。われわれの精神の改善の方法を論じている『知性改善論』のはじめに出てくる一節は、知性と物質との連結を非常に明確に説明している。

ここでの問題は、彼らが物質的な道具を扱っているということである……ちょうど人間が、最初にはもって生まれた道具で極めて簡単なものを（骨を折ってしかも不完全にではあったが）作り、それらが作り上げられたら、他のもっと難しいものを比較的少ない骨折りで比較的完全に作り上げ、こうして次第に最も簡単な仕事から道具へ、さらにこの道具から他の仕事と道具へと進んで、ついに非常に多くの非常に難しいことを、わずかな骨折りで成就するようになったのと同様に、知性もまた生得の力によって、自らのために知的道具を作り、それを用いてさらに他の道具を動かし、さらに探究を進める能力を得、こうして次第に進んでついには英知の最高峰に到達するようになるのである（『知性改善論』第三十節―三十一節）。

精神は、ちょうど身体が鉄からハンマーを鍛え上げるように、非十全な観念から共通概念を鍛造する。共通概念は、われわれが英知の最高峰へと向かって努力する際の実践的な道具の働きをするのである。

この実践的、唯物論的見方は、諸種の認識――第一種（表象知《イマギナチオ》、意見、啓示）、第二種（理性）、第三種（直観）――を扱うスピノザの理論体系にとって新しい基礎と新しい運動の力学を提供している。スピノザは、最も低い種類の認識を、情念を扱ったときに彼が示したのと同じ方法を使って分析するようにわれわれを導く。最初に彼が行うのは、価値の切り下げである。「第一種の認識は、誤謬の唯一の原因である。これに対し、第二種と第三種の認識は必然的に真である」（『エチカ』IIP41）。しかし情念のときと同じように、スピノザはこの価値の切り下げを行なうや否や現実主義的態度をとり、われわれの観念の大部分は第一種の認識のままであると強調するのだ。人間が厳密に理性の命令によって生きることができると確信している哲学者たちは、スピノザが好んで言うように、ほとんどの場合、人間の本性を理解するのではなく呪ったり嘆いたりして終わるのが常である。われわれは第一種の認識を、簡単に排除したり否定したりすることはできない。むしろそれを、出発点として利用しなければならないのである。したがって、認識論の実践的な企てとは、第一種の認識から第二種、第三種の認識への移行のことである。この段階になるとスピノザは再び態度を変え、第一種の認識の価値を再評価するようになる。たとえ第一種の認識が誤謬の唯一の源泉だとしても、それにもかかわらずその認識は、真であるかもしれない観念から構成されているからである。

　このように価値の再評価がなされたからといって、まだ実践的な出発点が提供されたわけではない。ちょうど喜びの情念と悲しみの情念との区別を確認したように、ここで、第一種の認識の内部での適切な区別が発見されなければならないのだ。表象知と意見と啓示を考えてみると、それらはどれも、表現ではなく標徴によって特徴付けられる観念を含んでいるという点で共通している。なるほど第一種の観念は内的な原因というよりは外的な原因に依存しており、それゆえ非十全な観念である。しかし意見や啓示という他の二つの形態と違って、表象知だけは身体間の偶然の出会いから生じてくる。「この認識は〈漠然とした経験〉[*experientia vaga*]によって得られる。そして〈漠然とした〔多義的な〕〉ものは語源上、出会いの偶然的な性格に結び付いている」(p. 289〔p. 305〕)。スピノザ主義における表象知は、諸々の身体間の出会いにおける共通性と葛藤を解釈する可能性を与えてくれるという点で、物質的《マテリアル》な表象知なのである。表象知は構成主義的な諸関係が成立可能となる物質的領野に影響を及ぼすことによって、指示的標徴を示す。この地平に立つことで、分析は、共通概念と構成可能な諸関係との考察に割って入ることが可能となる。一方、第一種の認識の中の他の二つの形態、意見と啓示は、いかなる身体的な出会いも呈示せず、不明瞭な義務を示すにすぎない。それらは命令的な標徴を与えるだけなのである。これらの観念の原因は曖昧なままであり、それらは自らの成立の真の経緯を示すことも、自らの真に産出的な構造を示すこともできない。それゆえ、どんな第一種の観念も真である可能性を持っているにせよ、表象知は、意見や啓示からは区別されるのである。なぜなら表象知という物質的領域から生じる観念は、その原因を指し示すからである。換言すれば、表象知は、われわれに身体的な関係を示してくれる点で、構成可能性の法則に対して開かれている。表象知は真である可能性を持つだけでなく、その原因の指示によって、十全であるかもしれないのである。

共通概念はこうした区別の持つ実践的な力を明らかにし、それを作動させる。「共通概念の起源を考察すると、それはまさしく自らを形成する条件を表象知の内に見い出す。さらにその実践的機能を考察すれば、共通概念は表象される事物にしか適用されない」(p. 294〔p. 311〕)。組み合わせ《アセンブリッジ》としての共通概念は、実践上の転回点といえる。それは、表象知の地平に現れるブロックを組み上げ、理性を構成する。共通概念の産出は、ドゥルーズが言うところの「奇妙な調和」が表象知と理性との間に存在することを示しているのである。共通概念を通して表象知と理性は、知性による構成の過程における異なった段階ないし平面として、一つの連続体の上で結び付けられる。けれどもそれらの間には実在的な区別も依然として残っている。表象知は、対象の現前を肯定することによって始まるが、表象知がどれほど強く強烈であっても、われわれは依然として表象された対象を、可能的あるいは偶然的な仕方で現前しているとみなすことしかできない。理性の特性は、事物を必然的と考えることである。だからこそ共通概念は、表象知の動揺と偶然性を、理性の永続性と一貫性に変換するのである。「理性から生ずる感情は、必然的に、事物の共通の特性に結び付いており、この共通の諸特質をわれわれは常に現前するものとして観想し、そしてわれわれはこれを常に同じ仕方で表象する」（VP7Dem 強調は著者）。ここで理性は強められた表象知として、すなわち共通概念の構築という手段によって自らの表象を維持する力を獲得した表象知として示されている。「必然性、現前性、頻発性は共通概念の三つの特徴である」（p. 296〔p. 312〕）。理性とは回帰する表象知、すなわち反復句《リフレイン》にほかならない。

先にわれわれは、喜びの受動的感情と喜びの能動的感情との間の中心的な差異は、前者が外的原因によるものであるのに対し、後者が内的な原因によるものであるということを理解した。共通概念は、原因を包含し把握する一方で、感情を持続させもするような変容を引き起こす。この認識論的な領域では、組み合わせ《アセンブリッジ》を通した構成に対応する概念上の枠組みが示される。表象知は、喜びの感情と同様、われわれが実践的過程に乗り出すことを可能にする条件である。表象知と理性との間にある中心的な差異は、前者の偶然性と、後者の必然性にある。共通概念は表象知を永続的なものにする変容を生じさせるが、それは理性への通路なのである。これらのことから、情動の構造に関して先に示したダイアグラムと並んで、認識論的構築を図式化することが可能となる。構成主義的で認識論的な実践は、次のような系列で規定される。それは、表象知→共通概念→理性である。

認識論におけるスピノザの革命の要となるものは、表象知と理性とを結び付ける共通概念の役割に関

第二種の認識　　第一種の認識

↑　　　　　／　＼

（共通概念）　←　表象知　　意見・啓示

する考え方にほかならない。スピノザは理性を脱神秘化する。第二部の思弁的議論の中では、理性はデカルト的、数学的な精神で規定されていた。理性は必然的真理に関する所与の体系であり、そのため理性の産出の仕組みについては完全に曖昧なままだった。したがって、誤謬の源泉である第一種の認識は、真理の企てにあたって何ら積極的な役割を果たすことができなかった。唯一の戦略は第一種の認識そのものを否定することだったのである。今やわれわれは、スピノザの思想の実践的契機において、様々な形をとった第一種の認識相互における重要な区別と表象知に対する価値付けとを理解できるようになる。表象知は（たとえ動揺し偶然的なものであっても）身体の状態と現前している関係に関する真の指標を与えてくれる。共通概念はわれわれの表象力を永続的で必然的なものにする力を伴ってそこに介入していく。つまり、組み合わせ《アセンブリッジ》は表象知を否定することなく、それを理性の平面へと移行させるのである。共通概念の働きは、スピノザによる構成の過程がまったく弁証法的でないことをはっきりさせている。さらなる段階へと向かう前進的な運動は、現在の段階を否定することによって達成されるのではなく、現在の段階を構成することによって、すなわち、現在の段階をより大きな強度と実質でもって保持することによって達成されるからだ。こうした文脈においては、偶然性と必然性、表象知と理性とは、互いに相いれない対立する一対ではなく複数の高原《プラトー》であり、それらは構成の過程を通して産出的な連続体の上で互いに結び付けられるのである。

注解――理論的実践と実践的構成

ここまでのところでスピノザ哲学におけるドゥルーズの実践概念の基本的契機を明らかにしたので、再びアルチュセールに戻り、先に示した現象学的批判の射程を再考察してみよう。われわれの研究の視点から見ると問題の要点は、思弁（ないし理論）と実践との間の関係にある。われわれは、ドゥルーズがこの関係の形態に関わる一つの広大なドラマとしてスピノザを読解するのを見てきた。『エチカ』の冒頭の何節かでスピノザは、思弁的見地から存在を探究し、根本的な存在論上の原理を発見する。ところが後になるとスピノザは、実践的な見地から、身体的、認識論的意味での実在的な存在の構成へとわれわれを導くようになるのである。ドゥルーズの解釈が果たしたもっとも重要な貢献の一つは、スピノザの思想の中にあるこの思弁と実践という二つの不可分の契機を発見し、明確にしたという点にある。この点に注目すれば、次のように言いたくなる誘惑に駆られても無理はない。アルチュセールとドゥルーズが提示する立場は、最終的にはそんなに遠くないのではないか、なぜならいくつかの点で、アルチュセールは理論と実践との間の同様な関係を提示しているからである、と。

アルチュセールの議論の中でわれわれが最初に見い出すのは、理論が実践から引き出されるということである。「われわれの理論的問題を提示し解決することは、究極的には、マルクス主義的実践が与えた実践的状態の中に存在する〈解決〉を理論的に表現することの中にある」（『マルクスのために』p. 165

〔p. 287〕著者変更)。逆に実践は理論に依拠している。これを最もよく表現したものは、アルチュセールが好んで引用するレーニンの言葉、「理論なしではいかなる革命的実践もない」(p. 166〔p. 289〕)である。ドゥルーズによるスピノザ解釈を読み進めつつ、われわれも理論と実践との間にある、或る種の相互依存的な関係を明らかにしてきた。存在論的思弁は構成主義的実践の地平を準備する。あるいはむしろ、存在論的思弁(探究 *Forschung* としての)が地平の区別を明るみに出した後で、この同じ地平が前とは異なった方向とやり方で、すなわち自らの構成の過程の中で存在の「内的関係」と「現実の運動」を提示する実践的な態度(提示 *Darstellung* としての)で横断されるのである。ミシェル・フーコーとの対談の中でドゥルーズは、この関係について、いくらか違う形ではあれ、今述べたような所見と矛盾しないと思える一つの説明をしている。それは理論と実践の間の連続的な中継《リレー》というものである。「実践とは一つの理論的立場から他の理論的立場への中継《リレー》の総計ですし、理論とは一つの実践と他の実践とをつなぐ中継《リレー》にほかなりません。いかなる理論も壁に突き当たらずには発展できないし、壁を突き抜けるためには実践が必要になります」(「知識人と権力」"Intellectuals and Power" p. 206)。したがってこの中継のイメージを用いると、レーニンの洞察、「理論なしではいかなる革命的実践もない」に対するドゥルーズ流の解釈を提示してみることも可能となる。すなわちそれは、「理論なしではいかなる実践が生じる地平もないし、ちょうどその逆に、実践がなければ理論の地平も存在しない」というものである。理論と実践の双方が、他方の存在と発展の条件を与えあっているのだ。

けれども、理論と実践との関係に関するアルチュセールの概念をさらに詳しく検討してみると、彼の理論の中には、はっきりとは見えなくても常に現前している根本的なドゥルーズとの差異があることがわかる。アルチュセールは、理論と実践の相互作用において、最終的には理論の優越性を常に認めているのだ。実践は絶えず浸食され、回収され、包摂される。たとえばアルチュセールがどのようにレーニンの標語を解釈しているかを考えてみよう。「〈理論なしではいかなる革命的実践もない〉。これを一般化すれば次のようになる——理論は実践にとって不可欠である」（『マルクスのために』p. 166〔p. 289〕）。アルチュセールによるレーニンの敷衍には、重大な修正が施されている。レーニンの標語における理論と実践との関係は同等の関係として読むこともできるのに対し、アルチュセールは理論を第一位のものとして、実践の本質として提示しているからである。十月革命はアルチュセールに具体例を与える。「ボルシェビキ党の実践は、『資本論』の弁証法に、マルクス主義の〈理論〉に立脚していた」（p. 175〔p. 304〕）。理論に与えられている優越性によって、ここでアルチュセールは実践を理論自体の中に包摂してしまう。もちろん他の形態の実践も存在しようが、アルチュセールの分析は常に、中核をなす政治的形態として、実践の原型として、「理論的な実践」を最重視しているのだ。理論的実践とは理論と実践の綜合であるが、それは常に理論の優越性を保持した綜合なのである。

何年か後になって、アルチュセールがこの立場を、自己批判の精神で問題として取り上げるときも、彼は実質上、理論と実践のこの本質的な関係に修正を加えていない。アルチュセールが正したいと主張しているのは、彼の分析を歪曲した「理論偏重主義」の誤りであり（*Essays in Self-Criticism*, pp. 105, 128, 142〔『自己批判——マルクス主義と階級闘争』pp. 52, 73, 79〕）、とりわけ彼が修正する必要性を認めているのは、こうした理論偏重主義の傾向の頂点を表している「理論的実践の理論」である（p. 147〔p. 81〕）。けれども、ここでいつものようにアルチュセールは自分自身の自己批判はごくわずかしか行なわない。たとえ彼が過去の立場を修正したかに見えるときでも、彼の議論は、むしろその過去の立場を強化するのに役立つだけなのである。彼の理論的実践の理論に関する自己批判は、正確には次のような仕方でなされている。「階級闘争を〈持ち込んで〉いないという理由で私を非難した人々がはじめから指摘していたように、哲学を理論的に過大評価しているとき、私は哲学を政治的に過小評価していた」(p. 150〔p. 85〕)。われわれはこの文章を注意深く読まなければならない。アルチュセールは、階級闘争に政治的実践の力として十分な重要性を与えなかったという理由で、(正当にも)批判されている。この批判を受け入れながら、彼は理論と実践の議論を哲学的観点から再構成している。彼の誤りは哲学に対する判断を誤った点に――哲学を理論的には過大評価し、政治的には過小評価したという点に――あった。彼は哲学に対する自分の理解を、その実践的、政治的力を見極めるためにも深めなければならないのである。この見解に基づいて、彼は理論‐実践関係の(新しい?)定義を与える。哲学は「理論における政治学」である、あるいはもっと具体的に言うと、「哲学は最終的には、理論における階級闘争」である、と(p. 150〔p. 86〕)。社会的実践が存在するのは、ただそれが理論の内部にある限りにおいてだというのである。哲学に問題の重心をずらすことによってアルチュセールは、実践を、二次的で従属的な境位として理論の中に再び包摂してしまうのだ。

理論と実践の間の関係に対するドゥルーズの見方は、これとは対照的に、二つの活動が原理上、自律的で同等なものであるという点を強調する。ドゥルーズにおいては、理論と実践の綜合もなければ、一方の他方に対する優越性もない。われわれが詳細に示してきたように、実際にはドゥルーズは、唯物論哲学にとって必要な第一条件を、あらゆる「理論偏重主義」、あらゆる思惟の優越性への批判として提示しているのである（本章第四節と第五節を参照のこと）。たとえばここで最初の手がかりとして、ちょうど精神の活動が身体の活動と関係しているのと同じように、理論は実践とその間にいかなる直接の因果的関係も優越性もなく関係している、と考えてみよう。「身体が精神を思惟するように決定することはできないし、また精神が身体を運動ないし静止に、あるいは他のあること（もしそうしたものがあるなら）をするように決定することもできない」（『エチカ』IIIP2）。当然のことだがここで銘記しておかなければならないのは、二つの対、すなわち精神／身体、理論／実践の間に同一性など存在しないということである。われわれの思弁は、思惟の領域においても延長の領域においても等しく存在の原理を探究する。同様に、存在の実践的な構成は、精神と身体の双方を含みこんでいる。ここでわれわれが指摘している共通の関係とは、各々の対の各項の持つ自律性と同等性である。ドゥルーズが、関係を中継点の集合として描き出すことができるのはこの意味においてである。こうした文脈の中でならば、理論的自動機械および実践的自動機械といったものを、存在する力に等しく関係する表現として語ることすら意味を持つかもしれないのだ。

しかし二つの領域の自律性をめぐる以上のような議論は、何よりも論争的《ポレミカル》な態度として解釈されなければならない。ちょうど、スピノザが属性の自律性を主張するのはデカルトの思惟の優越性に対する攻撃であり、身体を精神の秩序に首尾よく包摂してしまう理論的枠組みへの攻撃であるように、ドゥルーズの実践の自律性の主張は、巧みに理論の中に実践を包摂してしまうような、理論の優越性という概念に対する反発なのである。たとえば、一九一七年のボルシェビキの蜂起を例にして実践的行動の基盤や原因の問題について考えてみると、彼らの行動を決定した理論的理由がマルクスの言った意味での『資本論』の弁証法であるなどといったことを期待することはできない。そのかわりにわれわれは、その出来事の中で同時に生じ、ついには必然的なものになっていった諸々の欲望と表象知＝想像力《イマジネーション》と力との蓄積を探求していかなければならないのだ。別な言葉で言えば、われわれは、革命的な出会いという喜びの感情を行動にまで転化するにいたった共通概念を探り出す必要があるのである。繰り返すが、構成主義的実践が相対的な自律性を持っていることを提示するというこの試みは、あくまで論争的《ポレミカル》な態度として、すなわち実践を理論の影の状態から救い出しその十全な力を認識する試みとして理解されなければならない。ちょうどスピノザが身体について述べるのと同じように、ドゥルーズは次のように言うだろう——まだ実践が何をなしうるかを規定したものは誰もいない、と。それにもかかわらずスピノザにおける共通概念の実践的機能は、社会的実践の持つ力の発見に向けた大きな一歩なのだ。

　結局のところアルチュセールは、ドゥルーズとは対照的に、理論の優越性が繰り返し現れてくるという点で、そして理論的領域に実践を絶えず包摂するという点で、依然としてヘーゲル主義者なのである。唯物論哲学の中心的な企てとは、歴史的には多くの外観を呈しているにもかかわらず、まさにこの優越性の命題と闘うことであり、包摂としての相互関係の概念に闘いを挑むことにほかならない。それは、身体を精神の影響下から救い出し、実践を理論の影響下から救い出して、その自律性と尊厳のもとに返してやり、それが何をなしうるかを発見しようとする営みである。共通概念という実践の概念、理論の運動の中に回収されることを拒否する構成という唯物論的実践《プラクティカル・プラクティス》の概念によって、ドゥルーズは完全にヘーゲルの地平から離脱する。この実践的な実践は、その具体的な進行の過程で、精神の自己展開の中に包摂されることはあり得ない。構成の論理は、様々なリズムで進んでいく進行の姿を明らかにする。

この進行は自らの構成要素を、独創的で予見不能な創造的構造として、開かれた非目的論的形式のもとで下から積み上げていく。ヘーゲルの実践の運動は、常に秩序の論理の中に回収され、上方から押しつけられるのに対し、ドゥルーズの実践は組織化という開かれた論理によって下から隆起してくる実践なのである。

第十節　組織化の技術《アート》＝芸術《アート》――政治的組み合わせ《アセンブリッジ》に向けて

政治はスピノザの中に、身体《ボディ》＝物体の問題として持ち上がってくる。「実際に力の用語で考えるためには、人は何よりもまず身体＝物体に関する問いを立てなければならない」(『スピノザと表現の問題』p. 257 [p. 267])。力という存在論的原理の導入は、ドゥルーズにとってスピノザ的実践の領域を開く鍵であった。そして身体＝物体の力の問題は、スピノザ的実践の第一の地平として、そのモデルとして役立った。これまで見てきたように、組み合わせ《アセンブリッジ》の論理に基づいたドゥルーズによる共通概念の解釈は、受動的感情が能動的感情を構成し、表象知が理性を構成するというスピノザの実践における真の構成主義的力を明るみに出した。共通概念とは、存在を生成から作り出し、偶然から必然性を作り出す存在論的メカニズムである。共通概念は存在論的な組み合わせであって、その組み合わせによって偶然の喜びの出会いが十全なものになる。喜びの出会いが回帰するのである。最初からドゥルーズは、共通概念とその組み合わせの過程を、倫理的な企て（能動的になること、十全になること、喜びに溢れること）の一環として提示している。しかし、われわれはいかにしたらこの過程を適切な政治的用語で認識することができるようになるのだろうか？　政治的構成に関するスピノザ的過程とは何か？　さらには、政治的組み合わせ《アセンブリッジ》とは何なのか？

スピノザが政治的問題を直接存在論的用語で措定することが可能なのは、それが法的領域を経るからである。力と身体の理論は、権利の理論の形態をとることによって政治的実践により密接なものになる。「身体がなしうること（その力）のすべては、同時に〈自然権〉がなしうることである」（p. 257〔p. 268〕）。スピノザの自然権の理論はホッブズのそれと同様に、古代の人々の自然法とは非常に異なっている。古代においては自然法は完全性の観点から規定された。彼らは自然を、自らの終局《エンズ》＝目的に向かうものとして、目的因に向かうものとして考えていたのである。スピノザは、これまで何度か見る機会があったように、目的因が作用因となることを拒否している。「自然の法則はもはや目的論的な完全性に結び付けられるのではなく、最初の欲望、もっとも強い〈欲求〉に結び付けられる」（p. 259〔p. 270〕）。自然権をめぐるこの命題を理解するためには、組み合わせと構成に関するスピノザの存在論的論理が次のような論法を導いているということを認識しなければならない。すなわち組織化 vs. 秩序である。存在の産出性そのものが、権利に関するあらゆる議論に生命を与える原動力となる。ここからしばらくの間、今となってはなじみになったこの構成主義的手続きを追っていこう。

われわれは価値の切り下げから始める。ちょうど他の地平で見てきたように、スピノザは、典型的にマキアヴェリ流の「原理に戻る *ritorno ai principi*」という考え方に沿って、われわれが自らの政治的思考を力のもっとも低いレヴェルから、すなわち社会的組織化のもっとも低い地点から始めるよう主張する。人が生まれつき理性的ではないのと同様に、誰も市民として生まれてくるわけではない。スピノザの社会における各境位は、前もって決定された秩序など存在しないのだから、もっとも手近な境位をばねに、内側から構成されていかなければならない。この社会は、（たとえ無知であろうと教養があろうと）それを構成する主体〔立法権を持つ臣民（constituent subjects)〕によって、（たとえ受動であろうと能動であろうと）現に存在する変様《アフェクション》＝感情を基礎にして形作られなければならない。とはいえ、人間の条件は圧倒的にわれわれの弱さによって特徴付けられており、われわれの触発される力は大部分受動によって満たされている。しかし、この価値の切り下げはわれわれの自由の肯定でもあるのだ。スピノザが、われわれの自然権はわれわれの力の及ぶところまで及ぶと主張するとき〔『国家論』第二章四節〕、それが意味しているのは、どんな社会秩序であれ、いかなる超越的境位、すなわち諸力の内在的な領域の外にあるいかなるものによってもその秩序が強制されることがあってはならないということであり、したがっていかなる義務や道徳という概念も派生的なものでなければならず、われわれの力の発露に依存しなければならないということなのである。「真の自然法は力の規範であり、義務の規則ではない」(p. 268〔p. 280〕)。いかなる道徳的命令からも自由な力の表現は、社会においてまず最初に置かれるべき倫理的原則である。「人が自らのなしうる最大限の地点まで進む〔aller jusqu'au bout de ce qu'on peut〕ということはまさしく倫理的な務めである。『エチカ』が身体をモデルとするのもこのためにほかならない。なぜなら、あらゆる身体はその力を可能な限り伸ばすからである。ある意味において、すべての存在は各々の瞬間においてそのなしうる最大限のところまで向かうのである」(p. 269〔p. 282〕)。この倫理的定式は何よりもまず、われわれの力の制限 *le bout* を強調するのではなく、制限とわれわれがなしうることとの間の力動《ダイナミック》を明るみに出す。すなわち、われわれが臨界点に到達する度ごとになしうることが新たに生じ、制限が超えられていくのだ。この倫理的課題があらわにしてみせるのはわれわれの不屈の力、われわれの肉体的《マテリアル》＝物質的なコナトゥスにほかならない。つまり現在の組み合わせによって決められた限界や、今ある秩序を越えて、われわれの力を表現しようと世界の中で働いているコナトゥスである。この倫理的な不屈の力は、多様性の開かれた表現であると言える。こうしてスピノザの自然権の概念は、秩序からの自由、多様性の自由、アナーキーな社会における自由を提示しているのである。

しかしながら、ほかならぬ自然状態が描き出す社会とは、およそ人が住むのには適さない状態である。というよりもっと正確に言うなら、それはわれわれの力の最小地点を示している。こうした自然状態では、私は自分の身体とごくわずかしか共通のものを持たない他の身体との偶然の出会いにさらされていることになる。なぜなら自然状態においてはわれわれは、圧倒的に情念《パッション》＝受動によって決定されているからである。それゆえこの状況では、私の触発される力は主として受動的 感 情《アフェクション》によって満たされるのみならず、この受動的感情は大部分悲しみである。先に受動的感情から能動的感情へ、表象知から理性へと移行したときのように、ここでわれわれは、自然権から市民権へと移行してわれわれの力の増大をもたらすような道筋を見い出していかなければならない。「自然状態を住みやすいものとする手段は一つしかないだろう。それは諸々の出会いを組織するように努めることである」(pp. 260-61〔p. 272〕)。市民状態とは人が暮らしていけるようにされた自然状態にほかならない。もっと正確に言えば、市民状態とはわれわれの力の増大という企てを注ぎ込んだ自然状態なのである。そしてこれまで見てきたように、われわれの力の増大は、構成可能な諸関係の組織化というものを必然的に伴っている。「もし二人の人間が一緒になって力を合わせるなら、二人はともども、唯一人でいる場合よりも一層多くの力を得て、結果的に一層多くの権利を自然に対して持つ。そしてますます多くの人がこういう仕方で同盟関係を結ぶにつれ、彼らはますます多くの権利を集団的に持つようになる」(スピノザ『国家論』第二章一三節)。したがってスピノザの政治学の核心は、社会的出会いを組織化して、有益で構成可能な関係を促進することに向けられている。それは「出会いを組織化する技術」(p. 262〔p. 274〕)にほかならない。自然権は市民権への移行にあたっても否定されることはなく、むしろそれは、ちょうど表象知が理性の中で強化されるように、保持され強められる。この変容の中で、社会の多様性は群衆＝多数性《マルティテュード》へと作りかえられるのである。[20] 群衆＝多数性とは、それが常に敵対や衝突に陥りやすいという点で、何が起こるかわからない状態のことである。しかし、力を増大するダイナミズムの中で、それは整合性の平面に達する。群衆＝多数性は社会的な規範性を市民権として措定する能力を持っているのだ。群衆＝多数性とは力を帯びた多様性である。かくしてスピノザの市民権に関する概念は、自由の第一の観念を第二の観念によって補う。すなわち秩序からの自由を経て組織化の自由へ。つまり多様性の自由は群衆＝多数性の自由になるのである。群衆＝多数性の支配こそ、民主主義にほかならない。「群衆＝多数性の力によって規定されるこの権利は、一般に国家と呼ばれる。国家は、共同の意志に基づいて国事を運営する者……の手中に絶対的に握られる。そしてこの管理が群衆全般からなる会議体に属するときにその統治は民主主義と呼ばれる」(『国家論』第二章十七節)。多様性から群衆＝多数性へという自由の移行において、スピノザは民主主義におけるアナーキーなものを構成し、それをより強力なものにしているのである。スピノザの言う民主主義、すなわちその構成メンバーの対等性を通した群衆の絶対的な支配は、「出会いを組織化する技術＝芸術《アート》」(p. 262〔p. 274〕)の上に築かれるのだ。

社会的出会いにおける自由と組織化というこの見解は、実際は、共通概念というドゥルーズの存在論的理論の延長である。認識論的平面においてわれわれが見てきたのは、どのような仕方で共通概念が、実践が認識の秩序を構成する際のメカニズムたりうるのかということだった。喜びの受動的感情から能動的感情への実践的な移行は、ちょうど表象知から理性への移行のように、共通概念を通じて展開される。今や、存在論的並行論の理論は次のことを明らかにする。それは、もしそのような実践的移行が思惟の領域の中で認識されるのならば、同様の移行が延長の領域でも認識されなければならない、ということである。換言するなら、もしドゥルーズの並行論の解釈を首尾一貫して追っていこうとするならば、社会的身体における偶然の、非十全な、そして悲しみに支配された出会いを、一貫した、十全な、喜びに溢れた出会いに組織することに役立つような具体的な共通概念が発見されていかなければならない。ちょうど非十全な観念（表象知）を基礎にして、知性による共通概念が十全な観念（理性）を構成するように。存在論的並行論が、自らの概念の限界を追求していった場合に意味することになるのは次のことである。それは、認識の構成、すなわち共通性＝共同性を知性によって構成することは、具体的＝身体的《コーポリアル》な共通性＝共同性の構成と等価であり、それによって補完されなければならないということである。具体的＝身体的な共通概念とは、十全な社会的身体のことであり、群衆＝多数性の中で実質的＝物質的《マテリアル》な形相を与えられていくのである。

　スピノザの自由と民主主義をこのように描写することによって、一般的な形ではあるが一定の政治的な方針を得ることができる。けれども、その中心的な境位、すなわち群衆＝多数性の形成の過程、政治的組み合わせ《アセンブリッジ》の過程は、それを具体的に構成するメカニズムをわれわれ自身が肉付けしない限り、曖昧で謎に満ちた形でしか現れることはない。しかしながらこれは『スピノザと表現の問題』におけるドゥルーズの分析の臨界である。実際この問題は、民主主義の「理論」における臨界、理論が壁に突き当たる地点にほかならない。もっぱら社会的な実践だけが、この政治的組み合わせ《アセンブリッジ》の過程に具体的な形を与えることによって、この壁を突破できるのである。

第四章　結論　哲学の徒弟時代

われわれは、力強い発展の線、すなわちベルクソン、ニーチェ、スピノザという連続的な進展を見極めることを通じてドゥルーズの初期の仕事を踏査してきた。しかしながらこれは、単なる哲学史の修練などではない。確かに、この研究における私の関心の一つは、形而上学の伝統は死滅しておらず、むしろそれはわれわれが直面している現代の問題にいまだ息づいている力強く急進的なもう一つの系譜を含んでいるということを、ドゥルーズの仕事を通して示そうとすることにあった。これらの哲学者たちは、ドゥルーズ自身の教育、彼の哲学の徒弟時代の糧となったという点で、ドゥルーズの思考の基礎を作ったといえる。しかしながら、ドゥルーズの仕事はこの別の伝統の再評価だけにはとどまらない。彼はそこに息づくものを選び出して変形し、自分自身の関心にふさわしいものに作り変えていく。こうして彼は、哲学史を彼自身のものにすると同時に、それを更新しているのである。

今日、ドゥルーズの思想を学び、哲学への新しい見識を養っている世代が出現しつつある。この研究で私は、ドゥルーズの選択と変形の方法を用いて彼の仕事を読解しようと試みてきたが、それは私自身の教育を、私自身の哲学の徒弟時代をたどるためであった。私は彼の仕事を自分自身のものにしようと試みたのである。その過程で、私はこの努力の核をなすものとして私の心の中で合体している次の四つの主題群を肉付けしていった——すなわち、存在論、肯定、実践、構成である。

第一節　存在論

ドゥルーズの存在論は差異と唯一＝特異性《シンギュラリティ》の概念に立脚しているが、この二つは彼がベルクソンとスピノザの中に発見したものである。ベルクソンの差異概念は、何にもまして存在の肯定的《ポジティヴ》な運動、すなわち存在論的分節化と差異化の時間的な原理を規定している。ベルクソンは存在とは何かを問題にしたのではなく、それがいかに運動するかを問うたのだ。存在論的運動にこうして焦点を当てることは、因果性の本性をめぐる伝統的な哲学的議論の文脈の中に容易に位置付けられる。ベルクソン的な差異はまず第一に、機械論者の差異概念と区別されねばならない。機械論者が提示しているのは、各々の決定が偶然的関係を通して物質的な「他者」によって引き起こされるという経験主義的な進展であり、彼らの存在論的運動は、純粋な偶然性として、すなわち「存続する外部性」として存在を定位する危険をはらんでいる質料因という粗野な概念に依拠しているからである。しかしながらその一方で、ベルクソン的差異概念は、質料因ではなく目的因に依拠するプラトン的差異概念とも区別されねばならない。プラトン的存在の運動は、それがその目的によって、その目的因によって規定されている点で、同じように外的だからである。そして最後に、ベルクソン的差異概念は何にもまして、因果性の「抽象的な」概念に立脚したヘーゲル的差異概念からも区別されなければならない。この場合の抽象とは、矛盾の否定的運動が、結果に対して絶対的に外的な原因を提示するという意味である。ドゥルーズが主張するように、対立はあまりに粗野な概念であるため、実在的差異を特徴付けるニュアンスをとらえられない。それは、だぶだぶの衣服のように実在性の上にだらしなくぶらさがっている。ベルクソンの差異概念は、これらの他のいずれの概念とも対照的に、作用因〔動力因〕という概念によって規定される。存在の運動は、原因が常にその結果の中に内在しているという点で、内的差異の進展である。このように、存在論的運動は、一切の否定の戯れから自由となり、かわりに絶対的に積極的《ポジティヴ》=肯定的なものとして、内的差異化として措定されるのである。

スピノザの文脈では、存在の積極性=肯定性は、その唯一=特異性とその一義的な表現によって特徴付けられる。スピノザにおける存在の唯一=特異性は、他のものからの、非存在からの差異によって規定されるのではなく、存在とはそれ自身における差異であるという事実によって規定されている。「数的区別から解き放たれると、実在的区別は絶対的なものにまで達する。それは存在における差異の表現を可能とし、結果として、他の区別の再構築を引き起こすのである」(『スピノザと表現の問題』p.39〔p.29〕)。一切の外的な参照がなくても異なっているという点で、スピノザ的存在は、比類のないものである。換言すれば、存在は唯一=特異なものである。繰り返すが、この論点が射程においているのは、因果性をめぐる議論の伝統である。存在が自己原因であり、したがって内的な因果構造によって支えられているのと同じように、存在はまたそれ自身における差異であって、それゆえにまた内的な差異、あるいは生成的な差異を通じて保持されている。この内的差異の表現とは、まさしく存在の運動のことにほかならない。表現とは自らの内的な因果構造や自らの系譜を明らかにする存在の開示のことであるから、唯一=特異な存在の表現は一義的でしかあり得ない。存在は常にいたるところで同一の声によって表現されるのだ。存在の唯一＝特異で一義的な表現は、スピノザ的文脈においては、存在の最も高次の肯定にほかならない。そして、この命題はわれわれの思考を、存在論的思弁の最も高次な平面へと向けさせるのである。

　このドゥルーズ的な存在論概念がヘーゲルやハイデガーの存在論概念と、とりわけその積極性と唯物論という点で根源的に隔たっているということについては、おそらく異論の余地はないであろう。スピノザ流の簡潔な言い回しで言えば、ドゥルーズは存在論的思弁の核心を、「すべての限定は否定である(Omnis determinatio est negatio)」から、「対立ではなく多様性 (Non opposita sed diversa)」へと、すなわち否定から差異へと移行させたのである。この戦略は、ヘーゲルの論理のまさしく最初の運動、すなわち純粋な存在から限定された存在への進展を攻撃の対象としているが、より重要なことは、それが弁証法の体系全体の運動を根底から覆しているということである。本質的には、ドゥルーズはヘーゲル的存在論の弱点を示すにあたって、スピノザとスコラ哲学者たちの、批判概念《プレクリティカル》発祥以前の世界に訴えている。自らの差異のために外的な支えを求めなくてはならない存在、自らの基盤として否定を要請する存在などは、存在ではまったくない。存在の「産出性」と「能産性」――すなわち産出する能力とされる能力――をめぐるスコラ哲学の議論からもわかるように、事物はそれ自身の外部にある何らかのものの必然的原因ではあり得ないし、結果はその原因以上の完全性や実在性を得ることはできない（エチエンヌ・ジルソン『中世哲学史』、p. 595を参照のこと）。存在の偉大さとは、まさしくその力、その内的産出性にある。すなわち、内側から生じる作用因の系譜、自らの唯一＝特異性を印づける積極的差異である。実在的存在は唯一＝特異であり、一義的である。つまりそれ自身における差異である。世界の実在的な多様性は、存在の核心に位置するこの生成的差異から発している。これとは対照的に、ヘーゲル的存在は、実在的統一も実在的な多様性も扱うことができない。つまりヘーゲル的存在は、自らの生産する力も生産される力も把握できないという意味において、抽象的なのである。

存在のこうした理解を十全にとらえ得るのは、唯物論をおいてほかにはない。ここで言う唯物論とは、物質よりも思惟に、身体よりも精神に与えられている一切の優越性に闘いを挑む論争的《ポレミカル》な立場として理解されなくてはならないのだが、これはその関係を逆さにして物質に同様の特権を与えるためではなく、むしろ二つの領域の間に対等の関係を確立するためなのである。ドゥルーズの存在論が唯物論的遠近法《パースペクティヴ》を要請するのは、思惟に対して何らかの優越性が認められると、存在の内的構造を弱体化させてしまうからである。それゆえ唯物論とは、単に身体的《コーポリアル》＝物体的な世界を精神世界へと従属させてしまうことを拒絶するにとどまらず、その双方の領域において存在を賞賛することでもある。ドゥルーズは、何らかの仕方で存在を思惟に従属させるいかなる観念論的概念をも拒絶する。たとえば、「ヘーゲル論理学における存在は、純粋で空虚な、単に〈思惟された〉存在に過ぎない」（『ニーチェと哲学』p. 183〔p. 263〕）のである。ドゥルーズの存在は、論理的に見て思惟と延長の双方に等しく先立つものであり、それらを包括するものである。この論理的優越性は、しかしながら、存在が現実世界から離れて存在しているということを意味しているのではない。存在と自然との間には、乖離などないのである。「世界内存在（being-in-the-world）」といった類の用語はドゥルーズの存在論の中ではまったく意味をなさない。というのも、存在は常に既に現勢的であり、身体＝物体と思惟の中に常に十全に表現されているからである。この表層性とこの充満性の双方を十全に説明し得るのは、唯物論的アプローチをおいてほかにはない。

　したがって、われわれがドゥルーズの哲学から最初に引き出すことのできる教訓は、プラトンからヘーゲルを経てハイデガーへといたる形而上学の思弁の主流をなすと思われているものが、存在論的思考を独占していたわけではないということである。ドゥルーズは、ルクレティウスからドゥンス・スコトゥスを経てスピノザとベルクソンへといたる一連の別の伝統を引き出しているが、これも同じように豊かで多様なのである。実際のところ、観念論的存在論の主張に反発して、わざわざ対立物へと移行する必要も、非存在論的展望を提示する必要もない。それよりむしろ、われわれは代案として唯物論的存在論の伝統を追究することが可能なのである。この代案の利点の一つは、それが産出性と能産性、すなわち活動力と触発される力とを明らかにすることを可能にしてくれる点にある。積極的＝肯定的、唯物論的存在論とは何にもまして力の存在論にほかならないからである。

第二節　肯定

　積極的存在論の概念と同様に、肯定の概念もまたヘーゲル的伝統によって誤解され、蔑まれてきた。たとえば、フランクフルト学派の大思想家たちは肯定を、今日の現状の受動的な容認であり、無邪気で無責任なオプティミズムであると考えていた（たとえば、ヘルベルト・マルクーゼの *Reason and Revolution*, p. viiff.〔『理性と革命』p. 18〕を参照のこと）。現代のヘーゲル主義者たちが、肯定の哲学は否定の力を自制し、否定の労働の「魔力」を失ってしまった以上、無力でしかないと主張するとき、この同じ批判の傾向を引きずっている（ジュディス・バトラーの『欲望の主体』pp. 183-84、ならびに拙稿「アメリカのヘーゲル主義の復興と葛藤の内部化」“La renaissance hégélienne américaine et l'intériorisation du conflit” pp. 134-38 を参照のこと）。このように肯定は、非批判的な、さらには反批判的な思考として考えられているのである。ここでわれわれは再度、正反対の対立物として誤解されているニュアンスと、代案とに直面することになる。言い換えれば、ドゥルーズ的肯定は、ヘーゲル的な形の否定と批判に対して確かに闘っているのだが、かといって否定と批判そのもの *tout court* を拒絶しているわけではない。むしろドゥルーズ的肯定は、彼の企てにとってよりふさわしい否定と批判をめぐる別の概念を形成する微妙な差異に焦点を当てている。

したがって肯定は批判とは対立しない。それどころか肯定は、否定の力をその極限まで押し進める全体的かつ徹底的な批判に立脚している。肯定は、密かに敵対と結び付いている。ドゥルーズ的批判の形式は、破壊する契機、構築する契機 *pars destruens, pars construens* というスコラ哲学の方法にまで遡る。この代案となる概念を解く鍵は、否定的契機の絶対的、非弁証法的な性格にある。ドゥルーズによれば、これこそがニーチェがカントの企てを「補完する」方法なのである。カント的批判は部分的で不完全なものにとどまらざるを得ない。なぜならそれは、超感覚的なものを特権的な地平として保持し、批判の破壊力から守ろうとするのだから。カントは真理と道徳それ自身を危険にさらすことがないまま、両者の要求することを論じることができる。超越論的留保は、一切の急進的な破壊や再構築から本質的秩序を守る働きをする。ニーチェが欲していたのは、批判の諸力に自由な領土を与え、既成の諸価値がすべて危険にさらされるように、その諸力を無限の地平で解放することだった。「カントは諸価値の見地から批判の問題を提出することができなかったがゆえに、真の批判をなし遂げるにはいたらなかったというのが、ニーチェの仕事の主要な動機の一つなのである」（『ニーチェと哲学』p. 1〔p. 11〕）。全体的批判は絶えず反逆的である。それは既成の価値とそれらが支える支配的権力への飽くことのない攻撃にほかならない。それは同時代の地平全体を〈疑問に付す〉*mise en cause* ことなのである。全体的批判の核心をなす否定は、まさしく弁証法の持つ保守的な態度を拒否しているという点で、非弁証法的である。それは自らの敵の本質を回復させることも、「撤廃されるものを保存し維持する」（『精神の現象学』§188〔p. 189〕）こともない。したがって、同一性の中における他者の神秘的な再生などなく、純粋で妥協を知らない敵対だけが存在する。この意味は、すべての現存するものが否定されるということではなく、否定されるものが制限なしの諸力の攻撃にさらされるということにほかならない。

このようにドゥルーズの肯定の哲学は、否定の力を拒絶したり忘却へと追いやっているわけではなく、まったく別の否定概念を指し示している。すなわちそれは、肯定という領域を開示する否定である。留保なしの破壊は、自由で独創的な創造的諸力のための空間を創り出す。弁証法が持つ奴隷の論理は、否定の撤廃によって肯定を引き出すのだが、しかしその場合、肯定は既に否定の中にあらかじめ予兆されている――それは単に同一性の反復に過ぎない。それとは逆に主人の論理は、別個の基盤に立つ真の肯定を生み出す。それ自体では、この肯定はいかなる保持も必要とせず、むしろ或る実在的断絶、変容を伴っている。それゆえ否定に続く肯定は、もっぱら自らの力だけに依存しているのである。アリアドネのディオニュソスへと寄せられる愛は、おそらくニーチェの仕事の中でもこの肯定の至高の表現に違いない。肯定の神はディオニュソスであるが、ただアリアドネだけが肯定それ自身を肯定することができるのだ。「存在の永遠の肯定よ、私は永遠にあなたの肯定である」（p. 187〔p. 268〕）。アリアドネの肯定は二重の肯定であり、肯定それ自身の肯定、「〈然り〉に応える〈然り〉」（「アリアドネの神秘」p. 15〔p. 78〕）である。これは自分自身の力に根ざした螺旋状の肯定、回帰する肯定、n乗の力へと高められた肯定である。アリアドネによる存在の肯定は倫理的な行為であり、愛の行為にほかならない。

このドゥルーズ的な肯定が存在するものの単なる受容ではないことは明確であろう。ロバの然り、否ということを知らない人の然りは、偽りの肯定に過ぎない。逆をいえば、力強い否定をいかに行使するのかをわきまえている者のみが、真の肯定を提示することができるのである。全体的批判の否、制限なしの否定の表現は、絶えず解放するのである――それは人をより軽やかにするのだ。「肯定するとは存在するものを背負い、引き受けることではなく、生きているものを解放し、その重荷をとりのけてやることである。肯定するとは軽くすることである。生により高次の価値の重荷を背負わせることではなく、生の価値であり、生を軽やかで能動的なものにするような新たな価値を創造することである」（p. 185〔p. 265〕）。肯定とは存在の受容ではない。そうではなくドゥルーズが主張しようとしているのは、肯定が実際には存在の創造であるということなのである。肯定の概念は、ドゥルーズが自らの存在論の力を、意味と価値の地平へと移行させ、それによって存在の倫理学を定式化するのを可能にする。ここで言う倫理学とは、力の表現のための、存在の能動的産出のための、行動の指針、実践の手本となるものにほかならない。

第三節　実　践

しかしながら、ドゥルーズ的倫理学にとって肯定だけではまだ十分ではない。倫理学的企ては思弁の平面にとどまっていることはできず、実践の領域へと切り込む突破口を見つけなくてはならないからである。ドゥルーズにとって、この新しい地平の鍵はスピノザの喜びの概念にあった。「喜びの意味はまさしく倫理的な意味として現れる。喜びの実践に対する関係は、肯定それ自身が思弁に対する関係と同じである……純粋肯定の哲学『エチカ』は、このような肯定に対応する喜びの哲学にほかならない」(『スピノザと表現の問題』p. 272〔p. 285〕)。したがって思弁の肯定は実践の喜びによって補われなければならない。このようにして、倫理学は存在の実践的構成としてのその十全な構成力を実在化するのである。実際のところ、肯定的思弁は創造性と能動性に対する自らの主張を遂行する上で、それに対応する喜びの実践を必要としている。言い換えれば、肯定はそれ単独では、現にある存在を把握し、選択するものとしてしか現れない危険がある。喜びとは、まさしく来るべき存在を創造する契機にほかならない。

ドゥルーズの仕事の多くは実践の問題——いかにしたらわれわれは、創造的な力を始動させることができるのだろうか？　いかにしたらわれわれは哲学を真に実践的なものとすることができるのだろうか？　——に向けられている。ドゥルーズはその鍵を力の探究の中に発見する。動的で可塑性のある存在概念はベルクソンやスピノザの中に見られるものだが、それはこの仕事の地平を切り開く役割を果たしている。ドゥルーズの存在論が焦点を当てているのは、存在の運動であり、その因果関係上の系譜であり、その「産出性」と「能産性」である。それゆえ力と産出というテーマはこの時点で既に、本質的な位置を占めている。ニーチェの中にドゥルーズは、能動と反動、すなわちそれがなしうることに結び付いた力とそれがなしうることから切り離された力という、力の二つの質の区別を見い出している。スピノザにおいては、この同じ区別に十全性と非十全性という観点からさらに豊かな定義が与えられている。十全性とはその原因を表現する（あるいは包含するまたは包摂する）もののことであり、非十全性とは無言〔非表現的〕ということである。能動と同様、十全性もそれが何をなし得るかということにある面では結び付いているが、半面それは情動の内的系譜、それ自身の生産の系譜にも結び付いている。十全性によって、存在の産出性と能産性という二つの側面の完全な展望が与えられるのである。これは、ドゥルーズにとって力の領域を開く決定的な関係にほかならない。活動し現実に存在しようとする存在の力に対応するのは、その触発される力である。能産性というこの力は、存在論と実践との間に回廊を渡してくれるのである。

　触発される力が重要なのは、それがわれわれの力の中の区別を明らかにするからである。それとは対照的に、活動し存在する力は純粋な自発性として、差異化されないものとして現れるため、われわれの分析にとって不透明なままにとどまっている。それゆえ倫理的実践の出発点を見い出すためにも、われわれは力の内側での区別、われわれの被触発性の内部における区別へと分け入っていかねばならない。われわれの触発される力に関するドゥルーズの探究は区別の二つの段階を明らかにしている。最初の段階で彼が提示するのは、能動的変様《アフェクション》＝感情と受動的変様＝感情との間の区別であり、第二の段階で提示されるのは、喜びの受動的感情《アフェクション》と悲しみの受動的感情との区別である。ドゥルーズはわれわれの力の内部におけるこれらの区別を一つずつ定式化しながら、同時にまた人間の条件が主としてその等式の弱い方の項に依拠していることを認識している。われわれの触発される力は能動的変様＝感情よりはむしろ受動的変様＝感情によって支配されており、またわれわれの受動的変様＝感情はその大半が喜びよりは悲しみに溢れている。このスピノザ的「ペシミズム」こそ、まさしく喜びの実践のための出発点にほかならないのである。われわれの条件に関するこの現実主義的評価によって、われわれは自らの力を増大し、喜びに溢れ、能動的となるための険しい小道へと一歩を踏み出す用意が整ったことになる。

ドゥルーズは偶然の出会いの領域で実践を練り上げることに着手し、われわれの本性と合致し、なおかつわれわれの力を増大させる諸身体との出会い——喜びの情念を生じさせる出会い——に焦点を当てている。喜びの情念はそれが情念《パッション》＝受動である以上、常に外的原因の結果であり、したがってまた常に非十全な観念を指し示している。しかしながら、やはりそれは喜びである以上、常に十全性への回路を開いてもいる。「それゆえわれわれは、喜びの情念の助けを借りて、いくつかの外部の身体とわれわれの身体とに共通なものの観念を形成しなければならない。なぜならこの観念だけが、共通概念だけが十全だからである」（p. 283〔p. 298〕）。喜びの情念は実践にとっての必須条件であり、共通概念を構築するための素材なのである。事実、共通概念は喜びの情念の中に潜在しているが、それは喜びが、必然的にわれわれ自身の身体と両立可能ないし構成可能な関係を持つ身体との出会いの帰結だからである。出会いの喜びとはまさしく一つの新しいより力強い身体のもとに二つの身体が構成されていくことにほかならない。われわれの精神がこの身体＝物体とわれわれの身体との間で分かち持たれている共通の関係の観念（共通概念）を形成するとき、喜びの情動は受動的であることをやめ、能動的なものへと転化していく。共通概念の構築とは、実際のところ変様《アフェクション》＝感情の原因を包含しもしくは包摂することであって、その原因を表現する変様＝感情はもはや受動的ではなく、能動的な変様＝感情なのである。能動的変様＝感情の喜びはもはや偶然の出会いに基づく偶然的なものではない。共通概念によって裏打ちされた喜びは回帰する喜びであり、喜びに溢れよ、能動的となれ、というドゥルーズの倫理的命令を肉付けしたのは、こうした実践的過程だったのである。

喜びの実践は倫理学を存在論へと送り返す――それは存在の能産性と構成可能性を最大限利用するのである。これはおそらく、ドゥルーズの壮大で複雑な存在論の探究の最大のクライマックスをなしている。存在とは喜びの実践を通じて構成される混成的《ハイブリッド》な構造にほかならない。共通概念が喜びの出会いの原因を包含するとき、すなわち出会いを十全なものとするとき、それは存在に新しい切れ目を開き、その構造の新しい組み合わせ《アセンブリッジ》を構築している。この出会いを存在の水準へと高めるのは、まさしくその出会いが原因を包摂することなのである。スピノザが語る意味での実体とは、自己自身を原因とするもののことを指している。喜びの実践とは存在論的組み合わせの構築であり、それによって存在を能動的に構成することなのである。

第四節　構　成

多くのアメリカの研究者たちは、ポスト構造主義の政治的帰結に関する一般的な問いかけを行なってきた。ポスト構造主義的な探究が辿り着いたのは、政治的なものの全域にわたる判断の拡散である。実際、広範な理論的運動をめぐるこうした問いかけに対し、一つの明晰な答えを見つけようと期待するべきでない。たとえば、過去百五十年間にわたってヘーゲルの哲学は、反動的であるか進歩的であるかを問わず、様々な政治的立場にとって第一級の論拠として機能してきたが、その多くはヘーゲル自身の政治的見解とは全然異なったものだった。一つの理論的営為の統一体から必然的に帰結するただ一つの政治的立場を探し求めるべきではないのは当然のことである。実践へと連なり得る回路は、一つだけではなく数多くあるのだから。してみると、ポスト構造主義の、ましてやドゥルーズ哲学の政治学の一般的な定義を試みることは決して実りあるものではないだろう。むしろ次のように問いかけてみるほうがずっと適切で、ずっと生産的なのである——ドゥルーズの思考はわれわれに何を供してくれるのか？ われわれはいかにドゥルーズを活用することができるのか？ 言い換えれば、われわれの政治的努力を進めるにあたって、いかなる有効な道具を彼の哲学の中に見い出すことができるのか？ と。この精神に基づいて、私は急進民主主義の構成に必要な道具をドゥルーズの中に探ろうと努めてきた。私がドゥルーズの仕事の中で強調しようとしてきた区別とは、秩序の多様性に対する組織体の多様性、権力の布置（*les dispositifs du pouvoir*）に対する力の組み合わせ（*les agencements de la puissance*）である。これらの区別の各々は、ドゥルーズの思想の中に潜在的ではあるが中心的に存在している、構成の観念によって決まる。この観点からするとドゥルーズは、開かれた、水平的な、集団的な民主主義社会についての動的な概念をわれわれが展開する一助となっているのである。

ある程度までは、この民主主義と自由主義とはヴィジョンを共有している。おそらく、自由民主主義における最も重要なただ一つの原則は、社会の目的が非決定的であり、それゆえ社会の運動はその構成員たちの意志に対して開かれているということである。善に対する権利の優越性は、社会の発展の自由が外的に限定された目的 *telos* によって制限されたり閉ざされたりしないことを保証するものと考えられている。目的論のこの政治的拒否は、哲学的には存在論を拒否することへと直ちに行き着く。なぜなら存在論それ自身が、善の超越的決定をもたらすものとみなされているからである。かくして義務論が、目的の多様性に開かれた民主主義社会の支えとなり得る唯一の哲学的立場であることになる。このように考える自由主義の思想家たちは存在論と社会的目的論とを結び付けるプラトン的、ヘーゲル的な主張をあまりにも性急に受け入れてきた。彼らはいまだに矛盾の論理にあまりに呪縛されており、そのために重要なニュアンスをとらえ損ねている。言い換えれば、自由主義者たちは、保守的で閉じた社会を規定する存在論的ヴィジョンとは対照的に、民主主義的で開かれた社会のためには、義務論的な理論が不可欠であると確信しているのだ。しかしだからといって、社会の目的の開放性を肯定するために、このように対極へと飛躍する必要も、存在論全体を拒否する必要もない。西洋形而上学の伝統は、一枚の絵からなるのでも一枚岩でもなく、それ自身の中に、急進的な代案を含みこんでいるのである（その代案においては伝統がたいそう貧相に見えるという事実こそ、今日の哲学的探究の脆弱な状況を示す唯一の証拠にほかならない）。ドゥルーズがベルクソン、ニーチエ、スピノザに問いかけるとき、事実彼が行なっているのは、西洋形而上学史の中にあるもう一つの伝統、存在論という力強い観念を提示しはするがいかなる神学的な地図も作成しなければいかなる目的の規定もしないような伝統を、再確認し白日の下にさらすことである。ドゥルーズが展開する議論は、民主主義社会における目的の開放性を肯定する点で自由主義の見解と一致するが、だからといってドゥルーズは存在論的言説の伝統を拒否しない。ドゥルーズ的存在は、政治的創造と社会的生成の介入に対して開かれている。この開放性は、まさにドゥルーズがスコラ哲学の思考から借りてきた、存在の「能産性」にほかならないのである。社会の力は、スピノザの用語へと翻訳すれば、その触発される力に一致する。権利や善の優越性は、この開放性の概念の中へと入り込むことがない。開かれてあるもの、および、存在論的なものを政治的なものに結び付けるものとは、力の表現、すなわち社会的諸力の領域の自由な葛藤と構成なのである。

社会のこの開かれた組織化《オーガニゼーション》は、秩序の垂直的な構造とは区別されなくてはならない。ここでいう組織化によって私が理解しているのは、いかに社会的諸関係が構築されるかについての何らかの見取り図や青写真ではない。それとは逆に、私は組織化を、諸力の内在的領域における社会的出会いを通じた、絶えざる構成と解体の過程と考えている。社会的組織化が何らかのあらかじめ決定されたデザインなしに内在的諸力の相互作用をもとに進んでいき、それが、原則としていかなる時でも、絶え間ない重力によるように、ゼロ状態の平等性に押し返され得るという意味で、社会の地平線は完全にまっすぐで、完全に水平である。組織化は、マキアヴェリの「原理へ戻る *ritorno ai principi*」の破壊力をそれ自体備えている。ここで言おうとしているのは、社会的制度（あるいは他の垂直性の審級）が形成されないということではなく、それが厳密に内在的規定を受けており、そのため常に必然的に、再構築、再構成、そして破壊に陥りやすいということである（たとえばあらゆる代議制は直ちに廃止されるべきだと主張したパリ・コミューンの闘志たちの意味で）。*Dispositif* すなわち布置は、上からの、超越性という外的な空間からの社会秩序を構築し、*Agencement* すなわち組み合わせは、下からの、内的社会的平面からの社会的組織化のメカニズムを構成する。社会の物質的構成の地平は、社会的創造の原動力としての実践を重視する。社会的身体の実践的政治学は、あらかじめ決定された形態の抑圧から内的諸力を解放することによって自らの目的を発見し、自らの構成関係を創出する。繰り返せば、われわれが見い出すのは、社会的存在の産出性が、その能産性と一致しているということである。水平な社会は、破壊や解体同様に実践的創造と構成を育む開かれた現場となっているのである。この構成のモデルは、全ての内在平面を絶対的にかつ対等に包含する一般的な集合である。スピノザが好んで言ったように、民主主義とは絶対的形式の統治なのである。

社会の組み合わせ《アセンブリッジ》や構成の過程は、個人主義によって措定される限界とは無縁である。というより、より正確に言えば、社会的諸身体の輪郭は、組み合わせの実践が、ある関係を解体して他の関係を構成するのと同様に、絶えず変化にさらされている。それゆえ個人的なものと集団的なものとの間には何の矛盾もない。社会の構成は別の軸に依拠しているのである。政治的組み合わせの過程、喜びの社会的関係の構成は、代わりに多様性と群衆《マルティテュード》＝多数性との間を動くのである。言い換えれば、肯定と喜びというドゥルーズ的実践は、社会的身体あるいはそれよりはるかに力強い構成平面の創出のほうに向けられているのであるが、一方でそれらは同時に、内的な敵対、破壊と解体という現実的な諸力にもさらされている。政治的組み合わせは確かに、絶えず刷新され、更新されなければならないという点で、一つの技術《アート》＝芸術なのだ。群衆＝多数性はこの実践を通して、一群の行為、欲求、欲望によって規定される社会的身体として組み上げられる。資本が放った搾取者によって貪り尽くされるのを拒否する、マルクスの生きた労働のように、社会的秩序という死んだ力から脱することを止めない、社会における生きた力を把握するドゥルーズの方法とは、まさにこのことである。そして、生のこの質を規定するのは、活動力であり触発される力——器官なき社会的身体——である。群衆＝多数性の構成あるいは構築は、いずれにしても社会的諸力の多様性を否定するのではなく、むしろ多様性をより高次の力の水準へと押し上げるのである。

しかしながらこれらすべてのことは、いずれも民主主義的な政治学のヒントを提供したに過ぎない。われわれには依然として、その構成的メカニズムを具体的な社会的実践によって肉付けする作業が残っている。ドゥルーズがわれわれに与えてくれるものは、実際、社会的組み合わせ《アセンブリッジ》の今日的形式に対する将来の探究の道筋を示唆するような一般的な方向付けにほかならない。政治的地平の上で、社会的実践と欲望の多様性はわれわれに対して、構成あるいは組み合わせの条件を示してくれる。過程が規定されねばならないのは、この領域なのである。組み合わせは、両立可能な内的関係と、構成可能な実践と欲望とを伴った社会的身体とを接合することによって追究されなくてはならない。現存の社会的実践においても、大衆文化《ポピュラー・カルチャー》の情動的表現の中においても、労働組合のネットワークにおいても、われわれは十全で肯定的な喜びに溢れた諸関係と、力強い主体的な組み合わせを構成し得る社会的集団の物質的メカニズムを見極めなければならない。多様性から群衆＝多数性へという道筋を埋めることは、われわれに残された、民主主義的な政治的実践にとっての中心をなす企てにほかならないのである。

原注

序論

1 この種の議論は、たとえばスティーヴン・ハウルゲイトの『ヘーゲル・ニーチェと形而上学批判』の中にうかがうことができる。われわれは第二章の「注解　否定性の復活」で彼の議論へと立ち戻り、それを慎重に検討してみるつもりである。

2 ジュディス・バトラーの『欲望の主体』やスティーヴン・ハウルゲイトの前掲書に加えて、ジリアン・ローズの『ニヒリズムの弁証法』やジョン・グルムレーの『歴史と全体性——ヘーゲルからフーコーまでの急進的歴史主義』も参照のこと。六〇年代のフランス思想がヘーゲル的な問題系からの断絶を首尾よく遂げているということをはっきり認めている解釈としては、マイケル・ロスの『認識と歴史——二十世紀のフランスにおけるヘーゲルの流用』を参照のこと。

3 われわれは存在の「主知主義的」考察の拒否と唯物論的存在論の基礎とを、スピノザの属性に関するドゥルーズの解釈を通じて詳細に論じて行くつもりである（第三章第四節および第五節を参照のこと）。私はドゥルーズの存在論をハイデガーの存在論と直接対比させているわけではないが、このような問題の提示の仕方はたぶん非常に有益であり、それだけで独立した研究の対象に十分なりうると考えている。ここでは私は、ドゥルーズのアプローチを位置付け、有益な指標を提供するために、二人の対比についての一般的な輪郭を指摘しておくだけにとどめたい。

4 最近では、認識論的、存在論的そして究極的には倫理学的な発展が展開されていることの根底にあって、その展開を決定している必然的で永遠の基盤という観念主義的な概念に言及する際に「基礎付け」や「根拠主義」という言葉を用いたり、今日の様々な介入の背景を形成している腐食土、あるいはもっと適切に言えば地質学的な堆積物という唯物論的、歴史的な概念に言及する際に「基礎」という用語を用いたりする研究者も現れてきている。これらのことは、私がこれから言及していく概念上の区別と類似した問題であるが、「基礎付け」や「根拠」といった言葉が適切であるかどうかは判断に迷うところである。「根拠」という言葉が喚起する有機的な比喩は、あらかじめ決定された「本来の」構造や秩序といった問題をそっくり抱え込んでいる。（たとえば、『千のプラトー』の序章「リゾーム」における、根源的な〔根茎《リゾーム》〕構造に対するドゥルーズとガタリの批判を参照のこと。）さらに、われわれの研究に固有の文脈では、根拠 *Grund* はヘーゲルの体系のなかではなはだしく中心的な役割を担っているため（たとえば『大論理学』pp. 444-78.〔(中) pp. 84-135〕を参照のこと）、基礎付けと区別できそうな何らかの差異を回復することは困難である。

緒言

1 私はドゥルーズのヒュームについての著作が、何らかの意味で付随的なものであることを示唆しようとしているのではない。私は、私の目から見て特に生産的であると思われたドゥルーズの仕事の一群を横断する、ある一つの断面を取り出すことを選択したのだが、しかしこれが彼の仕事にアプローチするための唯一の方法であるわけでは決してない。私はただ彼の仕事を私自身のものにするために最善を尽くしただけである。

2 ブライアン・マスミは私の知る限り最良のドゥルーズの読者と思われるのだが、彼はわれわれに適切な例を提供してくれている。〔彼が英語版を翻訳した〕『千のプラトー』に寄せた彼の序文のなかで、ドゥルーズが「国家哲学」に敵対する立場にあることを主張している点では確かにマスミは正しい。けれどもマスミは（そして時にはドゥルーズもまた疑いの余地なく）西洋思想史における「国家哲学」の中心性と覇権《ヘゲモニー》とを過度に強調しすぎる傾向がある。「〈国家哲学〉とは、プラトン以来西洋の形而上学を特徴付けてきた表象的思考を表すための別の言葉である」(p. xi)。西洋の形而上学は、そのような一義的な仕方で特徴付けられるべきではない。というのも哲学的伝統は、その内部にいくつかの急進的な別の方向性を内在させているからである。こうした単純化の結果としてわれわれは、ドゥルーズにとって大事な敵対する伝統の周縁性を過度に強調する傾向をも同様に見い出すことになる。別の言い方をすれば、たとえルクレティウスやドゥンス・スコトゥスやスピノザたちが、今日の「国家哲学」の政治‐学問的な覇権（プラトンやヘーゲルなど）によって不公平にも影を薄くさせられているという意味で「少数派」を形成しているとしても、それにもかかわらずこの「少数派」は西洋形而上学の最も高次で中心的な契機の一部を構成しているのである。私の論点は、このもう一つの伝統の首尾一貫性と巨大な力とをわれわれは軽視すべきではないということである。とにかくドゥルーズの「国家哲学」への敵対は西洋哲学そのものに対する敵対として考えられるべきではなく、逆に西洋哲学の最も強力で最も明晰な境位の肯定として考えられるべきなのである。多くのアメリカの読者がドゥルーズを誤読して「ポストモダンの思想家」とみなしているのは、たぶんこの混同のゆえに違いない。

3 フランス哲学会でドゥルーズが「劇的構成の方法」と題された発表を行なったあと、ドゥルーズの指導教授であったフェルディナン・アルキエは、生物学や心理学やその他の分野からの例証にもっぱら依拠することによってドゥルーズは専門的な哲学的言説の特性に対する理解を失っていると非難した。ドゥルーズはこの非難に著しく気分を害し、感情的ではあるが愛情のこもった答えを返した。「あなたが転倒した非難をなさったため、私はいっそう傷付いています。なぜなら私は哲学の特性を完全に信じきっていて、この確信をほかならぬあなたに、あなた自身に負っているのですから」("La méthode de dramatisation" p. 106)。アルキエが誤解していたように思われることは、たとえドゥルーズの例証が「非哲学的」であるかもしれないにせよ、彼の推論と説明がその最も厳密な意味において純粋に哲学的であるということである。

4 われわれはこの点を、ドゥルーズのドゥンス・スコトゥスに対する関わり方のなかに非常に明確に見てとることができる。「存在論的命題は断じて一つしかなかったのであり、それは〈存在〉は一義的であるというものである。存在論は断じて一つしか、すなわちドゥンス・スコトゥスの存在論しかなかったのであり、彼は存在に唯一の声を与えた。なぜドゥンス・スコトゥスであるかといえば、それは彼が抽象化してしまったにせよ〔原著の依拠した原文は「抽象化に屈することなく」と誤訳〕、一義的な存在を精妙さの最も高次の段階にまで高める術を知っていたからである」(『差異と反復』p. 52〔p. 67〕)。存在の一義性という観点からすると、ドゥルーズは存在論の歴史をドゥンス・スコトゥス、スピノザ、そしてニーチェの議論によって根本的に支えられているものとみなしている(pp. 52-61〔pp. 67-75〕)。ここでの中心的な論点はまたしても、ドゥルーズは形而上学から離脱しつつあるのではなく、逆にその最も高次の特質を再肯定しているということである。

5 ドゥルーズの『ベルクソンの哲学』(1966)が『ニーチェと哲学』(1962)よりも後に刊行されているために、ドゥルーズの仕事に精通している読者が私の提案した進展の順序(ベルクソン―ニーチェ―スピノザ)に異議を唱えるとしてもそれは無理もないことである。しかしながらドゥルーズの初期の論文「ベルクソンにおける差異の概念」(1956)を読むと、ドゥルーズのベルクソン読解はその大部分が、彼がニーチェに専念する以前に十分に確立されていたことがわかるのである。より重要なことは、ドゥルーズのベルクソン読解が、彼がニーチェ研究において解決しようとする諸問題に論理的に通じていて、今度はそのニーチェ読解が彼をスピノザ研究へと赴かせる諸問題を露呈させているということに、われわれが気付くことなのである。これが、私が跡付けてみようと思う存在の論理学から倫理学へ、そして最終的には存在の政治学へといたる軌跡にほかならない。したがって私は、思想家たちのドゥルーズにとっての重要性の歴史的な順序と彼の思考によって跡付けられた論理的な発展の双方に基づいて、進展の順序に関する私の提案を正しいものとしたいのである。

6 綿密な調査などしなくてもドゥルーズの伝記の最も一般的な事実、とりわけ彼が実際にしていなかった事柄は、彼の世代から出現したフランス哲学界の主流をなす他のほとんどすべての人物の態度表明から彼を区別する差異を示している。つまりドゥルーズは、フランス共産党の一員であったこともなければ、排他的な国立高等専門学校《エコール・ノルマル・シュペリウール》に在籍していたこともないし、マルティン・ハイデガーの仕事に魅了されたこともなかったのである。

第一章

1 ここでヘーゲルが引用しているのは、明らかにスピノザ発ヤーラッハ・イエレス宛の書簡五十〔『スピノザ往復書簡集』pp. 237-39〕からである。原文は以下の通り。「このようにして、形式は限定にほかならずまた限定は否定なのですから、形式は私の申したように否定以外の何ものでもあり得ないということになります」(“Quia ergo figura non aliud, quàm determinatio, & determinatio negatio est ; non poterit, ut dictum, aliud quid, quàm negatio, esse”)。ヘーゲルが、彼の目的に応じて引用箇所を単純化し変更していることはたいした問題ではない。だが彼の解釈では、この引用のスピノザ的な意味合いは完全に歪曲されてしまっている。スピノザの「否定主義」というヘーゲルの誤読についての詳しい分析に関しては、ピエール・マシュレの *Hegel ou Spinoza* pp. 141ff.〔『ヘーゲルかスピノザか』pp. 162-74〕を参照のこと。

2 (ロジャー・ベーコンとドゥンス・スコトゥスからウィリアム・オッカムへいたり、さらに後には、フランシスコ・スアレスにいたる) スコラ哲学者たちの仕事は、因果性と存在の産出性に中心的な存在論的重要性を付与している。ドゥルーズの仕事との関連で私にとって最も重要だと思われるのは、スコラ的様式における存在論的推論とスコラ哲学者たちが存在を確証する基準である。存在の力、必然性、完全性、実在、一義性といったものはすべて因果的論証を通じて確証される。聖なる本質は産出的能力であり――それは第一原因として、万物の作用因として存在する（オッカムがさらに付け加えたことは、神は万物の作用因であるだけでなく、直接的な原因であるということである）。エチエンヌ・ジルソンがドゥンス・スコトゥスに関して〔次のごとくに〕説明しているように、スコラ哲学の存在論の根本をなすのは存在の補完的な特性である。「〈因果性〉と〈能産性〉は、言い換えれば産出する能力と産出される能力である」（『中世哲学史』*La philosophie au Moyen Age*, p. 595）。これらの存在論の議論を通じて、スコラ哲学者たちは、因果性の原理を練りあげることとその遵守にあたって、細心の注意を払っている。以下の原則の中のいくつかはわれわれの議論において、特に有用であることが判明することになろう。［1］結果はその原因以上の完全性も実在性も持たない。［2］事物は自らの外部の何物かの必然的な原因にはなり得ない。結局、作用因は神の存在証明の根本ではあるけれども、スコラ哲学者たちはおおむねアリストテレスから受け継いだ四種類の因果性（質料因、形相因、作用因、目的因）を、その種類の意味に重大な変更を加えてはいるものの、実在因として保持しているのである。原因の種類についての詳細な分析についてはフランシスコ・スアレス『形而上学的討論集』*Disputaciones metafísicas*, Disputación XII, Sección IIIを参照のこと。

3　ドゥルーズがスコラ哲学者たち（特にドゥンス・スコトゥス）に関心を寄せていることとベルクソンがアリストテレスについて該博な知識を持っていたことを考え合わせれば、もちろんドゥルーズのベルクソン研究にスコラ哲学の残響が聴きとれることは何ら驚くにあたらない。ベルクソンはアリストテレスの場所の概念についてラテン語の学位論文《テーズ》をものしたのである。

4　われわれは、スピノザが、スコラ哲学で存在と因果性の間に認められた結び付きに、二つ重要な変更を加えたことに気付く。(1)神は原因を有さない第一原因ではなく、自己原因 *causa sui* である。(2)作用因だけが実在因として認められる。スピノザは一つ目の変更をデカルトから受け継いだが、エチエンヌ・ジルソンは、スコラ哲学の教義に対するこの変更は、スコラ的推論からの離脱というよりむしろその精緻化であり、そのことが因果性と実在的存在の間の緊密な結び付きを強化するのに資するものであることを明確に説明している。「すべてのものが原因を有するのであれば、神は原因を有する。神が原因を有さないのであれば、すべてのものが原因を有するということはできない。したがって因果性の原理によって神の存在を証明することはできない。デカルトの証明が、原因を有さない第一原因の証明ではなく、それ自身の原因である第一原因の証明であるのはこのためである。彼は、純粋行為であるスコラ哲学の神を、後にスピノザが把握することになる自己原因 *causa sui* である神にとりかえるのである」(ジルソン編『方法序説』Discours de la méthode, p. 327)。スピノザにみられる二つ目の変更、すなわち形相因と目的因の拒絶はデカルトに向けられている。『エチカ』ＩＰ34-36および第一部付録を参照のこと(スピノザの著作の言及箇所を示す略語の説明は、本書第三章の注4にある)。

5 ドゥンス・スコトゥスは本質的に秩序づけられているソレ自身ニヨル原因 *causae per se* と偶然的に秩序づけられている偶然ニヨル原因 *causae per accidens* との基本的区別を定義している。『哲学論集』*Philosophical Writings* p. 40を参照のこと。

6 ドゥルーズの議論は、暗黙のうちに、哲学の伝統の中に一つの根本的な区別を設定している。この区別は歴史的には、プラトン主義とアリストテレス主義との徐々に激化していく対立関係として現れている。かたやヘーゲルがプラトンの存在論の誤りを受け継いで際立たせ、極限にまで推し進める。他方スコラ哲学者たちとベルクソンは、絶えず存在のアリストテレス的論理を完全なものにしようとする。したがって、ここで暗示されている哲学史の大まかな概要には、プラトンからヘーゲルにいたる一本の軸と、アリストテレスからスコラ哲学者たちを経てベルクソンにいたる、まったく別の方向に向かうもう一本の軸とが存在しているのである。

7 この時点では、ベルクソンとヘーゲルの真の対立点は、(限定性と差異という)存在の状態についての両者の主張にあるというよりも、むしろそれらの状態を達成するとされている過程(限定と差異化)にあるようだ。この推論を押し進めれば、ベルクソンはヘーゲルの目的は認めているが方法は批判している、と言えるかもしれない。だが、過程を、達成された状態から区別しようとすれば、ヘーゲルとベルクソンの両者を歪曲することになってしまう。前に指摘したように、ヘーゲルにおいては、限定性という状態は、否定という過程によって根拠付けられるだけでなく、この力動性の絶えざる運動によって構成されるものでもある。同様にベルクソンの差異も、静的な通性原理《クイッディタス》にではなく、時間のなかで持続する運動に関わる。ヘーゲルとベルクソン両者の提示する時間の哲学では、状態と過程の間にいかなる有効な区別もあり得ないのである。

8 この時点ではこの「生が自らにもたらす内的爆発力」という観念は明確ではないので、後に立ち戻るつもりである。ドゥルーズは同じ文脈中でしばしばベルクソンの直観を引き合いに出すのだが、この概念で事情が明確になるわけでもない。しかし次の点は指摘しておくべきだろう。つまり、この曖昧な観念が存在を分節化する力動性としてベルクソンの体系の中心をなしているということである。今後の論考における、ニーチェの力への意志とスピノザのコナトゥス *conatus* が作動し始めるのはまさにこの点からなのである。

9 ヘーゲルは、語源的観点からすると、現存在 *Dasein* とはそこに存在すること、或る場所に存在することを意味すると指摘している。だが、ヘーゲルは続けて、ここでは空間の観念は無関係だ、としている（『大論理学』p. 110〔(上の一) pp. 117–18〕）。ドイツ語の語源に注目し、それを基礎としてドゥルーズの用法を説明するというのは魅力的である。つまり限定された存在あるいは現存在 *Dasein* は空間に関係し程度の差異を示すが、これに対して差異という「非限定的な」存在は時間に関係し本性の差異を示すというわけである。しかし、既に見てきたようにドゥルーズは、弁証法のヘーゲル的な現存在 *Dasein* は本性の差異も程度の差異も有していないと考えている。ヘーゲルにおける存在は、抽象のままにとどまっているのである。

10 可能的なものに対するこの批判はすでに一九五〇年代のドゥルーズの初期ベルクソン研究の時期にも見られたが、その時点では可能的なものと潜勢的なものとを区別したに過ぎず、実在的なものと現勢的なものとの区別はなされていなかった（『差異について』pp. 298–99〔pp. 193–94〕）。完全な定式化がなされたのは、ベルクソン研究の第二の時期であり、それはまったく同じ観点から「劇的構成の方法」(pp. 78–79) と『差異と反復』(pp. 269–79〔pp. 315–32〕) で繰り返されている。可能的なものの批判はデカルトに向けられており、『スピノザと表現の問題』(pp. 30–31, 38–39, 122–26〔pp. 19–20, 28–29, 119–24〕) では、わずかに形を変えて取り上げられている。これらの箇所には後でまた戻るつもりである。

11 もちろん私の論点はドゥルーズがその議論をスコラ哲学者たちから引き出したということを証明することにはない。このスコラ哲学の残響は、ベルクソン自身とベルクソンがアリストテレスに対して抱いた関心との結果だとも考えられるのである。むしろ重要なのは、スコラ哲学の議論や、同様の問題に関わる議論を心に留めておくと、ドゥルーズの議論の論点がもっと明確に理解できるということのほうである。

12 ここにいたってついにベルクソンの「限定的な」と「非限定的な」という用語の使い方が理解できるようになる。ヘーゲルの文脈ではそれらはまるで違った意味を持っている。しかし、これらの二つの用語の言語使用域《レジスター》に懸隔があるということから従来適切に扱われてこなかった重大な問題が明らかになるのだ。ある意味では、ドゥルーズにおける存在は「限定され」ていなければならない。存在は必然的で質化されており、唯一＝特異かつ現勢的だからである。別の意味では、ドゥルーズにおける存在は「非限定的」でなければならない。存在は偶然的で創造的だからである。ドゥルーズが最も大事にしている用語のいくつか——予見しえない（*imprévisible*）、反時代的（*intempestif*）、事件（*événement*）、とかいった——はこの点を強調しているのである。

13 ドゥンス・スコトゥスにおける形相的区別の役割は、統一と多様性、普遍的なものと個体的なものを二つの別な平面上で媒介することである。ジルソンの『中世哲学史』pp. 599ff. を参照のこと。『スピノザと表現の問題』で、ドゥルーズはスピノザにおける実在的区別という概念を使ってドゥンス・スコトゥスの形相的区別を批判することになる（pp. 63-65〔pp. 57-59〕）。

14 この時点では、ドゥルーズは自らの著作のなかで、ベルクソンの「仮構」*fabulation* のなかに義務というものの説明と人間の創造性の否定しか見い出していない。後の著作のいくつか、特に映画に関する著書では、彼は「共同仮構《フェーブル・メイキング》（confabulation）」をもっと肯定的な観点から解釈し直している。実際、アントニオ・ネグリとの最近の対談のなかで、ドゥルーズは社会的構成という考えを発展させるためにはベルクソンのこの概念に立ち戻らなくてはならないということを示唆している。「ユートピアというのはよい概念ではありません。むしろ人民と技術《アート》＝芸術との双方に共通する〈共同仮構〉が存在するのです。共同仮構というベルクソンの観念を取り上げて、それに政治的な意味を与えるべきなのです」（"Le devenir révolutionnaire et les créations politiques" p. 105〔『記号と事件』p. 287〕）。

15 フランスのベルクソン学界を苛立たせたのはまさしくこの『ベルクソンの哲学』の結論である。後に「注解」で、雑誌『ベルクソン研究』に掲載されたマドレーヌ・バーテルミー＝マドールの論文を考察するつもりであるが、この論文のなかで、彼女はこの結論に焦点を絞り、「ベルクソンはニーチェではない」と反論している（p. 120）。私が再構成したドゥルーズの思想展開について、たぶん次のように問う向きがあるかもしれない。なぜ『ベルクソンの哲学』はニーチェ的な主題を全面的には取り込んでおらず、それらの主題の範囲におさまらなかったのか？　と。答えるとしたら、ベルクソンはニーチェではないからだというバーテルミー＝マドールの見解に同意せざるを得ないだろう。たとえドゥルーズの解釈の戦略が高度の選択性をはらむものであろうと、彼は別の学説

16　に適合させるためにある学説をこじつけるようなまねは決してしないからである。この点に関して核心的なことを述べている一節は、ニーチェとの関連で、ドゥルーズがカリクレスの法に対する攻撃について述べている部分である。「力がなしうることから力を切り離してしまう一切のものを、彼は法と呼ぶ。法はこの意味において、強者に対する弱者の勝利を表している。ニーチェはこう付け加える、それは能動に対する反動の勝利であると。確かに力を切り離してしまう一切のものは反動的であり、反動的であるというのは、自身のなしうることから切り離された力の状態のことである。これとは逆に、自身の能力の極限点にまで突き進んでいく力は能動的である。あらゆる力がその極限点にまで突き進んでいくという事態は法ではなく、まさしく法とは正反対の事態である」(『ニーチェと哲学』pp. 58-59〔pp. 90-91〕)。このようにして、ニーチェの力という概念を強力な反法権主義として解釈することができる。この一節には後に立ち戻るつもりである。スピノザにおける権利 *jus* と法 *lex* の区別の説明としては、アントニオ・ネグリの『野生の異例性』pp. 96ff. を参照のこと。

第二章

1　以下に掲げる一節は、ヘーゲルに対する攻撃においてドゥルーズが、いささかいき過ぎたようにみえる一例である。「哲学の歴史の総体を検討し、〈……とは何か?〉という問いから発生しうる哲学を探し求めてみたところで、無駄に終わるだけでしょう。……おそらくヘーゲル、そのような哲学が存在するとしたら、それはおそらくヘーゲルの哲学だけです。というのもまさしく彼の弁証法は、空虚で抽象的な本質の弁証法であるがゆえに、矛盾の運動から切り離されることがないからなのです」(「劇的構成の方法」p. 92)。この言説を受けてなされた議論のなかで、フェルディナン・アルキエは次のような理由によりドゥルーズを激しく攻撃している。「〈……とは何か?〉という問いの、このような少し性急すぎる否認を私は遺憾に思います。そして私は、始めにわれわれを少し怖じ気づかせながらあなたが言われたこと、つまりヘーゲルを除いては、どんな哲学者もこの問いを提出したことがなかったなどという考えを、受け入れることはできません」(p. 104)。疑う余地のないことだと思うが、アルキエは次のように主張しているのである。つまり、そんなにたやすくヘーゲルを選り抜くことはできない相談であり、(プラトン、ライプニッツ、カントなどのような)多くの哲学者たちが様々な程度に、そして多様な文脈において「……とは何か?」という問いの重要性を強調してきたのであると。

2　このニーチェ的文脈においてドゥルーズが提出している議論は、あたかも因果性そのものに対する攻撃の一環であるかのようにみえる。けれどもベルクソン研究において既に展開された内《ない》的原因という概念に、この議論を帰属させることは可能である。実際もしわれわれがこの議論を、単に因果性全体に向けられた攻撃としてではなくむしろ内的原因の肯定として読むならば、この議論はいっそう明快なものになっているのである。さらに私としては、因果性に敵対するニーチェの反論の全容は、外的原因に敵対する反論および内的原因の肯定として、生産的に読むことが可能であると主張したいと思う。ニーチェの議論の一例として、『偶像の黄昏』のなかの「四つの大きな誤謬」pp. 47–54〔pp. 56–68〕を参照のこと。

3　生成的な力にまつわる論争の提議により、ドゥルーズは哲学の長い伝統に参加している。おそらくその究極の源泉は、『形而上学』第五巻においてアリストテレスが潜勢態と現実態とを区別したことに見い出すことができよう。ところがこうした議論は、オッカムからマルクスにいたるまでの唯物論者の伝統を振り返ってみれば、そのいたるところで多様な形態において見い出すことができる。要するに、アントニオ・ネグリの読解においてあのような中心的な役割を演じている権力 *potestas* と力能 *potentia* というスピノザによる区別と、奴隷の力と主人の力というニーチェによる用語法とは、互いに非常に密接に関連しているのである。ネグリのスピノザ解釈におけるこの区別の説明については、『野生の異例性』〔の英訳版〕に寄せた私の序文、「権力の解剖学」pp. xi–xviを参照のこと。

4　力の二つの本性のこのような評価は、ドゥルーズのニーチェをスピノザに非常に近い地点にまで引き寄せる一つの境位である。すなわち「徳と力能 *potentia* とを、私は同一のものと解する」(『エチカ』ⅣD8)。

5　マリオ・トゥロンティは、ヘーゲルの主人と奴隷の弁証法にまさに欠落しているものは、価値の問題であると述べている。マルクスが労働の価値という自らの概念に到達するために、ヘーゲルへの批判とリカードへの批判を結合させる必要があるのはこのためなのである(『労働と資本』pp. 133–43)。

6　「あるときには彼が透徹した章句を書くことを可能にしてくれるのであるが、またあるときには彼を誤った方向へと導くおそれのあるヘーゲル哲学に対する一種の怨恨(ressentiment)が、確かに著者のなかにはある」(「ニーチェと哲学」p. 353)。こうした危険を指摘したという点では、確かにジャン・ヴァールは正しい。この指摘に対するドゥルーズの弁明は、怨恨ではなく純粋な攻撃となるであろう非弁証法的な対立を、彼がどう発展させていくかにかかっている。

7　コジェーヴの読解は、主人と奴隷の対面を人格主義的＝人称主義的《パーソナリスト》に解釈した、たぶん最も純粋な版である。たとえば次の一節。「一人の人間＝個人（A human-individual）は一人の人間＝個人と対面して生じる」（*Introduction to the Reading of Hegel*, p. 10〔『ヘーゲル読解入門』p. 18〕）。

8　奴隷の中身がここではずっと本質に属するものと考えられているという非難からヘーゲルを擁護しうる議論を想像することもできよう。けれどもこの箇所は本質としての労働を肯定したものであるというのが、ヘーゲル主義の伝統においては実に広く受け入れられてきた読み方であるので、この点は十分に検討してみるに値すると私は思う。

9　ニーチェとマルクスが正確に結びつけられるのは、「存在の本質は力である」（『エチカ』I P34）というスピノザの命題においてである。この点で、私の議論においてはニーチェとマルクスは本質それ自体を攻撃しているのではなく、一つの本質を別の本質で置き換えているのではないかという反論があるとしても、それは無理からぬことである。そうした反論は正しい。ちょうどニーチェの因果性に敵対する議論が、外的な因果性に敵対して内的原因を擁護する議論として読まれるべきであるように、本質に対する攻撃は本質の外的な形態に対する攻撃なのであると、私としては主張したいと思う。力への意志が存在の本質なのである。事実上「本質主義（essentialism）」への批判は、マルクスとニーチェの両者の文脈においては広く行き渡っている。二人が本質という概念に依拠しているのは事実であるが、しかし両者の場合ともそれは歴史的、物質的で生きている（living）本質なのであり、通常「本質主義的な」議論の焦点となっている理想主義的で超越論的な構造とはまるで無縁の表層的（superficial）な本質なのである。

10　「労働の拒絶」は、六〇年代と七〇年代におけるイタリアのマルクス主義のスローガンであるのみならず、中心的な分析的カテゴリーの一つでもある。ちょうどマルクスが、搾取の多様な形式（地代、利子等）を包括する一般的な用語として剰余価値を発見したように、「労働の拒絶」はそれが構成的なものであれ破壊的なものであれ、個人的なものであれ集団的なものであれ、プロレタリア階級の抵抗の様々な形態——たとえば出稼ぎ、集団移住、労働中止、組織的ストライキ、破壊工作《サボタージュ》など——を包括する一般的な用語なのである。けれどもはっきりと了解しておく必要があるのは、労働の拒絶は生産性や創造性の否定ではないということ、そうではなくそれは搾取にまつわる関係の拒絶なのだということである。伝統的な見地からすれば、労働の拒絶はプロレタリア階級の生産性の肯定であり、資本主義的な生産関係の否定にほかならない。

11 本質への攻撃そして破壊の喜びという主題によってニーチェとレーニンは繋がるのだが、この二人の関連性には大変意味深いものがある。「反逆の芸術」という表現をレーニンがいかに用いているかについての説明は、アントニオ・ネグリ『戦略の技法』*La fabbrica della strategia* pp. 68ff. を参照のこと。

12 一九六八年の五月革命が何であったのか、そしてそれがどうであるべきだったのかについては、確かに実に多様な相互に異なる解釈が存在する。ここで『われわれはすべてを欲する』がわれわれの目的に最も適っていると私が考えるのは、この作品がかつて私が調べたどんな資料よりも、行動における労働者たちの欲望に直接的な表現を与えることに成功しているからである。とにかく、たとえ私がこの作品による説明を一九六八年の事件の模範となる例であると考えているとしても、この作品それ自体があの事件に対応したものであると私は主張しようとは思わない。さらにまた、私は次のことをも指摘しておかなくてはならない。すなわち、ちょうどこの作品がわれわれが辿ってきたニーチェについての特異な解釈、つまりドゥルーズの選択によって規定された読解であるように、それはまた同時にマルクスについての特異な読解、つまりマリオ・トゥロンティやアントニオ・ネグリのような著者によって表現されたイタリアの労働者主義 *operaismo* についての読解でもあるということである。フーコーについての研究のなかで、ドゥルーズはトゥロンティの仕事とのいくつもの共振関係を見い出している。*Foucault*, p. 144〔『フーコー』p. 167〕の注二八、p. 150〔p. 185〕の注四五を参照のこと。

13 その瞠目すべき分析 *Nietzsche et le circle vicieux*〔『ニーチェと悪循環』〕のなかで、ピエール・クロソウスキーはこの選択的存在論という概念を様々な方向に沿って展開している。とりわけ、「選別〔選択〕の教義としての悪循環」と題された章の pp. 177–249〔pp. 231–320〕を参照のこと。

14 力への意志一般の認識根拠 *ratio cognoscendi* としての無への意志、および力への意志一般の存在根拠 *ratio essendi* としての永遠回帰というドゥルーズによる定式化をジャン・ヴァールは賞賛してはいるのだが、しかしニーチェ的文脈においてみた場合この定式化はあまり適切なものではないと彼は考えている。「しかしニーチェの思想についてのこのような説明の仕方（exposé）は、一見したところたぶんあまりにスコラ哲学的すぎるのではないだろうか」（「ニーチェと哲学」p. 378）。ドゥルーズがニーチェの思想に対して外的な要素を導入しているということを指摘した点では、確かにヴァールは正しい。しかし私は既にこのことを証明してきたと信じたいのだが、スコラ哲学者たちへの様々な言及はニーチェの思想の（力、意志、そして因果性の分析における）存在論的な基礎を明るみに出すための大きな一助となってくれるのである。

15 ヒュー・トムリンソンは、“pouvoir d'etre affecté”〔触発される力〕を“capacity to be affected”〔触発される能力〕と訳している。“capacity”〔……しうる能力、可能性〕という訳語は非常に不適切な選択である。なぜなら“pouvoir d'etré affecté”には可能性といったものは一切不在であって、むしろそれはつねに現勢的なものであるからである。

16 「意志」、「欲求」〔衝動〕、「欲望」という用語を、ここでは私はスピノザによるそれらの用語の定義に従って用いている。意志は精神に関わるコナトゥス *conatus* であり、欲求〔衝動〕は精神と身体に関わるコナトゥスである。欲望は、意識を伴った欲求〔衝動〕である。『エチカ』のⅢＰ９Ｓ〔表記法の記述は第三章注４〕を参照のこと。

第三章

1 ドゥルーズの他の哲学史的著作に比べ、このスピノザ論が一般読者をほとんど獲得しなかったとしても、彼のスピノザ解釈は従来のスピノザ研究にとっては革命的なものだった。ルイ・アルチュセールの読解（ピエール・マシュレとエチエンヌ・バリバールがそれを発展させた）と並んでドゥルーズの著作は、過去三十年間に現れたフランスにおけるスピノザ研究に多大な影響を与えたのである。フランスには豊かなスピノザ研究の積み重ねがある。ドゥルーズとアルチュセール派を別にしても、今世紀におけるこの伝統を形作っているのは、フェルディナン・アルキエ、シルヴァン・ザク、マルシアル・ゲルーといった著名な研究者たちだ。本書の中でも、彼らの解釈を取り上げる機会が何度もあるだろう。

2 ニーチェはスピノザを、自分の精神的な同志だと考えていた。フランツ・オーヴァーヴェクに宛てた手紙で彼は次のように述べている。「私は本当に驚いている。すっかり心を奪われてしまった。私には先輩がいたのだ。それも何という先輩だろう！　私はスピノザをほとんど知らなかった。今になって私がスピノザのもとに戻ったのは、〈本能〉のなせる技だ……私の孤独は、非常に高い山の上にいるような、息をつくのも困難にさせ、血の気も引くものだったが、それが今や少なくとも二人ぼっちになったのだ。」（「一八八一年七月三〇日フランツ・オーヴァーヴェク宛書簡」、*The portable Nietzsche*, p. 92〔『ニーチェ書簡集Ⅰ』p. 500〕）

3　レオン・ブランシュヴィクに宛てた手紙の中でベルクソンは次のように書いている。「すべての哲学者は二つの哲学を持つと言えるでしょう。彼自身の哲学と、スピノザの哲学と」（*Ecrits et paroles*, p. 587〔『小論集Ⅱ』p. 224〕）。この二人の哲学者に共通するテーマに関する鋭い分析としては、シルヴァン・ザクの「ベルクソンの哲学におけるスピノザ主義的主題」"Les thêmes spinozistes dans la philosophie de Bergson" がある。また、ローズ＝マリー・モッセ＝バスティードの「ベルクソンとスピノザ」"Bergson et Spinoza" も参照のこと。これは、コレージュ・ド・フランスでのベルクソンの講義に重点を置いた論文である。ベルクソンとスピノザの双方にあってドゥルーズが敢えて扱わない最も重要なテーマは、宗教と神秘主義に関するものである。ザクとモッセ＝バスティードのほうは、このテーマをスピノザ―ベルクソン関係の中軸をなす側面とみなしている。

4　われわれは今後スピノザの著作から引用する際、慣用的な略号に従う。Aは公理、Cは系、Dは証明、Pは定理、Sは注解である。ローマ数字は『エチカ』の一部から五部までを示し、アラビア数字は定理や注解の番号を表す。したがって、『エチカ』ＩＰ８Ｓ２は、『エチカ』第一部定理八注解二の意味である。

5　私はここで「差異」difference と「区別」distinction という用語を、それらがドゥルーズの思想の中で同じ役割を果たしているように見えるからという理由で、あたかも相互に入れ替えがきくかのように用いている。しかしながら、これら二つの用語の間には重要なニュアンスの違いがあるのではないかとも考えられる。事実、「差異」という言葉の普通の用法は、他の原因あるいは外的な原因を含意しており、そのため存在の唯一《シンギュラリティ》＝特異性を定義する用語としては「区別」のほうがふさわしいかもしれないからだ。当然のことながら、次の二つの別個の文脈には留意しなければならない。すなわちベルクソンの差異の用法は、何よりも生物学と機械論に由来するものであるのに対し、スピノザにおける区別の考察は、第一にデカルトに、次いでスコラ哲学者たちに結び付けられなければならないのである。

6　ベルクソンとスピノザにおける存在の唯一＝特異性に関する共通のテーゼを提示した以上、われわれは、一般的には何が両者の重要な差異とみなされているかということについても知っておかなければならない。「スピノザの哲学が必然性の哲学だとしたら、ベルクソンの哲学は偶然性の哲学である」（シルヴァン・ザク「ベルクソンの哲学におけるスピノザ主義的主題」p. 126）。哲学史を学んだどんな学生も、ザクと同様に、スピノザは「絶対的決定論者」であるのに対し、ベルクソンは「予見しえない新しさ」に基づく存在論を構築していると指摘するだろう。しかしながら、私はこの伝統的な対立は疑わしいと思う。ドゥルーズの著作では、スピノザにおけるのと同様、必然性と偶然性、決定論と創造という伝統的区別が見事に転倒されていることがわかるのである。

7　ドゥルーズによる表現のテーマの強調は、存在論の領土で記号学に反対する論争を形作る。標徴の体系は、存在を産出的な力動として認識しない。それは存在をその因果的な系列によって理解する助けにならないのである。多くのフランスの構造主義者や六〇年代の記号学的言説の拠り所である「不在の原因」は、積極的《ポジティヴ》＝肯定的な存在論的基礎付けといったものを拒否している。それとは対照的に、表現の理論は、存在の系譜学を明確化することによって原因を現前させ、われわれを存在論的基礎付けに引き戻そうとするのである。

8　ドゥンス・スコトゥスとスピノザの連関をめぐってドゥルーズは、伝統的哲学史の議論に珍しく割って入っている（『スピノザと表現の問題』pp. 63-67〔pp. 54-60〕）。彼も指摘しているように、スピノザが直接ドゥンス・スコトゥスを読んでいたとは考えにくい。しかしながら、明らかにスコトゥスに通じていたユアン・デ・プラドーを通して、スピノザは一義性と形相的区別に関するスコトゥス主義の解釈を知り得たに違いない。だからこそドゥルーズは、このドゥンス・スコトゥス―スピノザという思考軸を、これに敵対するスアレス―デカルトという思考軸に対置するのである。闘いは、一義性、内在性、表現（ドゥンス・スコトゥス、スピノザ側）対、多義性、卓越性、類比（スアレス、デカルト側）という形で繰り広げられる。毎度のことだが、ドゥルーズの哲学史解釈は非常に示唆的ではあっても、文献学的あるいは歴史学的観点から見ると必ずしも十分に練り上げられたものではない。ドゥンス・スコトゥスの形相的区別の理論に関する説明としては、エチエンヌ・ジルソンの『中世哲学史』pp. 599ff. を参照のこと。

9　アルキエはスピノザ主義を、デカルト的自然学と機械論がルネサンスの自然主義と綜合されたものとして定義できるという見解を示している。

10　マルシアル・ゲルーはこの論争の歴史を徹底的に調べあげている。『スピノザ・I』pp. 50, 428-61 を参照のこと。ゲルー自身は、明確に客観主義的解釈の立場をとっている。

11　ゲルーによれば、ヘーゲルの解釈は「十九世紀から今日にいたるまで共通の解釈をし続けてきたすべての解釈者たちを貫く、発想の源泉」であるという（『スピノザ・I』p. 466）。pp. 462-68 も参照のこと。

12 この年代のフランス哲学で支配的な思潮の分析としては、ヴァンサン・デコンブの *Modern French Philosophy*〔『知の最前線――現代フランスの哲学』〕を参照のこと。

13 「並行論」という言葉はスピノザの用語ではなく、ライプニッツの解釈から導入されたものである。スピノザの思想にこの用語を適用するのは適切ではないと多くの人が主張してきた。例えば、シルヴァン・ザクは、スピノザにおける諸属性間の関係を表すのに「並行論」という用語を使うことに反対している。「精神的なものと生理学的なものとの間には一致もなければ並行もなく、用語上の一致もなければ全体の一致もない」（『スピノザ哲学における生の観念』pp. 96-97）。ザクが論じているのは、諸々の属性は、異なった観点から見られることはあるにしても、並行なのではなく、実質的には同一なのだということである。この点でドゥルーズが、一致の同等性を主張しているのではなく、原理の同等性を主張していることは重要である。このニュアンスを考慮に入れれば、ザクの異論がドゥルーズの解釈にも十全にあてはまるかどうかは疑わしいと言える。

14 アントニオ・ネグリは、属性の問題が組織化の問題であるという説得力ある議論を展開している（『野生の異例性』pp. 53ff.）。諸々の属性が構成する存在論的な秩序は、あらかじめ構成されている一つの存在、一つの理念的な構造を提示する。このことが、スピノザが実践的、政治的な関心に向かって進んでいったときに、属性が議論から消えていった理由であるとネグリは論じるのである。しかしドゥルーズは、この問題に気付いていないか考慮を払っていないように見える。

15 後述するが、この存在論的並行論を雄弁に語っているにもかかわらずドゥルーズは、実践が構成の地平に現れる、探究の最も重要な地点でそれを最大限に適用することをしていない。

16 『エチカ』の第五部で属性が再び現れることによって、私の命題は特殊な困難に逢着する。ネグリの主張によれば、この再出現は、スピノザが第五部の異なった部分を異なった時期に書き上げたという事実、その結果第五部にはスピノザの初期の仕事に見られた汎神論的なユートピアの残滓が含まれているという事実によるものである（『野生の異例性』pp. 169ff.）。私のドゥルーズ的な仮説は、それとは異なった解釈をとる。私は、第二種の認識から第三種の認識へと昇り、神の認識へと昇っていこうとするスピノザの試みが、新しい思弁的契機を、始めの探究様式へ戻ることを必要とするのだと主張したい。スピノザの探究 *Forschung* への回帰は、属性も含めたあらゆる科学的手段を携えて戻ってくるのである。

17 『スピノザの真理論』の中でトーマス・マークは、スピノザの認識論に関する英米の分析的な解釈に徹底的な解説を加えている。マークの説明によれば、伝統的なアプローチ（ヨアキム、スチュアート・ハンプシャー、アラスデア・マッキンタイアなど）はスピノザを、真理の一致説に反対し真理の「一貫説」の側に立つものと措定している。一貫説とは、実在を構成する整然としたシステムの内部で一貫性を持つものを真理とする立場である。しかし、スピノザは存在としての真理に関するはるかに古い認識論的伝統に位置付けられるほうが望ましい、とマークは主張する。「もしわれわれがスピノザの真理の理論を歴史的な背景の中で理解しようとするなら、われわれは一致説の見解を、一貫説と対比させるのではなく、むしろ〈存在の真理〉ないし〈事物の真理〉、すなわち〈存在論的真理〉の理論と対比させなければならない」（p. 85）。マークによれば、この存在論的真理の理論はスピノザを、プロティノス、アンセルム、アウグスティヌスに連なるプラトン主義的伝統に位置付ける。ドゥルーズの解釈はマークの解釈とあるところまでは一致する。しかし決定的な問題は、マークが、ドゥルーズが理解したように真理と力との間の中心的関係を理解していないという点にある。いったん真理の問題が力の問題でもあることになると、スピノザの認識論は実践的認識論のほうへと向かっていく。したがってドゥルーズの解釈は、スピノザの「存在論的真理」を、プラトン主義的な伝統ではなくニーチェ的な伝統に位置付けるのである。

18 一定の円の観念は明晰・判明であるかもしれないが、もしそれが自らの産出の道筋を表現していなければ非十全なままである。十全な円の観念ならば、たとえば一端が固定され中心の回りを回転する半径の観念を伴っているだろう。この観念はその原因を表現しているからである。もっと重要で複雑な例は、正義の観念かもしれない。十全な正義の観念があるとすれば、それはわれわれがそうした観念を産出し構築する手段を表現していなければならない。すなわち十全な正義の観念は、この観念を導き出す諸観念の完全な系譜を伴っているはずなのである。

19 「多数の物体が……他の物体によって強制されて互いに接合するようにされているとき、あるいはそれらが自己の運動をある一定の仕方で互いに伝え合うように動いているとき、われわれはそれらの物体を互いに合一していると言い、それらがすべて一緒になって一つの物体あるいは一つの個体を形成していると言う」（『エチカ』ⅡP13Def）。

20 スピノザの群衆＝多数性に関する概念を拡張した議論としては、アントニオ・ネグリの『野生の異例性』pp. 187-90, pp. 194-210を参照のこと。

訳者あとがき

本書は Michael Hardt, *Gilles Deleuze : An Apprenticeship in Philosophy*, University of Minnesota Press, Minneapolis, 1993 の全訳である。原題を直訳すれば、『ジル・ドゥルーズ——哲学における徒弟時代』となるが、本訳書では編集部と協議の上、『ドゥルーズの哲学』とした。

本書の著者マイケル・ハートは一九六〇年ワシントン生まれ。アメリカの若手の哲学・文学理論研究者であり、ワシントン大学で比較文学を修めた後、フランスに留学しパリ第八大学（サン＝ドニ校）でアントニオ・ネグリに師事して政治哲学を学んだという異色の経歴の持ち主である。現在はデューク大学の助教授として文学を講じており、本書のほかにはこれまでに、博士号を取得した論文「組織化の技術＝芸術《アート》——ジル・ドゥルーズとアントニオ・ネグリの政治的存在論の基盤」("The Art of Organization : Foundation of Political Ontology in Gilles Deleuze and Antonio Negri", University of Washington, 1991) をはじめ、師ネグリのスピノザ論『野生の異例性』(*The Savage Anomaly : The Power of Spinoza's Metaphysics and Politics*. Minnesota, 1991) とジョルジュ・アガンベンの『来るべき共同体』(*The Comming Community*, Minnesota, 1993) の二冊の書物の翻訳や、ヘーゲルやスピノザを主題とした論文を執筆している。また、一九九四にはネグリとの共著『ディオニュソスの労働——国家形態の批判』(*Labor of Dionysus : A Critique of the State-Form*, Minnesota, 1994) を刊行するなど、活発な研究活動を展開している。ハートの著作が日本語に翻訳されたのは今回がはじめてなので、大半の読者は彼の名を知らないと思われるが、新進気鋭の研究者であることは、以上の業績を見ただけでおわかり頂けるだろう。

さて、こうして著者ハートの経歴をたどっていくと、どうしても師ネグリとの関係に眼を奪われてしまう。アントニオ・ネグリといえば、かつて六〇年代のイタリアを風靡した労働運動「ポテーレ・オペライオ」の理論的指導者であり、極左テロ組織「赤い旅団」によるモロ前首相（当時）誘拐暗殺に連座した嫌疑によって投獄された八〇年代前半に前記のスピノザ論『野生の異例性』を獄中執筆し、議員特権によって釈放された八三年以後は政治亡命先のフランスで研究・執筆活動を続けているスキャンダラスな人物なのだが、フランスでの身元引受人であった故フェリックス・ガタリと親交が深く、またドゥルーズとも、特にスピノザ研究を通じて実践哲学の探究に関しては深く共鳴し合っていることで知られている。そのネグリの強い影響下にあるハートがどのようにドゥルーズを解釈するのか――そう思うだけで大変に興味深いところであり、本書の理解の一助として、九四年に邦訳されたネグリの書評「千のプラトーについて」（鈴木創士訳／宇野邦一編『ドゥルーズ横断』に所収）に目を通し、その相互関係を考察してみることも無駄ではあるまい。

『千のプラトー』を自分の関心に引きつけて読みこなすネグリの手つきは、いささか強引とも思えるほど荒っぽいものだ。彼は同書の中に「表現と配列」「網状組織」「遊牧論」「表層についての存在論的理論」の四つの主題群を指摘し、特に最後の主題に力点を置いて「ドゥルーズ＝ガタリの哲学は現代のプロレタリアートの新たな現実性を身振りで表し、その必然的な壊乱のフィギュールを際だたせている」（p. 45）ことを明らかにし、「〈千のプラトー〉はわれわれの時代にふさわしい歴史的唯物論の復興を告げているのだ。われわれの時代は、それを立証する革命的な出来事を待ち望んでいるのである」（p. 49）と結論付け、六八年の五月革命を揺籃として生まれた同書を、そのルーツへと送り返そうとする。

本書においては、事情はいささか異なっているかもしれない。本書の中にガタリへの言及は一箇所しかなく、ドゥルーズはあくまでもドゥルーズ単独で語られている。また原著の副題「哲学の徒弟時代」が示す通り、本書の研究対象は六〇年代のドゥルーズのモノグラフィーに限定され、五月革命や『アンチ・オイディプス』以降のドゥルーズはここには存在しない。そしてまた、ハートの論述は極めて実証的、学問的であり、端正な英文による平明な記述は論理の飛躍の多いネグリの文章とは対照的である、等々……。しかし、本書を最後まで読み通したとき、われわれはきっと——『野生の異例性』が「未来の哲学」を待望していたように——来るべき唯物論を待望するハートの切実な肉声を聞くことになるだろう。これは、ハートによるドゥルーズ哲学の再構成が紛れもなくネグリのそれと深く共鳴していることを示している。ハートの明快な英文はそれ自身が優れた問題設定と解答の要約となっており、本来なら本書の要約は蛇足にしか過ぎないところであるが、主にネグリとの関係を考慮する必要から、心ばかりの再構成を試みてみたい。

序論——近年の英米圏の思想家の関心を独占してきたポスト構造主義は、実はヘーゲル主義の限界の認識とその克服をその最大の課題としていた。ドゥルーズはその代表的実践者として位置付けられるが、六〇年代に展開されたベルクソン—ニーチェ—スピノザの研究は非ヘーゲル的な存在論を経由して政治学へと到達するための段階的な過程であったという本書の結論が、既に冒頭から予告されている。

緒言——「肯定」を反ヘーゲル主義、反弁証法の軸とするドゥルーズの戦略はごく初期の『本能と制度』や『経験論と主体性』にもうかがうことができるが、それを現実の政治思想として結実させるためには独自の哲学を体系化する必要があった。ドゥルーズの「八年間の空白」はその修正された軌道の鍛造期であり、その間の自己形成がドゥルーズを独自の哲学の担い手へと育てたのである。われわれは、ドゥルーズを読むにあたって「第一の敵対の対象とその用語法を認識すること」「ドゥルーズを哲学的に読むこと」「ドゥルーズの選択性を認識すること」「ドゥルーズの思考を一つの進展として読むこと」という四つの方法論的原則を念頭に置かねばならない。

第一章――ドゥルーズがベルクソンの、とりわけ存在論を集中的に研究していたのは、「ベルクソンにおける差異の概念」を中心とする五〇年代半ばの時期と、『ベルクソンの哲学』を発表した六〇年代半ばの時期との二つに大別される。この二つの時期はいわゆる「八年間の空白」にまたがるものであり、二つの研究における問題系の相違は、そのままドゥルーズの軌道修正にも対応している。前期のベルクソン研究は、限定という否定的過程を攻撃することを、すなわちヘーゲル弁証法の徹底的な批判をその最大の目的としていた。ドゥルーズによれば、ベルクソンの差異概念は自己原因 *causa sui* によって存在の積極的《ポジティヴ》＝肯定的な運動を問う、それ自身徹底して内在的なものであり、自己の外部に原因を求めねばならない機械論やプラトンの差異概念とは一線を画している。だが、こうした批判はあくまでも究極の敵ヘーゲルへの攻撃に到達するために採用された（そしてその後も継続される）、近接する敵を経由した戦略なのである。もちろん、『ベルクソンの哲学』においても、ドゥルーズの基本的なスタンスに変化はみられない。だが後期の研究では、ドゥルーズは一と多の統一に対する多様性という新機軸（それは質から量への移行にも対応している）を開拓し、能動的な社会実践にも連なる組織《オーガニゼーション》化の問題へと踏み込んでいく。『ベルクソンの哲学』の結論は特にこの問題意識が顕著であり、それは多くのベルクソンの専門的解釈とは相入れないものであった。クロノロジカルな事実に舞い戻ると、ここにドゥルーズの軌道修正が象徴されている。能動的な組織的運動という、本来ベルクソンの存在論に欠落している研究課題を掘り起こすドゥルーズの試みは、政治学と倫理学を見据えた社会的組織化の理論へと連なり、ニーチェ研究への移行を要請したのである。

第二章――「八年間の空白」の具体的な成果である『ニーチェと哲学』においては、ベルクソンの能動的で論理的な力動説が新しい地平に、つまり一切の論理的な問題が今や意味と価値の観点から述べられる力の領域に入ってくることになる。ベルクソン流の論理的な議論の中心をなす部分が力の本性の分析へと変化を遂げるのであるが、この力の本性の分析によりドゥルーズのニーチェ研究には、力の存在論的な基礎から存在の倫理的な創造へという原則がもたらされる。ヘーゲルの弁証法に通じてしまうカントの超越論的方法を攻撃しつつニーチェが展開していく全体的批判こそが、弁証法そのものに対立する非弁証法的な否定なのである。ニーチェの奴隷にとって力は外的または超越的なものとしてしか現れないが、主人にとって力とは現実態であり内在的なものである。反動と能動という力のこの二つの類型についての分析は、スピノザの倫理学と政治学とを既に強く示唆するものとして読むことができる。一方厳密に論理的な遠近法によって読んでみると、ヘーゲル的主人を否定することこそ、非弁証法的な否定であるニーチェの全体的批判にほかならないことがわかる。ドゥルーズがヘーゲルの主人と奴隷の弁証法に直接訴えることを選択しなかったのは、奴隷の労働によって説明される弁証法的な批判が、奴隷の勝利を必ずもたらしてしまう部分的批判であるからなのである。ドゥルーズのニーチェ研究の最終の課題は、実践的な見地からの諸力の実在的な綜合という問題である。永遠回帰こそがニーチェにとっての綜合であり、その原理が力への意志なのであるが、しかしそれは時間の中での束の間のはかない綜合でしかありえない。力への意思を組織化、集団化すること——こうして、喜びの実践は社会性の平面上で生起するのだと教えるスピノザの政治学へとドゥルーズは赴いていくのである。

第三章——本書の中でも圧倒的なボリュームを誇るこの章でまず意図されているのは、ベルクソンの存在論とニーチェの倫理学をスピノザの文脈の中で再構成することである。ここではドゥルーズのスピノザ解釈が徹底して唯物論的に読み解かれており、その帰結として、ドゥルーズの哲学の真髄が、唯物論的なスピノザ主義のうちに見い出されることになる。中でもとりわけ注目に値するのが、思惟の優越性を徹底して拒否し、身体ないし実践の意義を強調したドゥルーズのスピノザ解釈の中に、極めて峻烈なアルチュセール批判の契機が読みとれるとされている点であろう。スピノザは精神も物質も含め万物を唯一の原因から説明しようとした。その場合、デカルトと異なり彼は、思惟（精神）と延長（物質）を、互いに影響関係を持ちつつも独立した二つの実体とするのではなく、唯一の実体を構成する二つの属性としたのである。この考え方に立てば、一見別々の現象に見える精神の世界で生起することと物質的な世界で生起することは、実は唯一の実体に起こるただ一つの変様を、異なった二つの視点においてとらえたものに過ぎない。そこではどちらの系が優越しているかという特権性の問題が原理的に成立し得ないのである。精神が身体あるいは物体に対して優位に立ってそれを支配したり、あるいはその逆が起こったりというように二つの系列の相互作用を認めてしまうと、現実の世界にヒエラルキーの思考が持ち込まれることになる。とりわけこの発想は、明示的にであれ暗示的にであれ、精神の身体に対する特権的な地位を認めるという形で、近代思想全般の基盤を成している。この傾向は、現象学はいうまでもなく、「理論的実践」の重要性を訴えるアルチュセール主義の中にさえ認めうる。ドゥルーズがこのような思惟の優越性に抗して擁護しようとしているのは、身体の力でありその〈実践〉の持つ豊かな可能性である。「一つの身体が何をなしうるか、それを規定したものは誰もいない」――ドゥルーズはスピノザのこの言葉を繰り返し引用する。スピノザによればこの世界は、様々な身体＝物体の集合体にほかならず、無数の力のユニットから構成されている。それらは出会いを通じて互いに合成しあいより大きな力を生み出すこともあれば、互いを解体してより小さな力の単位へと分解されてしまうこともある。活動力の増大と減少を伴うこの過程で経験される情動が、人間身体の場合「喜び」と「悲しみ」の二つの感情にほかならない。ドゥルーズのスピノザ論に見られるのは、この喜びの情動を最初のきっかけとした、活動力を高めあい、集団的な諸力を増大させていく「構成主義的実践」（組み合わせ《アセンブリッジ》）こそが、非ヘーゲル的な政治的企ての可能性を開示するものであるという主張である。つまり、一切の超越的審級も否定的契機もなしに、身体において内在的な力能の展開するメカニズム（肯定）に基づいて、真の意味での自由な人間身体、自由な社会体の構成の技法を集団的に追求しようとするのがスピノザ主義の政治的核心であり、ドゥルーズの政治学の中心をなすものなのである。この解釈は、『スピノザと表現の問題』においてはまだ萌芽の形でしか現れていなかった、思惟に対する実践の先行性の思想を最大限に展開したものであり、ドゥルーズの唯物論的契機に対して極めて重きを置いた読解である。こうして、ベルクソンの存在論とニーチェの倫理学を統合したスピノザの政治学こそが、ドゥルーズの哲学を具体的な社会実践に向けて方向付けているという解釈の基盤が整い、ドゥルーズの哲学の徒弟時代は終止符を打たれる。

結論――六〇年代を通じてベルクソン―ニーチェ―スピノザと哲学史を遡ってきたドゥルーズではあるが、

それは単なる哲学史の修練などではなく、実践的政治哲学を構築するための過程でもあった。その成果は、集団的諸力の展開が革命的な社会実践の契機となるという急進民主主義の理論として結実している。存在論、肯定、実践、構成というドゥルーズから抜き出された四つの主題群は、そのそれぞれが深く共鳴し合いながら、われわれを思弁から実践へと促しているのである。

こうした再構成がハートの論点をそのまま代弁できているとはもちろん言えないが、少なくともハートとネグリの密接な関係を浮き彫りにすることにはなるだろう。哲学史家として出発したドゥルーズが実は急進的な政治実践に理論的根拠を与えることを常に意識してきたこと、唯物論者にして反ヘーゲル主義者であるドゥルーズが最終的にはスピノザ主義者として規定されうること、そのスピノザやルクレティウス、ドゥンス・スコトゥスと同様、ドゥルーズもまた「少数者」の哲学の系譜に位置していることなどのハートの主張は、そのいずれもがネグリと見解を共有しているからである。あるいはハートは、真に唯物論的な展望の中でスピノザ主義を継承した師ネグリへのオマージュとして、その企ての源となったドゥルーズ哲学の素描を試みたのかもしれない。アルチュセールへの批判が的を射たものであるかどうかを含め、ドゥルーズの思想を徹底的に存在論の視座に立って読み解いていこうとするハートの解釈には、議論の分かれる点も散見される。しかしネグリとの関係を起点とすれば、本書の性格はおよそ以上のように位置付けられるのである。

けれども、さしでがましい話ではあるが、本書には三通り（広義に解釈すれば四通り）の読み方があることを一応指摘しておきたい。まず第一に、もちろんドゥルーズ理解のための二次資料としての読み方である。実証的で緻密なドゥルーズ論である本書は、その平明な記述によって優れたドゥルーズ哲学の入門書となっている。現にアメリカでは、「この本は今後のドゥルーズ研究にとって将来にわたって規範となるべき書物となるであろう」との評価を得ている。本書の具体的な分析の対象である『ベルクソンの哲学』『ニーチェと哲学』『スピノザと表現の問題』の三冊はもとより、ドゥルーズのそのほかの主著を読むにあたっても、傍らに置かれた本書は格好の導き手となるだろう。第二に、既に述べたような政治哲学書としての読み方である。ハートが本書で展開する急進的な政治実践の提起はその後『ディオニュソスの労働』にも継承されており、今後の展開が期待される。冷戦の終結後その再編をめぐって模索する現実世界に対して、一見高度に思弁的に見えるドゥルーズの哲学の実践的側面を見事に剔抉した本書の主張は、十分検討されるに値する内容を持っているだろう。そして第三に、英米系の哲学書としての読み方である。「ドゥルーズはポスト構造主義の思想を代表するものである」との規定にはじまり、「ポスト構造主義の一般的な定義を試みることは……決して実りあるものではない」と締めくくる本書は、英米系の思潮をその拠り所とする一方で、ドゥルーズ哲学の背景でもある同時代のフランス思想に対しては、アルチュセールを唯一の例外として、一見無知とも思えるほど徹底した距離感が貫かれている。その意味で本書は、フランス人には決して書けないドゥルーズ論ともなっているのだ。

『アンチ・オイディプス』が世界的なセンセーションを巻き起こしてから二十数年、若干のタイムラグを経て日本でもその流行が爆発してからも十年以上――ドゥルーズが「事件」となってから既に長い年月が流れてしまった。九四年にようやく『千のプラトー』が邦訳された日本は、今それを回想する時期にさしかかっているのかも知れず、それが本書の（原著とはいささか異なる、この翻訳特有の）第四の読み方――すなわち、「出発点としてのドゥルーズ」――とも密接に関わってくる。この十年来、日本でもドゥルーズは様々に語られてきた。ポスト構造主義者、ポストモダンの思想家、欲望一元論者、解釈学者、哲学史家、フロイトの批判者、映画研究者、六八年の継承者、……等々。本書の中で指摘されている側面も含めて、様々なドゥルーズが語られてきたし、ドゥルーズについて語ることはもはや取り立てて刺激的な話題ではない。しかし、ではどれが「真の」ドゥルーズなのか？　恐らく答えはない。と言うより、そもそもそうした問題自体が意味を為さないだろう。それぞれのドゥルーズはそれぞれの論理の中で「真の」ドゥルーズであるし、ドゥルーズが自らの命運を賭けた「概念を作る」仕事はどの領域でも可能なものだからである。重要なのは、「真の」ドゥルーズを語ることではなく、ドゥルーズから学んだ何かを出発点として、実践の地平へと赴くことなのだ。本書が『アンチ・オイディプス』以降のドゥルーズに一切言及していない理由もそこにあるだろう。ハートもまた、ドゥルーズの真の理解がそこを出発点とした実践にかかっていることをわきまえているからこそ、七〇年代以降のドゥルーズを敢えて空白のまま残し、読者にその解釈を委ねたのだ。本書を読了した読者に何よりも求められるのは、してみると、いたずらに個別の解釈の是非に拘ることよりも、ドゥルーズの哲学を自らの「現場」の中で実験、検証してみることではないだろうか？　そこでもし何らかの限界を思い知らされることがあるとすれば、それはまた新たな思考を生み出す契機となるに違いない。

翻訳について少しだけ触れておきたい。今回の翻訳にあたって、訳者が最もためらったのは「本書で引用されているドゥルーズを英語から直接訳すこと」という方針の採用である。周知のように、ドゥルーズは大半の主著が邦訳されており、ドゥルーズの原テクストを尊重するという意味では、それらの既訳を借用するべきだったのかもしれない。しかし、冒頭の凡例を読んで頂ければわかるように、本書で引用されている文章の多くはハートが直接訳したものであり、その解釈を前提に本書の論理は構成されている。したがって今回は、ハートの意思を尊重することの方が重要だと考え、前記の方針を採用した。無論ドゥルーズの邦訳はほとんど参照させて頂いたが、以上の理由で既訳との異同が少なくないことをご了解頂きたい。なお、この方針はヘーゲルをはじめとするほかのテクストについても踏襲されている。分担に関しては、第一章は田代真が、第二章は井上摂が、第三章は浅野俊哉が、序論・緒言・結論は暮沢剛巳がそれぞれ担当し、各自の翻訳作業の終了後、可能な範囲で相互に訳語の調整のみを試みた。したがって本書は、各訳者がそれぞれの担当箇所について責任を負うという形での共訳である。なお巻末の文献目録の作成には暮沢があたり、また永野拓也氏からベルクソン関連の用語について貴重な指摘を得た。原著に散見された誤植やページ指定の誤りは、訳者が気付いた範囲で訂正されているが、特にその箇所は指摘されてはいない。高密度な論理が端正な文体の中に凝集された原文をうまく日本語へと移植し得ているかどうか、大いに不安が残るが、後は識者のご教示、ご叱正を待つだけである（T・K）。

最後になるが、本書が刊行されるにあたって大変にお世話になった筑波大学の山形和美先生と、度重なる作業の遅れを寛容に見守ってくださった法政大学出版局の稲義人編集長、および藤田信行氏に深くお礼申し上げる次第である。

付記――驚いたことに、本書の校正作業も終盤を迎え、以上の後書きも書き終えた頃、ドゥルーズが自宅のアパルトマンの窓から飛び降り自殺したというニュースが飛び込んできた。一九九五年十一月四日というのがその日付である。享年七〇歳。確かに晩年（既にこう書かねばならないことが口惜しいが、それ以前に今はまだドゥルーズが冥界に去ってしまったという実感自体が希薄だ）のドゥルーズがほとんど回復する見込みのない病魔と苦闘していたのは周知の事実だったが、それにしても自ら命を絶ってしまうとは……。唐突な訃報を耳にしたばかりの今、詳しい事情は伝わってこない。もちろんいかなる理由があるにせよ、ドゥルーズの死を安直にその哲学の死ないし帰結と即断する愚を冒してはならないのは言うまでもない。したがって、今訳者がその死の「哲学的な意味」（仮にそれがあるとしても）などを語る資格はない。やはり非業の死を遂げたミシェル・フーコーの、本書にも引用されていた言葉「いつの日か世紀はドゥルーズのものとなるだろう」が果たして来るべき未来を、あるいは過ぎ去った過去を指しているのかさえ詳らかではないのだから。ドゥルーズの肉体は滅びてしまっても、その思想は今後も生き続ける。と言うより、それを発展的・批判的に継承していくことがわれわれの残された方途でもあるだろう。はからずもこの時期に刊行される本書にはドゥルーズの追悼という新たな意味が付与されてしまったが、それは決してドゥールズを葬り去る儀式を意味してはいない。繰り返すが、本書は決して唯一無二の「真の」ドゥルーズを語っているものではなく、自分自身の探究を促す書物であり、われわれはまた新たな実践の地平に立たされているのだ。

一九九五年十一月十日

訳者識

著　者

マイケル・ハート（Michael Hardt）

1960年生まれ．ワシントン大学で博士号を取得．現在，デューク大学教授（比較文学，政治哲学）．本書のあと，グローバル化した資本の運動に抵抗しつつ新しい共同性の創造へと向かう社会的諸実践の分析をアントニオ・ネグリと共に行い，その成果を『ディオニュソスの労働』（人文書院），『〈帝国〉』（以文社），『マルチチュード』，『コモンウェルス』，『宣言』〔邦題：『叛逆』〕（以上，NHK出版）などの著作を通して精力的に発表している．

訳　者

田代　真（たしろ　まこと）

1955年生まれ．慶應義塾大学文学部卒業．筑波大学大学院文芸・言語研究科博士課程中退．国士舘大学文学部教授．論文：「“The Capital of the World” を読む――題名と物語における空間の記号性をめぐって」ほか．

井上　摂（いのうえ　せつ）

慶應義塾大学大学院文学研究科博士課程修了．慶應義塾大学講師．現代思想・表象文化論・ジェンダー論・死生論．論文：「労働力身体の亡霊性を閾（＝無為）へと転位させる瀆聖的操作―― CUATRO GATOS［rest/labor］をめぐる試論」ほか．講演：「〈性的差異「以前」という残余，あるいは無気味なもの〉」．(http://setzgg.seesaa.net/)

浅野　俊哉（あさの　としや）

1962年生まれ．慶應義塾大学文学部卒業．筑波大学哲学・思想研究科博士課程満期単位取得．関東学院大学法学部教授．著書：『スピノザ 共同性のポリティクス』（洛北出版）ほか．論文：「〈良心〉の不在と遍在化――スピノザにおける *morsus conscientia* の行方」ほか．

暮沢　剛巳（くれさわ　たけみ）

1966年生まれ．慶應義塾大学文学部卒業．東京工科大学デザイン学部准教授．著書：『ル・コルビュジエ』（朝日選書），『自伝でわかる現代アート』（平凡社新書）．訳書：ペニー・スパーク『パステルカラーの罠』（共訳，法政大学出版局）ほか．

《叢書・ウニベルシタス 515》
ドゥルーズの哲学

1996年 3 月12日　　初版第 1 刷発行
2013年10月25日　新装版第 1 刷発行

マイケル・ハート
田代　真／井上　摂
浅野俊哉／暮沢剛巳　訳

発行所　一般財団法人　法政大学出版局
〒102-0071 東京都千代田区富士見 2-17-1
電話03(5214)5540　振替00160-6-95814
製版，印刷：三和印刷／製本：積信堂

Printed in Japan

ISBN978-4-588-09973-1

索　引

［数字はページ．項目および記載ページは原著の索引の記述に従ったが，ページ数に関しては，訳者の判断で追加したものもある．数字の後の(　)は原注の番号で，たとえば243(n.1) は、本書243ページの原注1にその記述があること示す.］

あ　行

アリストテレス　Aristotle　52, 86, 247(n.3), 248(n.6), 249(n.11), 252(n.3)
アルキエ　Alquié, Ferdinand　130, 154, 245(n.3), 251(n.1), 255(n.1), 257(n.9)
アルチュセール　Althusser, Louis　9, 18, 157, 163-68, 209-14, 216, 255(n.1)
一義性　univocity　57, 65-66, 115, 139, 142-45, 148, 150-51, 157, 166, 168-72, 179, 182, 245(n.4), 247(n.2), 257(n.8)
因果性　causality　10-12, 30-34, 36, 51, 78, 83, 132, 134, 136, 149, 165, 183, 185-86, 203, 226-27, 246-48, 252(n.2), 253(n.9), 255(n.14)
　——と十全な観念　and adequate ideas　184-88, 199-210, 236-37
　——と存在　and being　29-40, 48-55, 91, 134-38, 145-50, 165-66, 226-29, 246-47(n.2)
　——と力の本性　and the nature of power　84-89, 113-15, 152-57, 188-95, 234-37
ヴァール　Wahl, Jean　82, 92, 93, 252(n.6), 254(n.14)
オッカム　Ockham, William　86-87, 100, 246-47(n.2), 252(n.3)

か　行

カント　Kant, Immanuel　28, 64, 69-75, 79, 101, 116-17, 120-21, 231, 251(n.1)
　批判の項も参照のこと
機械論　Mechanicism　28-36, 226, 256(n.5), 257(n.9)
共通概念　common notions
　スピノザの項中「共通概念」の項を参照のこと
組み合わせ　assemblage　36, 40, 116, 193, 196, 203, 205, 208-10, 217-18, 220-23, 237-238, 240-42
　構成の項も参照のこと
グルムレー　Grumley, John　243(n.2)
クロソウスキー　Klossowski, Pierre　254(n.13)
群衆＝多数性　multitude　221-22, 241-42, 259(n.20)
劇的構成の方法　method of dramatization　76, 82-83
ゲルー　Gueroult, Martial　151, 160, 255(n.1), 257(n.10)
現勢的と現勢化　actual and actualization　47-60, 86-87, 110
　潜勢的の項も参照のこと

構成　constitution
政治（学）の実践的概念としての――　as practical conception of politics 211-23, 237-242
存在の――　of being　112-13, 130-31, 150-52, 177-80, 198-203, 234-37
理性の――　of reason　211-17
肯定　230-33
存在論的表現の原則としての――　as principle of ontological expression　111-17, 144-45
――と喜び　and joy　123-25, 131-32, 196-97, 234
ヘーゲル的観点から批判された――　criticized from Hegelian perspective　26-27
弁証法に対する――　against dialectics　71, 80, 83-84
コジェーヴ　Kojève, Alexandre　2, 81, 253 (n. 7)

さ　行

差異と差異化　difference and differentiation
ベルクソンの項を参照のこと
ザク　Zac, Sylvain　175, 176, 255 (n. 1), 256 (n. 3/n. 6), 258 (n. 13)
実践　9-10
アルチュセールの――の概念　Althusser's conception of 167, 211-17
思弁と異なったものとしての――　as distinct from speculation　130-32
政治（学）における――　in politics　107-10, 217-23, 240-42
認識論における――　in epistemology　204-11
倫理（学）における――　in ethics　122-25, 196-204
身体＝物体，喜びの項も参照のこと
思弁　speculation
実践と異なったものとしての――　as distinct from practice　130-32, 181-82, 196-97
存在論的――　ontological 144-52, 163-68, 225-30
肯定の項も参照のこと
シャトレ　Châtelet, François　2-4
十全な　adequate　16, 130, 144, 147, 157, 182-88, 199-207, 216-17, 222-37, 259 (n. 18)
真と区別された――　distinguished from true　181-86, 205-10
ジルソン　Gilson, Etienne　228, 247 (n. 2), 248 (n. 4), 250 (n. 13), 257 (n. 8)
身体＝物体　body
実践と政治（学）の鍵としての――　as key to practice and politics　197-204, 215-23, 235-37, 241-42
精神との並行関係における――　in parallel relation to mind　158-59, 168-76, 215-16, 229
――の力　powers of　123-25, 188-96

——と表象知（想像力） and imagination 207, 210
スアレス Suárez, Francisco 246-47(n. 2), 257(n. 8)
スコラ哲学（者） Scholastics 7-8, 30-31, 33, 36, 51-52, 57, 86, 100, 113, 115-16, 131, 135-36, 165, 228, 231, 240, 246(n. 2), 247(n. 3/n. 4), 248(n. 6), 249(n. 11), 254-55(n. 14), 256(n. 5)
一義性に関する—— on univocity 57
因果性に関する—— on causality 30-38, 228
潜勢的なものに関する—— on the virtual 51
批判に関する—— on critique 7-8, 115-16
オッカムの項，ドゥンス・スコトゥスの項も参照のこと
スピノザ Spinoza, Baruch 4, 9, 11, 17-18, 20, 26-28, 37, 54-55, 58, 64-66, 68, 84, 86, 88-89, 100, 122-125, 127-223, 225-28, 230, 234-37, 239-41, 243(n. 3), 244(n. 2), 245(n. 4-5), 246(n. 1), 247(n. 4), 249(n. 8/n. 10), 250(n. 13), 251(n. 16), 252(n. 3/n. 4), 253(n. 9), 255-59
一義的表現 univocal expression 139-44, 145-152, 169-78, 226-230
共通概念 common notions 66, 125, 196, 198-210, 216-17, 222, 236, 237
社会的組織化 social organization 217-223, 240-42
属性と並行論 the attributes and parallelism 158-62, 168-82
存在する力と触発される力 power to exist and power to be affected 152-57, 188-96, 235-36
認識論 epistemology 182-88, 204-11
唯一＝特異性 singularity 133-39, 145-46, 227-28
ニーチェの項中「スピノザとの関係におけるニーチェ」の項，ヘーゲルの項中「スピノザの解釈」の項，ベルクソの項中「スピノザの解釈」の項も参照のこと
潜勢的 virtual 46-59, 96, 249(n. 10)
現勢的の項も参照のこと
組織化 organization
秩序と異なったものとしての—— as distinct from order 12, 45, 48, 53-54, 217-23, 237-42
多様性の項も参照のこと

た 行

多様性 multiplicity 10, 23, 35, 39, 43-50, 53-57, 60, 110-13, 123, 137, 220-21, 228-29, 238-39, 241-42, 250(n. 13)
——の組織化 the organization of 56-60, 110-16, 221-22, 237-42
ヘーゲルの項中「一と多」の項を参照のこと
力 power
思惟する——と存在する—— to think and to exist 79-80, 174-78, 185-88
なしうることから切り離されている—— separated from what it can do 84-89, 101-103

触発される力　to be affected　122, 155-57, 190-95, 219-20, 230, 235, 236, 240-241, 255 (n. 15)
身体＝物体の項，因果性の項，およびニーチェの項中「主人と奴隷」の項も参照のこと
テイラー　Taylor, Charles　26, 96, 98, 101
デカルト　Descartes, René　130-31, 134-36, 153-54, 158, 169-70, 179, 184-86, 188, 200, 210, 215, 247 (n. 4), 248 (n. 4), 249 (n. 10), 256 (n. 5), 257 (n. 8)
敵対　antagonism　11, 16-17, 68-69, 231-32
デコンブ　Descombes, Vincent　258 (n. 12)
ドゥルーズ　Deleuze, Gilles
「アリアドネの神秘」 "Mystère d'Ariane"　116, 233
「キリストからブルジョワジーへ」 "Du Christ à la bourgeosie"　16
『経験論と主体性』 *Empiricism and Subjectivity*　20
「劇的構成の方法」 "La méthode de dramatisation"　75, 76, 82, 245 (n. 3), 249 (n. 10)
『差異と反復』 *Différence et répétition*　21, 38, 65, 66, 121, 245 (n. 4), 249 (n. 10)
『スピノザと表現の問題』 *Expressionism in Philosophy : Spinoza*　127, 129-31, 133, 136-37, 151, 153, 155, 161, 165, 169, 173, 183, 189, 196, 205, 217, 223, 227, 234, 249 (n. 10), 250 (n. 13), 257 (n. 8)
「知識人と権力」 "Intellectuals and Power"　212
『ニーチェと哲学』 *Nietzsche and Philosophy*　16, 25, 67-69, 77, 82-83, 87, 91-92, 99, 101-02, 105-07, 109-10, 121-23, 125, 155, 229, 232, 245 (n. 5), 251 (n. 16)
「ベルクソンにおける差異の概念」 "La conception de la différence chez Bergson"　25, 36
『ベルクソンの哲学』 *Bergsonism*　25, 39, 43, 44, 47-48, 52-53, 57-58, 60, 62-65, 245 (n. 5), 250 (n. 15)
『本能と制度』 *Instincts et Institutions*　15
トゥロンティ　Tronti, Mario　104, 252 (n. 5), 254 (n. 12)
ドゥンス・スコトゥス　Duns Scotus　65, 143-44, 230, 244 (n. 2), 245 (n. 4), 246 (n. 2), 247 (n. 3), 248 (n. 5), 250 (n. 13), 257 (n. 8)

な　行

ニーチェ　Nietzsche, Friedrich　3, 4, 9-11, 16-20, 25, 28, 37, 58, 60-61, 63-66, 67-125, 127-29, 132, 145, 155-157, 163, 182, 185, 187, 195, 197, 225, 229, 231-32, 235, 239, 245-46 (n. 5), 249 (n. 8), 250 (n. 15), 251 (n. 16), 252 (n. 2-4), 253 (n. 9), 254 (n. 11-14), 255 (n. 2), 259 (n. 17)
主人と奴隷　master and slave　79-89, 101-03
スピノザとの関係における――　in relation to Spinoza　84-89, 124-25, 155, 252 (n. 4), 255 (n. 2)
多様性と組織化　multiplicity and organization　110-16

批判に関する―― on critique 70-75, 100-03, 116-18, 230-33
ネグリ Negri, Antonio 179-81, 250(n. 14), 251(n. 16), 252(n. 3), 254(n. 11-12), 258(n. 14/n. 16), 259(n. 20)

は 行

ハイデガー Heidegger, Martin 8, 228, 230, 243(n. 3), 246(n. 6)
ハウルゲイト Houlgate, Stephen 90-93, 243(n. 1)
バーテルミー＝マドール Barthélemy-Madaule, Madeleine 61, 63-64, 250(n. 15)
バトラー Butler, Judith 5-6, 119, 121, 231, 243(n. 2)
バレストリーニ Balestrini, Nanni 105
批判 critique 69-72, 230-33
　全体的批判 total 4, 6, 8, 72-75, 105, 107, 116, 119-20, 145, 232-33
　部分的批判 partial 72, 105, 120
非弁証法的な否定 nondialectical negation 6-8, 71-72, 118-21, 230-33
表現 expression
　流出と比較された―― compared to emanation 148-50
　一義性の項，スピノザの項中「一義的表現」の項も参照のこと
プラトン Plato 2, 28, 31-36, 43, 49, 50, 54, 75, 79, 82, 143, 226, 230, 239, 244(n. 2), 248(n. 6), 251(n. 1), 259(n. 17)
ヘーゲル Hegel, G. W. F. 1-8, 11, 16, 23-24, 26-29, 33-39, 41, 43-45, 54-55, 60, 68-70, 75, 79-82, 89-105, 110-111, 116-121, 145-150, 152, 158, 160, 163, 216-217, 226, 228-231, 238-239, 243(n. 1-2), 244(n. 4/n. 2), 246(n. 1), 248(n. 6-7), 249(n. 9/n. 12), 251(n. 1), 252(n. 5-6), 253(n. 7-8), 257(n. 11)
　一と多 the One and the Multiple 24, 39, 41, 43-47, 110-11, 121,
　主人と奴隷の弁証法 master and slave dialectics 93, 97, 100, 252(n. 5)
　スピノザの解釈 interpretation of Spinoza 23-24, 26-29, 55-56, 145-52, 160, 246(n. 1), 257(n. 11)
　存在論的限定 ontological determination 28-29
ベルクソン Bergson, Henri 4, 10, 17, 19-20, 23-66, 67-69, 76, 78-82, 84, 89, 91, 94, 110-11, 115, 121, 127-29, 133-34, 136-37, 139, 144, 147, 151-52, 165, 178, 183, 225-27, 230, 234, 239, 245-46(n. 5), 247(n. 3), 248(n. 6-7), 249(n. 10-12), 250(n. 14-15), 252(n. 2), 256(n. 3/n. 5-6)
　差異化と現勢化 differentiation and actualization 45-56
　スピノザの解釈 interpretation of Spinoza 144, 151, 256(n. 3)
　存在論的カテゴリーとしての差異 difference as an ontological category 29-38, 95, 154-57, 178, 226-29
　多様性と組織化 multiplicity and organization 39-45, 56-60, 110-12
弁証法 dialectics
　ヘーゲルの項を参照のこと
ポスト構造主義 poststructuralism 1-6, 11-12, 24, 64, 237-38

本性の差異と程度の差異　difference of nature and difference of degree　32-37, 44-47, 76, 137-38, 178

ま　行

マーク　Mark, Thomas　186, 259 (n. 17)
マシュレ　Macherey, Pierre　246 (n. 1), 255 (n. 1)
マスミ　Massumi, Brian　244 (n. 2)
マルクス　Marx, Karl　3, 9, 69, 103-105, 132, 158, 163, 180-81, 211, 213, 215, 241, 252 (n. 3), 253 (n. 9-10), 254 (n. 12)
　アルチュセールの項も参照のこと
マルクーゼ　Marcuse, Herbert　230
モッセ＝バスティード　Mossé-Bastide, Rose-Marie　151, 256 (n. 3)

や　行

唯一＝特異性　singularity　35, 40-41, 43, 45, 75, 79, 95, 115, 133-34, 137-42, 144-48, 150-51, 157, 187, 226-28, 256 (n. 6)
唯物論　materialism　8-11, 73, 75, 78, 86, 115, 136, 155, 158-60, 162, 167-68, 200, 205-06, 214, 216, 228-30, 243 (n. 3), 252 (n. 3)
喜び　joy　11, 100, 108-10, 118, 122-27, 131-32, 193-98, 200-09, 216-17, 222, 234-37, 241-42, 254 (n. 11)
　肯定，実践の項も参照のこと

ら　行

レーニン　Lenin, Vladimir　105, 212-13, 254 (n. 11)
労働　work　6, 89, 93, 95-99, 101, 103-10, 230, 241-42, 252 (n. 5), 253 (n. 8/n. 10), 254 (n. 10/n. 12)
　ヘーゲルの項中「主人と奴隷の弁証法」の項も参照のこと
ロス　Roth, Michael　243 (n. 2)
ローズ　Rose, Gillian　61-65, 243 (n. 2)

文献目録

［訳者付記：この文献目録は原著の巻末に掲載されたものをアルファベット順のまま採録したものである．既訳が存在する文献は，邦題のほか，訳者名や刊行年度等のデータを併記し，また邦訳のない文献にはすべて仮題を付して，日本語版の読者の便宜を図っている．『　』は単行本，「　」は論文である．なお，複数の翻訳が存在する文献に関しては，訳者が今回の翻訳作業で参照した版のデータを採録しているが，全集や著作集はその中の対応文献を記すだけにとどめた．］

Alquié, Ferdinand　フェルディナン・アルキエ

Nature et verité dans la philosophie de Spinoza. Les cours de Sorbonne, Paris, 1958.（『スピノザの哲学における自然と真理』）

Servitude et liberté selon Spinoza. Les cours de Sorbonne, Paris, 1959.（『スピノザによる隷属と自由』）

Althusser, Louis　ルイ・アルチュセール

Essays in Self-Criticism, translated by Grahame Lock. New Left Books, London, 1976.（『自己批判―マルクス主義と階級闘争』，西川長夫訳，福村出版，1978）

For Marx, translated by Ben Brewster. Vintage Books, New York, 1969.（『マルクスのために』，河野健二・田村俶・西川長夫訳，平凡社，改訂版，1994）

Reading Capital, translated by Ben Brewster. New Left Books, London, 1970.（『資本論を読む』，権寧・神戸仁彦訳，合同出版，1974）

Aristotle　アリストテレス

Metaphysics, translated by Hippocrates Apostle. Indiana University Press, Bloomington, 1973.（『形而上学』，出隆訳，岩波文庫，1959）

Balestrini, Nanni　ナンニ・バレストリーニ

Vogliamo tutto. Feltrinelli, Milan, 1971.（『われわれはすべてを欲する』）

Barthélemy-Madaule, Madeleine　マドレーヌ・バーテルミー＝マドール

"Lire Bergson." *Les études bergsoniennes,* no. 8, 1968, pp. 83-120.（「ベル

クソンを読む」)

Bergson, Henri　アンリ・ベルクソン
Ecrits et paroles, textes rassemblés par Rose-Marie Mossé-Bastide, vol. 3, Presses Universitaires de France, Paris, 1959. (『小論集 I 』『小論集 II』, 花田圭介・松浪信三郎編, 『ベルクソン全集』, 白水社, 第 8 巻, 第 9 巻, 1993)
La Pensée et le Mouvant. Presses Universitaires de France, Paris, 1941. (『思想と動くもの』, 矢内原伊作訳, 『ベルクソン全集』, 白水社, 第 7 巻, 1993)

Bianquis, Geneviève　ジュヌヴィエーヴ・ビアンキ
"Nietzsche et la philosophie." *Bulletin de la société française d'études nietzchéennes,* no. 2, March 1963, p. 37. (「ニーチェと哲学」)

Butler, Judith　ジュディス・バトラー
Subjects of Desire. Columbia University Press, New York, 1987. (『欲望の主体』)

Châtelet, François　フランソワ・シャトレ
Hegel. Seuil, Paris, 1968. (『ヘーゲル』)

Deleuze, Gilles　ジル・ドゥルーズ
"Bergson." *Les philosophes célèbres,* édited by Maurice Merleau-Ponty, Edition d'Art Lucien Mazenod, Paris, 1956, pp. 292-99. (「ベルクソン」〈『差異について』, 平井啓之訳, 青土社, 増補版, 1992〉に所収)
Bergsonism, translated by Hugh Tomlinson and Barbara Habberjam. Zone Books, New York, 1988. (『ベルクソンの哲学』, 宇波彰訳, 法政大学出版局, 1974)
"La conception de la différence chez Bergson." *Les études bergsoniennes,* no. 4, 1956, pp. 77-112. (「ベルクソンにおける差異の概念」〈『差異について』〉に所収)
"Le devenir révolutionnaire et les créations politiques." *Futur Antérieur,* no. 1, Spring 1990. (「管理と生成変化」〈『記号と事件――1972-1990年の対話』, 宮林寛訳, 河出書房新社, 1992〉に所収)
Dialogues, with Claire Parnet, translated by Hugh Tomlinson and Barbara Habberjam. Columbia University Press, New York, 1987.

(『ドゥルーズの思想』，田村毅訳，大修館書店，1980)
Différence et répétition. Presses Universitaires de France, Paris, 1968. (『差異と反復』，財津理訳，河出書房新社，1992)
"Du Christ à la bourgeosie." *Espace,* 1946, pp. 93-106. (「キリストからブルジョワジーへ」)
Empiricism and Subjectivity, translated by Constantin Boundas. Columbia University Press, New York, 1991. (『ヒュームあるいは人間的自然——経験論と主体性』，木田元・財津理訳，朝日出版社，1980)
Expressionism in Philosophy : Spinoza, translated by Martin Joughin. Zone Books, New York, 1990. (『スピノザと表現の問題』，工藤喜作・小柴康子・小谷晴勇訳，法政大学出版局，1991)
Foucault, translated by Seán Hand. University of Minnesota Press, Minneapolis, 1988. (『フーコー』，宇野邦一訳，河出書房新社，1987)
Instincts et institutions, Textes et documents philosophiques. Hachette, Paris, 1953. (『本能と制度』)
"Intellectuals and Power." with Michel Foucault. In Michel Foucault, *Language, Counter-Memory, Practice*. Cornell University Press, Ithaca, N. Y., 1977. (「知識人と権力」，蓮實重彦訳，「現代思想」1973年3月号)
"Lettre à Michel Cressole," in Michel Cressole, *Deleuze*. Editions Universitaires, Paris, 1973. (「口さがない批評家への手紙」〈『記号と事件』〉に所収)
The Logic of Sense, translated by Mark Lester with Charles Stivale. Columbia University Press, New York, 1990. (『意味の論理学』，岡田弘・宇波彰訳，法政大学出版局，1987)
Mémoire et vie : textes choisis. Henri Bergson. Presses Universitaires de France, Paris, 1957. (『記憶と生』〈仮題〉，前田英樹訳，未知谷より刊行予定)
"La méthode de dramatisation." *Bulletin de la société française de philosophie,* 28 January 1967, pp. 90-118. (「劇的構成の方法」)
"Mystère d'Ariane." *Bulletin de la société française d'études nietzchéennes,* no. 2, March 1963, pp. 12-15. (「アリアドネの神秘」，田中敏彦訳，「現代思想」1984年9月臨時増刊号)
Nietzsche and Philosophy, translated by Hugh Tomlinson. Columbia University Press, New York, 1983. (『ニーチェと哲学』，足立和浩訳，国文社，1974)
"Signes et événements." *Magazine Littéraire,* no. 257, September 1988, pp. 16-25. (「哲学について」〈『記号と事件』〉に所収)

"Spinoza et la méthode générale de M. Gueroult." *Revue de métaphysique et de morale,* no. 4, 1969, pp. 426-37.（「スピノザとマルシアル・ゲルーの一般的方法」）
Spinoza : Practical Philosophy, translated by Robert Hurley. City Lights Books, San Francisco, 1988.（『スピノザ——実践の哲学』，鈴木雅大訳，平凡社，1994）

Deleuze, Gilles and Guattari, Félix　ジル・ドゥルーズ＝フェリックス・ガタリ
A Thousand Plateaus, translated by Brian Massumi. University of Minnesota Press, Minneapolis, 1987.（『千のプラトー——資本主義と分裂症』，宇野邦一・小沢秋広・田中敏彦・豊崎光一・宮林寛・守中高明訳，河出書房新社，1994）

Descartes, René　ルネ・デカルト
Discours de la méthode, edited by Etienne Gilson. Vrin, Paris, 1925.（『方法序説』，落合太郎訳，岩波文庫，1953）

Descombes, Vincent　ヴァンサン・デコンブ
Modern French Philosophy, translated by L. Scott-Fox and J. M. Harding. Cambridge University Press, Cambridge, 1980.（『知の最前線——現代フランスの哲学』，高橋允昭訳，TBS ブリタニカ，1984）

Duns Scotus　ドゥンス・スコトゥス
Philosophical Writings, translated by Allan Wolter. Nelson, New York, 1962.（『哲学論集』）

Gilson, Etienne　エチエンヌ・ジルソン
La philosophie au Moyen Age. Payot, Paris, 1986.（『中世哲学史』，渡辺秀訳，エンデルレ書店，1969）

Grumley, John　ジョン・グルムレー
History and Totality : Radical Historicism from Hegel to Foucault. Routledge, New York, 1989.（『歴史と全体性——ヘーゲルからフーコーまでの急進的歴史主義』）

Gueroult, Martial マルシアル・ゲルー

Spinoza : Dieu (*Ethique 1*). Aubier-Montaigne, Paris, 1968.（『スピノザ——神』）

Hardt, Michael マイケル・ハート

"The Anatomy of power." Foreword to Antonio Negri, *The Savage Anomaly*. University of Minnesota Press, Minneapolis, 1991, pp. xi-xvi.（「権力の解剖学」）

"La renaissance hégélienne américaine et l'intériorisation du conflit." *Futur Antérieur*, no. 2, Spring 1990, pp. 133-46.（「アメリカのヘーゲル主義の復興と葛藤の内部化」）

Hegel, G. W. F. ゲオルク・ヴィルヘルム・フリードリッヒ・ヘーゲル

Lectures on the History of Philosophy, translated by E. S. Haldane and Frances Simson. Routledge & Kegan Paul, London, 1968.（『哲学史講義』，長谷川宏訳，河出書房新社，1993）

Phenomenology of Spirit, translated by A. V. Miller. Oxford University Press, Oxford, 1977.（『精神の現象学』，金子武蔵訳，岩波書店，新装版，1995）

Science of Logic, translated by A. V. Miller. Humanities Press, Atlantic Highlands, N. J., 1969.（『大論理学』，武市健人訳，岩波書店，新装版，1995）

Houlgate, Stephen スティーヴン・ハウルゲイト

Hegel, Nietzsche and the Criticism of Metaphysics. Cambridge University Press, Cambridge, 1986.（『ヘーゲル・ニーチェと形而上学批判』）

Klossowski, Pierre ピエール・クロソウスキー

Nietzsche et le cercle vicieux. Mercure de France, Paris, 1969.（『ニーチェと悪循環』，兼子正勝訳，哲学書房，1989）

Kojève, Alexandre アレクサンドル・コジェーヴ

Introduction to the Reading of Hegel, translated by James Nichols, Jr. Basic Books, New York, 1969.（『ヘーゲル読解入門——精神現象学を読む』，上妻精・今野雅方訳，国文社，1987）

Macherey, Pierre ピエール・マシュレ
Hegel ou Spinoza. Maspero, Paris, 1979.（『ヘーゲルかスピノザか』，鈴木一策・桑田禮彰訳，新評論，1986）

Marcuse, Herbert ヘルベルト・マルクーゼ
Reason and Revolution : Hegel and the Rise of Social Theory. Beacon Press, Boston, 1960.（『理性と革命――ヘーゲルと社会理論の興隆』，桝田啓三郎訳，岩波書店，1968）

Mark, Thomas トーマス・マーク
Spinoza's Theory of Truth. Columbia University Press, New York, 1972.（『スピノザの真理論』）

Marx, Karl カール・マルクス
Capital, vol. 1, translated by Ben Fowkes. Vintage Books, New York, 1977.（『資本論』，向坂逸郎訳，岩波文庫，1970）
"Critique of Hegel's Philosophy of Right." *The Marx-Engels Reader,* edited by Robert Tucker. Norton, New York, 1978.（『ヘーゲル法哲学批判序説』，城塚登訳，岩波文庫，1974）

Massumi, Brian ブライアン・マスミ
"Pleasures of Philosophy." Foreword to *A Thousand Plateaus* by Deleuze and Guattari. University of Minnesota Press, Minneapolis, 1987.（「哲学の快楽」）

Mossé-Bastide, Rose-Marie ローズ＝マリー・モッセ＝バスティード
"Bergson et Spinoza." *Revue de métaphysique et de morale,* 1949, pp. 67–82.（「ベルクソンとスピノザ」）

Negri, Antonio アントニオ・ネグリ
La fabbrica della strategia : 33 lezioni su Lenin (1972). CLEUP and Libri Rossi, Padua, 1976.（『戦略の技法』）
The Savage Anomaly : The Power of Spinoza's Metaphysics and Politics, University of Minnesota Press, Minneapolis, 1991.（『野生の異例性――バルフ・スピノザにおける力と権力』〈仮題〉，丹生谷貴志・上野修・水島一憲訳，水声社より刊行予定）

Nietzsche, Friedrich　フリードリッヒ・ニーチェ
The Portable Nietzsche, edited and translated by Walter Kaufmann. Penguin Books, New York, 1954.
Twilight of the Idols, translated by R. J. Hollingdale. Penguin Books, New York, 1968.（『偶像の黄昏』，原佑訳，〈『ニーチェ全集』第14巻，ちくま学芸文庫，1994〉に所収）
〔他に『道徳の系譜』『ツァラトゥストラ』『ニーチェ書簡集Ｉ』．いずれもちくま学芸文庫所収〕

Ockham, William　ウィリアム・オッカム
Philosophical Writings, edited by P. Boehner. Nelson, New York, 1957.（『哲学論集』）

Rose, Gillian　ジリアン・ローズ
"The New Bergsonism." *Dialectic of Nihilism.* Basil Blackwell, New York, 1984. pp. 87-108.（「新ベルクソン主義」）

Roth, Michael　マイケル・ロス
Knowing and History : Appropriations of Hegel in Twentieth-Century France. Cornell University Press, Ithaca, N. Y., 1988.（『認識と歴史——20世紀のフランスにおけるヘーゲルの流用』）

Spinoza, Baruch　バルフ・スピノザ
Complete Works, vol. 1, edited and translated by Edwin Curley. Princeton University Press, Princeton, 1985.
Opera, edited by Carl Gebhardt. 4 vols. Carl Winter, Heidelberg, 1925.（『エチカ』，畠中尚志訳，岩波文庫，1951）（『知性改善論』，畠中尚志訳，岩波文庫，1931）（『神学・政治論』，畠中尚志訳，岩波文庫，1944）（『国家論』，畠中尚志訳，岩波文庫，1940）（『スピノザ往復書簡集』，畠中尚志訳，岩波文庫，1958）

Suárez, Francisco　フランシスコ・スアレス
Disputaciones metafísicas. 4 vols. Editorial Gredos, Madrid, 1960.（『形而上学的討論集』）

Taylor, Charles　チャールズ・テイラー

Hegel. Cambridge University Press, Cambridge, 1975.（『ヘーゲル』）

Tronti, Mario　マリオ・トゥロンティ

Operai e capitale. Einaudi, Turin, 1966.（『労働と資本』）

Wahl, Jean　ジャン・ヴァール

"Nietzsche et la philosophie." *Revue de métaphysique et de morale,* no. 3, 1963, pp. 352-79.（「ニーチェと哲学」）

Zac, Sylvain　シルヴァン・ザク

La morale de Spinoza. Presses Universitaires de France, Paris, 1959.（『スピノザの道徳』）

"Les thèmes spinozistes dans la philosophie de Bergson." *Les études bergsoniennes,* no. 8, 1968, pp. 121-58.（「ベルクソンの哲学におけるスピノザ主義的主題」）

L'idée de vie dans la philosophie de Spinoza. Presses Universitaires de France, Paris, 1963.（『スピノザ哲学における生の観念』）